十二歳の戊辰戦争＊目次

十二歳の戊辰戦争

はしがき

戦場に消えた少年兵

戊辰戦争には多くの少年兵が戦場に駆り出されている。

彼らは戦争に巻き込まれたわけではない。大人に伍して戦い、兵士として戦場に散った。

戊辰戦争の発端となった白河城攻防戦でも多くの少年兵が見られ、開戦となった慶応四年（一八六八）五月一日の戦闘では捕虜となった少年兵が斬首された。白河町の町人渡辺泰次郎がその様子を目撃談に残している。西軍による町民への見せしめでもあったようだ。

「生け捕りになった十六、七歳の者六人、桜町の街上にいたると、隊長らしき者が少年たちに、『首を取るから首を差しのべよ』といった。何れも覚悟して西に向かって手を合わせそのまま斬首された。遺骸《いがい》は寺小路の榎の下に葬った」。容赦ない無惨な死だった。

会津白虎隊の飯盛山自刃の悲劇が今に至るも語り継がれているのは、国敗れて絶望に至った少年たちの血の叫びに心を揺り動かされるからであろう。

戊辰戦争における少年兵といえば白虎隊に代表されるが、実は、白虎隊は十六歳から十七歳で、すでに元服を済ました当時でいえば「一人前の大人」として出征している。

最初、白虎隊編制に当たり元服年齢の十五歳以上としたが、十五歳では小銃の丈に達しない者が多く、十六歳以上とされたという。当時の大人の平均身長が一五八センチくらいであり、小銃は一四八センチほどなので、十五歳ではこれより小さい者が多かったことになる。だが、会津には十五歳以下で戦場に出陣した者もあり、会津藩以外にも多くの少年兵が出陣している。なかには十歳から十二歳といった小学生くらいの少年が戦場に出ている例もある。奥州二本松藩では十三歳から十四歳の少年を中心にした少年隊が出陣した。

藩主の菩提寺だった大隣寺には享年十三歳と書かれた小さな墓が一列に並んで、訪れる人の涙を誘っている。これは数え年であり、満では十二歳という幼い少年たちだった。このように戊辰戦争の悲劇はなんといっても年端もいかない多くの少年の命を奪ったことである。少年兵の出陣は東北諸藩からばかりではない、薩長からなる西軍にも少年兵がいた。十七、八歳となると諸藩兵にも多くいた。多くが郷士《ごうし》や農町民からのいわゆる諸隊兵だった。戊辰戦争では奇妙なことに武士の、しかも上士の出陣がない。会津の白虎隊にしろ、上士の男子である白虎士中隊は、実は前線に出さなかった。

中士の白虎寄合組隊や白虎足軽隊など下士の少年たちは早くから戦場に出されている。

近年、武士の一分や武士道が取り上げられ話題になったが、武士が武士らしく、本来の戦士として戊辰戦争で活躍した例はまれである。徳川三百年の太平で、武士は堕落していて保身に走るばかりですでに武士ではなかった。幕臣や旗本がその代表だが会津とて例外ではなかった。そのように退廃した武士の中で、純粋に国（藩）のために戦った少年たちこそ真の武士といえるのではないだろうか。

戊辰戦争の時代と背景

明治維新や維新戦争はよく知られているが、戊辰戦争というと首をかしげる人が多い。なかには、維新戦争と戊辰戦争はまったく別ものだと思っている人も多い。

戊辰とは慶応四年（一八六八）のことで、この年に起きた東北戦争を戊辰戦争と呼んでいる。しかも、戊辰戦争とは、戦争の戦場となった東北・北越地方で呼ばれているようだ。

維新戦争について書かれた書物を見ても、東北の著者が書いた本には「戊辰」の二字はあっても、「維新」の二字はない。

仙台戊辰戦史・星亮一
戊辰の内乱・星亮一
戊辰戦争・佐々木克
戊辰戦争・保谷徹
戊辰朝日山　中島欣也
福島の戊辰戦争・安斎宗司
三春戊辰戦争始末記・橋本捨五郎

単行本だけでなく、市町村が出した「市史・町史」なども、維新戦争の項目は「大政奉還と戊辰戦争」などとなっていて、明治維新や維新戦争という名称は見られない。

この書の資料でも、戊辰戦争五十回忌に出された二つの書は、長州の書が『維新戦役実歴談』としているのに比べ、二本松の書は『二本松戊辰少年隊記』と、維新の文字がない。

東北では明治維新や維新戦争とは言わないだけでなく、明治維新の意義さえ認めていないようだ。なぜだろうか。それは、東北地方にとって維新戦争とは、東北地方に新しい燭光をもたらしたわけでもなく、それどころか近代化からは差し置かれ、将軍に代わって新たな国主となった明治天皇が差し遣わした皇軍による残虐な東北侵略戦争でしかなかったからである。

幕末に京都で起きた倒幕派と幕府との争いに東北諸藩はまったく関与していない。それどころか、慶応三年十月十四日の将軍徳川慶喜の「大政奉還」をへて、新たな中央政府の如何をうかがっていたに過ぎない。そこへ天皇を擁した薩長を主体とする新政府軍が武力侵略を目指して侵攻してきた。奥羽鎮撫総督軍とは名ばかりで、町を焼き、城を落とし、民の財を奪い、女を犯し、たおやかな東北固有の文化をも破壊し尽くした。

くわえて明治政府は「白河以北一山百文」などと蔑称し、徹底的に差別してきた。仙台の新聞『河北新報』の社名の由来はここにあるという。

爾来この屈辱を忘れまじとしてきた東北人の怨念の深さを思い知るばかりである。

天皇政府による東北侵略は戊辰戦争に限らない。大和朝廷の成立のころから、東北は絶えず侵略の憂き目に遭ってきた。『日本後紀』によると、

「宝亀五年（七七四）より当年にいたるすべて三十八年辺冠屡々《しばしば》動き、警□絶ゆる無し。丁壮も老弱も、或いは征伐に破れ、或いは天運に倦み、百姓窮弊《きゅうへい》し、未だ休息を得ず」

と、国内支配を謀る大和朝廷の天皇軍と奥羽の民との間に、三十八年もの長き年月にわたって戦乱

が続き、家を焼かれ、土地を追われ、国土は疲弊し、生きぬくことさえ許されなかった過酷な日々に泣いた奥羽の民の悲惨さを記している。そのころ朝廷は、関東以北の民を夷狄と呼び、その征討軍の長を「征夷大将軍」と呼んだ。徳川幕府の長が征夷大将軍とされたのはその名残である。王政復古で返り咲いた天皇新政府が目指したのもやはり東北侵略だった。それは千年の時を経て征夷大将軍坂上田村麻呂の悪魔の軍が蘇り、再び東北を地獄のどん底に突き落としにやってきたとしか奥羽の民には受け取られなかった。

東北二五藩が結集し郷土を死守すべく「奥羽列藩同盟」を結盟して、新政府軍に抗したのは当然だった。東北諸藩にとって戊辰戦争は国と民と文化を守る正義の戦いだった。

だが、国を守る気概はあっても武器に劣る彼らは新政府軍の前に無惨にも敗れた。

彼らは屈辱のうちに明治維新を否定し、無念を込めて「戊辰戦争」と呼ぶようになった。

二〇〇八年は戊辰戦争百四十年にあたった。百四十年を経ても、会津などでは「先の戦争」といえば太平洋戦争ではなく、戊辰戦争のことを指しているという。

それほど怨みは深く、心の傷が癒えることはない。東北各地では、この悲劇を決して風化させまいと節目節目の年ごとに戊辰戦争に関する行事を開催して、この戦争を後世に伝えていくことを使命としているようだ。ところで、二〇〇八年三月二十日の『西日本新聞』に一ページを費やして「西南戦争百三十年」の特集記事が掲載された。この記事の巻頭には、

「九州が戦火に包まれた。明治十年（一八七七）、西郷隆盛率いる薩軍と官軍は熊本を主戦場に各地で対峙した。多くの青春が散った。日本を近代に導く犠牲だったか。武家社会の残像を消し去る試練

だったか」とあったが、ここには、その因縁を顧みる戊辰戦争についての説明は一行もなかった。侵略した側では戊辰戦争は忘れさられているのである。西南戦争で薩摩は多くの前途ある若者を失い、市街は灰燼に帰した。

薩摩、つまり、鹿児島の人々にとって家を焼かれ、親子や兄弟、親族を失った西南戦争は百三十年の時を経ても忘れられない無念の戦争なのである。

ここに至って、人は敗れたことや失ったことどもについては深い悲しみと無念の心が永遠に残っていくということがおわかりだと思う。

ここに記した戊辰戦争に従軍した少年兵の証言は、慶応四年七月二十九日の二本松落城から朝敵とされた会津藩に決定的な打撃が与えられた八月二十三日までのわずか一カ月足らずの間に少年兵たちが体験した惨劇の記録であり、**タイトルの期日はその運命の日を示している。**

少年兵玉砕の悲劇

二本松少年隊（運命の日・慶応四年七月二十九日）

水野進十四歳の証言（二本松少年隊・木村銃太郎隊）
——最も烈しかった二本松大壇口の戦闘に参戦——

慶応四年戊辰《ぼしん》の役《えき》のとき、ぼくは数えで十四歳になったばかりだった。
そのころの藩政の組織、奥羽各藩の同盟のいきさつや作戦などは、子供の身では知る由もありません。この年の一、二月ごろから世の中がなんとなく騒がしくなり、白河というところで、二本松、会津、仙台の三藩が合体して、白河城をめぐって戦争になり、その模様《もよう》についてさまざまな噂が飛び交っていた。月を重ねるにしたがい、戦の模様がわかってきましたが、死傷者もでているようで、士分の戦死者の遺骸《いがい》や遺髪《いはつ》などが戦地から送り返されてくるたびに葬式があり、みんな悲愴な気持ちになっていきました。前線の模様が流れるたびに一喜一憂、敗報を聞けば悲憤《ひふん》慷慨《こうがい》して一藩なんとなく気分が荒立って、日増しに殺気をおびるような雰囲気《ふんいき》に覆われるようになってきたのです。そのころ、ぼくは藩の砲術師範木村貫二さまの門下で砲術を学んでいた。先生の長男に銃太郎さまがいた。銃太郎さまは藩侯《はんこう》の命により江戸に出て、江川太郎左衛門の門に入り、洋式の砲術を修行して四月に帰藩したばかりでした。ぼくを含め二五名の者に従来の弓《きゅう》馬《ば》槍剣《そうけん》の稽古《けいこ》を見あわせ、最新の洋式砲術を学ぶよう達しがあり、門下生となって毎日早朝から馬場に行って調練に励んでいた。少年たちの銃隊だったので藩の婦女子はもちろん、一般の人も物珍しがって毎日弁当持参で見物する者たちもいた。重い銃の扱いは大変だったが、訓練も二、三カ月するとぼくたちは銃砲の扱いに慣れてきた。その間も前線では戦いが続いていた。七月初旬ころになると白河での味方の苦戦が伝わるようになってきた。もう、白河がやぶられ本宮、三春付近にまで敵軍が押しよせてているといううわさを聞きました。

七月二十六日

この朝、ぼくたちに出陣の命が下りた。

これを聞いて、みんな銃をほうりあげ、抱きあって出陣を喜んだ。出陣が決まって、その夜は両親から門出の祝いをしていただきました。そのあとは夜半過ぎても、早、陣頭《じんとう》に立っている気持ちで興奮して眠れなかったことを覚えています。今まで腰にしていた大小刀は稽古《けいこ》用だったので、父から新たに新刀を賜《たまわ》りました。鞘をはらってみると本物の刀に身ぶるいがしました。出征の上は敵を討《う》つか、己が討たれるか、この二つです。

「決して敵に後を見せるな、必ず人におくれを取るべからず」と、出陣際まで諄々《じゅんじゅん》としていましめられた父母の言の葉は、今もなお耳ぞこにひびく心地がします。

七月二十七日

朝、一同学館に集合し、特別にライフル大砲一門、元込め二口バンドの小銃、軍用金一両三分を渡されました。十三歳から十七歳まで総勢二五人、木村銃太郎隊長に従って奥州街道本宮口の大壇口《おおだんぐち》に勇躍《ゆうやく》出陣しました。大壇口ではすでに丹羽右近さまの部隊が陣を敷《し》いていて、少年隊は向かって右手に布陣しました。大壇口は奥州街道を見晴らす丘陵《きゅうりょう》で、家が一軒と杉の大木が数本あり、右手は竹藪《やぶ》につづいて畑地になっています。

その杉林の中間に大砲をすえつけ、ぼくたちは大砲の左右に陣をとった。杉林のほかは一帯畑地で身を隠すところもありません。枠木《わくき》を打ちこみ、横に丸木を渡し、これに畳を二枚ずつ重ねて縄《なわ》でくくりつけ胸壁《きょうへき》としました。みな豪語《ごうご》していわく、「敵のへろへろ弾がなあに、この畳を貫通するものか、これにて大丈夫」と。

それから当番を立て付近《ふきん》を巡邏《じゅんら》しましたが、なんとなく江戸見物にでも行くような気持ちで、うきうきとして夜半になっても眠れませんでした。

七月二十八日

早朝、「一同松坂門に引き揚げるべし」という伝令が来た。

ふしぎなことを言うと思い、詳しく聞くと、藩議《はんぎ》で降参することになったというのです。

みな異口同音、「事ここに至って降参とはなにごとぞ、ただ一死君恩に報ずるあるのみ」と怒り叫びながら、それでも隊をととのえ松坂門まで来ると、また伝令がきて、軍議がまた一変し、抗戦となったということだった。それを聞くと、みなは欣喜雀躍《きんきじゃくやく》、少年隊は喜び勇んで元の陣地に走り出したのはよかったけど、勢い余って大砲を桑畑《くわばたけ》に落としこみ、道路に引き揚げるのに大変だったことが思い出されます。

すでに本宮口、三春口が敗れており、今日はなくとも明日は必ず大敵の襲来《しゅうらい》があるはずだと、ひっきりなしに伝令が来ていた。

「とにかく大砲を元の陣地にすえつけ、いっそう警戒《けいかい》を厳《げん》にせり」

七月二十九日　二本松戦争

この朝は霧が深く辺りがまったく見えなかった。

それでも供中《ぐちゅう》口辺りからは砲声が聞こえ、すでに敵の攻撃が始まっているようでした。

みんな、我が軍は強兵だから、今ごろ敵を木っ端微塵《こっぱみじん》に撃退《げきたい》しているだろうといいながら、大壇口に敵が迫るのももうすぐだろうと、銃に弾《たま》をこめ、固唾《かたず》をのんで見守っておりました。そのうち本宮方面から街道沿いにやってくる敵の一隊が目に入りました。

木村隊長の命で大砲の位置を変え、敵に照準《しょうじゅん》を合わせると放った。

砲弾はみんごと敵の頭上で爆発、続いて撃ち出した三発の砲弾はすべて命中しました。

敵はにわかに散乱して左右の山林に駆け入り身を隠すと、そこから猛烈《もうれつ》に大砲小銃を雨霰《あられ》とあびせてきました。大砲の高きものは付近の松林に命中し、凄まじい勢いで松の木を中断し、低い砲弾は眼前の畑地や道路に落ちて土砂を巻き上げる。小銃弾の遠きものは「クーン」、それより近くなると「シウー」と聞こえ、もっと近いものは音もなく耳をかすめていく。敵の動作は敏活《びんかつ》で、巧みに正法寺村の民家に身を隠《かく》して撃ち出してくるのが手にとるように見えた。「悪《にく》むべき仕業《しわざ》かな、目にもの見せてくれんず」とばかりに、大砲でその民家を射撃《しゃげき》するとみんごと命中し、その五軒を撃ちぬきました。敵が狼狽《ろうばい》して四散するのが見え、一同これに力を得て、ドッと鯨波《とき》の声を上げますます奮闘《ふんとう》した。

今まで深い霧に覆われていた霞《かすみ》ヶ城の天地はたちまち叫喚《きょうかん》の声が響き、大叫喚修羅《だいきょうかんしゅら》の巷になっていた。血を噴きながら倒れる者、負傷してうめく者、鯨波の声と銃声の音とが入り乱れ山野にひびいていた。互いの目は血走り、何かを言うつもりが意のごとくならず、火薬に汚れた両の手はまるで墨《すみ》をぬったように真っ黒で、その手で顔に流れる汗を拭《ぬぐ》っていたため、いつの間にか少年隊の面々の顔は目ばかり光る海坊主のようで大笑いしました。でも、そのうち古書に見る「流血汗《かん》を漂《ただよ》はす」も目のあたり。いつの間にか弾除けの畳も敵弾を受け四分五裂して用をなさず、やむを得ず、畑中に全身をあらわにして応戦することになった。敵の銃撃はますます激しく、傍《かたわ》らの竹藪に飛び込みましたが、竹藪に敵弾があたると、いわゆるはずれ弾となって、ガラガラとものすごい音をたててはね回り、かえって危険だった。そのとき鉄砲を取りなおして撃《う》とうとしましたが、こはいかに、竹藪に駆け入ったとき敵弾を受けたのか鉄砲がうちくだかれ用をなしませんでした。

どうしようと思ったとき、目の前にある砲車のそばに倒木を見つけました。

幹回りはひと抱えほどあり、長さは四、五間ほどの大木で、これはよかったとその木材の陰に隠れてひと安心と思ったとき、「隊長が撃たれちったー」という声がありました。

あわてて隊長のそばまで駆けよると、隊長は左の二の腕を撃たれていました。

そこで用意の白木綿で隊長の傷口をまき、今はこれまでと退却の用意に大砲の火門に釘を打ちこみました。そして隊長が退却の合図の太鼓《たいこ》を打ちならしました。

これを聞いた少年隊はわれ遅れじと集合した。敵は愈々肉薄《いよいよにくはく》して危険が迫っていました。

このとき何人集まって、死傷した者が何人だったかは、咄嗟《とっさ》のことで覚えていません。

味方の陣地を見ると、いつの間に退却したのか少年隊以外の人影は見あたりません。

動揺《どうよう》するぼくたちを見ても隊長は悠揚《ゆうよう》せまらず、みなに訓示を与えようとしたそのときでした。

一弾が隊長の腰を貫き、隊長が仰向けにドッと倒れました。

腕と腰をうちくだかれた隊長はもう動けませんでした。

「この重傷にては到底《とうてい》城には入り難《がた》し、早くわが首をとれ」

と叫びました。ぼくたちは互いに顔を見あわせて口々に叫びました。

「隊長、傷は浅いです。私たちの肩にすがってください」

しかし、隊長の腰からあふれるほど血が噴きだし、顔からは見る見る血の気がひき、苦しそうでした。「いたずらに押し問答するときにあらず、早く早く」と首を差しのべて「斬《き》れ、斬れ」と叫びます。副隊長の二階堂衛守《えもり》さまが覚悟《かくご》したように太刀を引きぬき、「御免《ごめん》」と真っ向に斬りおろしましたが、動揺して手元が狂ったのか斬り落とせませんでした。

ようやく隊長の首を斬り落としたのは三太刀目でした。隊長の首を持ち帰ろうとしましたが重くてもてません。隊長の髻《もとどり》を斬り、髪を二つに分け左右から二人で持って行くことにしました。

町の入り口の椚門《くぬぎもん》まで行きましたが、すでに敵が占領していて入れません。

また、道を戻り、道を転じて大隣寺まで来たとき、下馬札の近くに数十人の兵がいて私たちを見ると手まねきしました。やれうれしや味方と思い走っていったが、なんとそれは敵だった。あわてて踵《きびす》を返して逃げましたが、敵は筒先《つつさき》揃えて撃ち放ち、副隊長はじめ岡山篤《とく》次郎、その他数人がやられたようだった。逃げおおせたぼくたちはそのままバラバラになって郭内に駆け入った。このとき城が凄まじい轟音を立てて焼け崩れるのが見えた。

郭内の武家屋敷も方々から火の手が上がり、その中で敵味方、武家屋敷のあちこちで激戦となり、あちらでは斬りむすび、こちらでは組討《くみうち》となって戦っていた。

空は黒煙が立ちこめ、街路は硝煙《しょうえん》に覆《おお》われ、吹きくる風は生臭く、その悽愴《せいそう》悲惨さは言葉にも筆にも表せません。ぼくたち少年隊ももとより決死の覚悟ですからここに至ってもひるむことはありません。敵を見かけては突貫《とっかん》し、追いつ追われつ奮闘《ふんとう》の限りを尽くしました。少年隊の一人、成田才次郎十四歳は一度敵と渡りあい、互いにしのぎを削りあい、果ては刺しちがえたといいます。その者は敵の隊長だったということです。

とかくするうち日が暮れ戦いもいつしか止んでいました。

ぼくはこのときとばかり一ノ丁山に駆け入り、一方の活路を求めて西谷の山に至りましたが、敵の見張りがすこぶる厳重《げんじゅう》でなかなか逃げだすことができなかった。

そのうち山中で、下河辺《しもこうべ》武司十六歳、三浦行蔵十六歳、岡村某、宗形幸吉十四歳の四人に出会って、二日二夜進退し、ようやく塩沢村字蛇沼に出て農家を見つけ、食べ物を恵んでもらいました。農家の主婦は優しくいたわってくれ、ぼくたちのために麦飯を炊いてくれました。「飢《う》えたる者に粗食なく蕪楼《かぶろう》亭の豆粥《まめがゆ》、滹佗《ろだ》河の麦飯もかくやあらん」と腹いっぱい食べたうえ、弁当までもらって岳温泉に至りましたが、ここも敵兵がいて休むところもありません。仕方なく土湯まで行くと、会津の兵士が十数人いて、手に手に松明《たいまつ》をかかげ焼き払わんとするところで、休むどころではありませんでした。

八月三日

そのまま中山峠を越えて会津領養蚕《こがい》村につくと、わが藩の家老丹羽丹波さまをはじめ二、三十人ほどが悄然《しょうぜん》としているところに出会いました。ぼくは、二本松落城の戦況を報告しましたが、報告を終え、味方に会って安心したのか急に疲れがでて身体が綿のようになりました。休息をとった二日後、今度は母成《ぼなり》峠への出陣の命が下りました。

八月六日

三番組番頭大谷与兵衛さまの配下となり、母成峠に着陣すると、そこには見るも貧相《ひんそう》な小屋が数棟あり兵舎となっていて、どの小屋も兵士でいっぱいでした。

ぼくらは三番組の屯営としてその一棟に入った。小屋は丸木建てでしたが、壁は茅《かや》ぶきで、土間は藁をしきその上にむしろをしいたもので、ここで寝起きするわけですが、小屋というのも名ばかりで、ただ風雨をしのぐだけのもので寒さはふせげません。食事は三度とも味噌汁と握り飯です。七日に一度ぐらい塩鮭《しおざけ》や飴《あめ》菓子など食料品や日用品を売りに来る商人がいました。とはいえここはあくまで宿舎で、防衛陣地はここから一里ばかりのところだった。防衛陣地は四段に分かれ第一は板橋、第二は勝岩、第三は中軍山、第四はふもとに近い萩岡《はぎおか》に築かれていた。いずれも高いところに塹壕《ざんごう》を築き、低いところには土手をつきたて胸壁としていた。所々に砲門を設け、塹壕と胸壁の上には方一尺の転石を置いて、敵兵が近づけば、その石を転げ落として敵を粉砕《ふんさい》するという用意周到な作戦でした。

滞陣すること半月あまり、季節は中秋でだんだん寒さが増してきました。そのことを配慮してか会津藩公より各兵に木綿の筒袖《つつそで》がくだされました。

敵を撃退すべく二本松領玉井村へ出陣の命があり、みんなやるぞと喜び、

「玉井村より二本松までは二里余りなれば、敵を撃退して二本松城を回復せん」

と喜び勇んで出陣しました。玉井村字山ノ入において敵と出会い大激戦となった。

ぼくらの三番組は岳温泉の間道から敵方の背後を衝くべき要地に陣を構え、今や遅しと待ち構えていた。この地は玉井村を眼下にし、山ノ入の戦闘が手にとるように見えた。伝習隊隊長大鳥圭介さまが戦死という噂があったのもこのときです。

激戦およそ三刻（六時間）、死傷者は百余人に達し、大敗をきっしたわが軍は壊乱《かいらん》して母成峠へ敗走していきました。その壊乱ぶりは名状し難く、首級の髻《もとどり》を提《さ》げて走り去る兵士や負傷者に肩を貸しながら行く兵士、また足を負傷して刀を杖にした兵士、三里余りの山道を逃げ走ったため疲労のあまり吐血《とけつ》する者、足を挫折《ざせつ》する者、困憊《こんぱい》の極みで昏倒《こんとう》する者などのなかで、ぼくらのように年端《としは》のいかない少年兵は次第に遅れ、取り残されていきました。

「心こそ弥猛《やたけ》に疾《はや》れども一歩も前へ踏《ふ》み出すこと能《あたわ》ずなりぬ」と、気持ちははやれど、今はこれまでなり、命も惜しからず、よしや敵に捕らわれんも時の運なりと、疲れ果て草むらに座り込

んでいるうちに眠り込んでいました。どのくらい時間がたったかわかりませんが、峰《みね》から吹き降ろす夕風に身ぶるいして、目を覚ますと、それでも疲れがいくらかとれ、また元気になったのです。それから部隊を追って母成峠に戻ることができました。

ほっとしたのもつかの間に、また防衛陣地へつくべき命令があった。

ぼくの陣地は萩岡の後詰《あとづ》めで生地《きじ》小屋というところだった。

八月二十一日　母成峠の敗戦

暁《あかつき》、辺り一面霧の中、砲声を聞いた。

母成峠は、二本松側からは道が細く急峻《きゅうしゅん》な天然の要害地でしたが、母成峠を越えると猪苗代《いなわしろ》までゆるやかな丘陵《きゅうりょう》で、ここを破られれば、直ちに若松城下に殺到《さっとう》される恐れがあったので堅固な防衛陣地が築かれ、さしもの敵も簡単にはおとせないと思われていました。しかし、勝敗は時の運です。このとき敵将、薩摩《さつま》の川村純義は、源九郎義経の故事に倣《なら》って手兵八〇人を従え、石筵《いしむしろ》村の農民に先導させて山を越え谷を渡り、万難《ばんなん》を排して萩岡の背後に出て、山上から突貫してきました。まさか背後の山上から攻撃されるとは思わず、不意を喰《く》らった味方はあわてふためいて反撃することもならず敗走しました。

勝ちに乗じた敵は萩岡口から潮のごとく押しよせたため、防衛陣地は総崩《そうくず》れとなって、先を争い敗走していった。ぼくも屯営地に退却《たいきゃく》しようとしましたが、屯営地はすでに敵に占拠され、兵舎は盛んに火煙を上げていました。ぼくらは仕方なく右手の山に逃げこみ、地の利も得ぬまま、ただ山奥へ、山奥へと逃げていった。やがて竹藪《やぶ》に入り込み、かき分けかき分け進むうちにわらじがちぎれとび、裸足《はだし》となってしまいました。

痛さ辛さにかまわれずひたすら逃げ惑ううちに、岩石樹根で足を切り、肉破れて血流れ、「行歩の難渋《なんじゅう》言語に絶えたり」という壮絶なありさまになってしまった。

それだけではありません、空模様もあやしくなって雨が落ちてきたうえ、風も強く日も暮れてきました。どうしようもなくなって、とある大木の下で夜を明かすことにしました。

人里はなれた山奥で聞こえるものは立ち木を渡る夜風と谷川のせわしき水の音ばかりです。夜風がようやくおさまった夜半、「峰に応え谷を伝い、近きがごとく、遠きがごとき」怪しげな声に耳を澄まし、みな肩を寄せ語らったところ、これは紛《まぎ》れもなく狼《おおかみ》の声です。

一同怖気《おじけ》づいて、眠るどころでなくなり寒さもものかは、ただ夜の白むのを待っていた。そのときいた四人は二本松の中井某、佐野喜代治、鈴木松之助、そしてぼくだった。

八月二十二日

そのうち空が白み始め、白んだ方向を東と見て、足元を探りながら山を下りていった。夜は明けたものの人家は全然見えません。頭が没する荊棘《いばら》を分けながら下っていくと、炭焼き小屋が見つかった。これ幸いと中に入ったが人影がありません。木は窯《かま》の中にあって半ば炭となっていた。屋根裏を探すと風呂敷とわらじが一足あった。このわらじを見つけたときは数万石の国主に封ずるといわれたよりうれしかった。風呂敷《ふろしき》を解くと米と味噌《みそ》があった。そばには鍋もあったので早速味噌汁を作り、米を入れて雑炊《ぞうすい》を作った。

そのときは待ちきれず生煮えのまま喰ったほどだったけど、それでも思わず出た舌鼓《したつづみ》は山海の珍味に優るものだった。腹がいっぱいになったところで濡《ぬ》れた衣服を乾かし、名残惜しかったが先を急ぐので小屋を出て山を下った。しばらくして集落に出た。

うれしやと思い立ち寄れば人の気もなし、みな戦争を恐れて逃避《とうひ》したのか空《あ》き家ばかりだった。仕方なく道を辿っていると、旗本の落人五、六人が会津藩士の案内で若松へ行くというのに追いついた。案内の会津藩士が足を負傷していて、ゆっくりしか歩けず、そのためにぼくらのような少年でも追いつくことができたのだった。

二、三十丁ばかり行ったところで、道側の農家の庭先にぶどう棚を見つけた。

それを見つけるとわれ先にぶどうにかぶりついたが、身の丈の小さなぼくは、ぶどうに手が届かなかった。みんなが喜んで喰うさまをみて、サルカニ合戦の昔話など思い出されて悔《くや》しかった。それでも踏み台を見つけてぶどうをもぎ取っていると一斉射撃をあびせられた。一同仰天してぶどうを口にしたまま山林畑かまいなく無我夢中《むがむちゅう》で逃げだした。

ところが行く手を急流に阻《はば》まれた。昨夜からの雨で増水していて流れは速く、河中の岩石に打つ波しぶきが荒れ狂っていた。敵の追撃はすぐそこに迫り、このままでは生け捕りにされるか虐殺《ぎゃくさつ》にあうのは間違いなかった。躊躇《ちゅうちょ》している間もなく佐野喜代治が駆けてくると、ものも言わずに流れに飛び込んだ。着物を着たままなので泳ぎもままならず、見る見るうちに激流に飲みこまれ、あえなく最期を遂げてしまった。

目の前で喜代治が波間に没したのを見たぼくは「後者の戒《いましめ》なり」と思い、急いで着物を脱ぎ捨て、一枚の筒袖に包みこみ、頭の上に括《くく》りつけた。刀を褌《ふんどし》に差し込み、さらに下紐《したひも》で腰にむすんで、川岸に沿いながら、流れのゆるやかなところを選んで、なるべく流れに逆らわず、流れ流れて、ようやく向こう岸に泳ぎ着くことができた。やれうれしやとそのまま一里ばかり必死に走った。敵から遠ざかったのをみて、まず安心かと頭から筒袖を下ろして身に着け、帯を締《し》めて太刀を佩《は》いた。しかし、逃げおおせたものの、野中の杉の独り立ちのように、ただ一人どうしようもなく歩いていると大鳥圭介さまの伝習隊の兵士にあった。そこで一生懸命一緒に連れて行ってくれと頼むと、「いついかなる危険に際会するやも計り難ければ、気の毒ながら謝絶《しゃぜつ》す」といわれた。ぼくは必死になって、「目下に於いては外に望みとてなし、ただ貴下らと生死をともにすべし、願わくは伴いいかれよ」と頼み続けると、彼らもとうとう許してくれた。

八月二十三日

彼らの目指すところは若松で、数多くの村を通り、ようやく滝沢峠に辿り着いた。

至る所に死体が散乱し、遙かに鶴ヶ城を雲煙の中に望めば、敵は十重二十重に包囲して、天守閣はわずかに砲煙の合間に見えるばかりだった。これでは「空飛ぶ鳥か、土中行くモグラにあらざれば、城に入ることは叶わず」という具合で、やむを得ず道を転じて熱塩《あつしお》、熊倉を経て檜原村に至ると、母成峠を守備していた二本松藩士が二〇人ばかりいた。思わぬ再会に、互いの無事を喜びあった。そこで伝習隊の人にお礼をいって別れた。

それから早速付近の農家から米味噌をもらって、ここに留まること二日、このとき運良く姉の嫁ぎ先の下河辺一家が米沢を目指して逃げてくるのに出会った。

会津はすでに戦乱の巷と化し、危険なので避難している途中だといった。互いにこんなところで再会するとはと奇縁に驚き喜びあった。

八月二十六日

檜原の関門は下河辺の家族だといって難なく通過し、檜原峠まで来ると、敵軍侵入防止のために大木を切り倒し、大石を道に置いて道路をふさぎ、前に進むことが困難だった。

数町の間だったが大木の枝に取りつき、大石をよじ登り、男でさえ辛いその間の歩行に婦人たちは疲れはてたようでした。しかし、敵の姿もなく久しぶりに親族と会い、心もゆるんだ身にはこのくらいの困難はなんでもなかった。それから幾つも聞きなれぬ名前の村々を通り、ようやく米沢に達し、会津屋という旅籠《はたご》に投じた。

兄弥八郎も大殿について米沢に避難していることを聞き、ぼくは刀一本、筒袖一枚の着たきりだったので昼の出歩きにもさしつかえるので、袴《はかま》なり股引《ももひ》きなり譲《ゆず》ってもらおうと大殿の宿所に兄を訪ねた。兄に会ったら出陣以来のことをあれも話さん、これも聞かんと思っていたのに、兄の顔を見ると急に胸がいっぱいになって、涙が出るばかりでことばにならなかった。兄から着物をもらって旅籠に帰り、風呂に入って数十日分の垢《あか》を落として夕餉《ゆうげ》にむかった。雨に宿り、風にくしけずり、あるときは草むらをしとねとし、あるときは樹根を枕とした日々を数えて今を思うと、身も心もにわかに緩《ゆる》んで、我が家に帰った気分になった。寝所では厚布団《ぶとん》の肌触りがうれしく、心ゆくまで足踏み伸ばしてまどろむと、我を忘れてそのまま華胥《かしょ》の国へ遊びにいったようにぐっすり寝入ってしまった。

八月三十日

滞留五日目に養家水野の母や実家青木の母が避難していた会津から着いたので、互いに無事を喜びあった。そこで下河辺の家族と別れ、中町の合羽屋という家に移った。

このとき、兄が病気になったので、藩公に休養を願い出て兄を引き取り看病《かんびょう》した。

そうこうしているうちに講和がなり、十月下旬、駕籠《かご》を用意して兄を乗せ、米沢を後にして二本松へ帰ることにした。二本松に戻ると実家と別れ、養母と下ノ町に家をかまえた。

このあとは実戦にもまさる生活難という大敵と戦うことになったのは皮肉《ひにく》でした。

水野が母成峠や、白虎士中二番隊自刃の日、滝沢峠にいたことは驚きである。

水野は十四歳としているが、実はこれは数え年で、満年齢は十三歳である。白虎隊にもれた山川健次郎十五歳は鉄砲が重すぎて、演習に耐えられなかったと残しているが、水野は山川よりまだ幼い身で大人に交じって戦場を駆け巡っている。

水野進のこの手記によって、二本松の戦いで十二歳から十四歳の幼い少年兵が出陣したことが初めて知られた。大正六年（一九一七）「戊辰戦争五十回忌」のことだった。

ガリ版刷りの数枚のこの手記がきっかけで、生き残りの少年兵から参戦の事実がボツボツと語られるようになった。現在までに判明している少年兵は六二名だが、この中に手記にある佐野喜代治、岡村某、中井某などの名はなく一〇〇名を超えていたともいわれる。

しかし、五十余年という歳月による記憶の風化は如何ともしがたく、真実は歴史の中に埋もれたままである。

上田孫三郎十三歳の証言（二本松少年隊・木村銃太郎門下）

——最も少年兵の犠牲が多かった大壇口の戦闘に参戦——

慶応四年戊辰五月ごろより毎日弁当をもって砲術師範木村貫二先生方へ行きました。同門の子弟、渡辺駒之助《こまのすけ》十四歳、大島七郎十三歳、岡山篤次郎十三歳、高橋辰治《たつじ》十三歳、後藤鈔太《しょうた》十三歳ほか三、四人が集まって、先生の指導をうけながら白河口の防衛軍に供する火矢用の火薬づくりを手伝っていました。ぼくらの他にも大工三、四人と砲術師範大原十助、朝河八太夫さまほか両三人に先生親子も加わっていた。先生の道場では、硝石、硫黄《いおう》、木炭を薬研《やげん》でこまかな粉末にして、これを竹筒にいれ金棒《かなぼう》で突き固め、七、八寸のろうそく状のものをつくっていました。四月末ごろより戦争が始まっていたのですが、子供のぼくは白河口の状況や、奥羽諸藩の動静《どうせい》など知る由もありません。

七月二十七日

小先生の木村銃太郎さまから、白河口の戦争は味方が不利で、また、戦線が延びて国境の防衛が手うすになったので「到底完全を期し難し」、そこでわが門弟をもって、二本松の一番の要所である大壇口を守備するよう藩庁より下命があったので、なるべく早く、武器弾薬を持って道場へ集合するようにと命があった。急いで家に帰って用意をしようと思ったけど、父は数カ月前から郡山方面へ出陣し、長兄は藩公のそばに仕え城内につめきり、次兄は白河口に出陣して、家には祖母と母だけでした。帰宅して、銃太郎さまからの命令を母に伝え、長兄の十匁《じゅうもんめ》銃と弾薬箱を携《たずさ》え、白呉呂《ごろ》の筒袖にもみじの浮き織りのある白茶緞子の野袴をつけ、紺足袋にわらじを穿き、蠟色《ろういろ》黒鞘の大小刀を帯した。髪は紫緒にて巻き上げ、後ろに切り下げてもらいました。母から肌身金をもらい、祖母に別れの挨拶《あいさつ》をして家を出たのは午後五時ごろだった。母は、ぼくがまだ少年だったので心配そうだったけど、万事注意して不覚《ふかく》のことがないようと小さくいっただけでした。それでもそのときは、この二日後に落城の悲哀《ひあい》にあうことになろうなどとは、ぼくは夢にも思わなかったのだ。

ぼく自身は出陣の命を受け、ワクワクした気持ちで母のことばも後ろに聞きすて、やっさ勇んで道場に向かった。道場には小先生をはじめ副隊長の二階堂衛守さま、渡辺駒之助十四歳、高橋辰治十三歳、大島七郎十三歳、徳田鉄吉十三歳、成田虎治十四歳、岡山篤次郎十三歳、成田才次郎十四歳、木村丈太郎十四歳ほか七、八名、総員二〇人がいた。

小先生より一人ずつ一朱銀五両を渡され、いままで見たこともない金を手にして落としたらどうしようと心配だった。午後七時ごろ夕闇の中を大壇口へ向かった。

この夜は大壇口の民家に泊まった。一同外泊は初めてなので物珍しく野外演習のようなはずんだ気分で、深夜まで焚《た》き火をして談笑したりして、なかなか眠れませんでした。

七月二十八日

早朝から二、三の人夫と共に民家の畳を持ち出して弾除けの胸壁作りに精《せい》を出した。

この日、引き揚げの命令があり、一旦新町門まで戻ったが誤報だったのか、また出陣となって夕方大壇口に戻った。この夜、町家では戦争が近いと知って老幼婦女子を郊外に避難させることになって遅くまで避難の列が続いていた。

木村隊長の命で付近の警邏《けいら》に出たが、人けのない街道筋はなんとなく暗い感じで、静けさを通り越して寂しささえあった。異様な静けさに圧されてか昨夜とちがって一同畳のない民家の土間にわらを敷き、着物を着てわらじを穿《は》いたままはやばやと就寝《しゅうしん》した。

七月二十九日　二本松戦争

午前五時ごろ、深い霧をついて供中《ぐちゅう》方面より砲声が轟いた。

三十分ほどたったころ、杉田方面から本街道を正法寺村に向かって、まるでアリの行列でも見るように進みでてきた敵を見つけた。ぼくらの陣地は小高い場所にあり、一望の下に敵の様子を見わたすことができた。正法寺村を防備する味方から砲撃が始まった。

硝煙の垣間に敵軍を見ると、敵は街道の両側に散兵をしき、大部隊は街道西側の松林の中から、しきりにもうれつな砲撃を加えており、その前に守備する正法寺のわが軍は苦闘していた。約三十戦もすると味方は総崩れとなり、ぼくらの陣まで敗走してきた。

そのあとから関門にかまえた少年隊の眼前に敵の大部隊が迫り、猛射を加えてきた。

このとき、木村隊長の指揮によって少年隊も応戦を始めた。最初敵の銃丸はブーンという音をなしてきた。敵がもっと近くなると銃声はシウッという。ますます近づくと銃丸に音なく、人家の瓦、雨戸、樹木、足元の地面に突きいる爆裂音《ばくれつおん》、むせるような硝煙《しょうえん》にせきこみ、顔を上げることもできなかった。竹藪に撃ち込まれた銃丸は、一丸にして百丸ともいうべく、板屋根に霰《あられ》が降ったときのようにからからと音を立て竹から竹へ銃丸がはね回り恐ろしかった。剽悍《ひょうかん》無双の木村隊長は「天賦《てんぷ》の美丈夫、五尺八寸の長身に、緋《ひ》太織《だおり》の袴、白き陣羽織の背中には天に昇る墨絵の雲竜が描かれ」まるで武者絵を見るようないでたちだった。成田虎治十四歳、岡山篤次郎十三歳を砲手として四斤山砲を自在に操《あやつ》って敵の頭上に砲弾を撃ち込んでいた。そのうち、砲手の篤次郎が左腕と右足に銃弾を受け倒れた。敵の銃撃は凄《すさ》まじく、少年隊が胸壁とした畳は銃撃で散乱し、どうしようもなかった。ほとんど呆然《ぼうぜん》としているうちに、二階堂副隊長から大声で「一同陣地を引き揚げるよう」命令があった。みんな算を乱して駆け出した。ぼくは民家の西側に登り、桜田方面に出ようとして六、七丁走って、人家の間から往来にでようとしたところ、五、六間先に二階堂副隊長を囲み、四、五人が泣きながら駆け去るのをみた。よくみると二階堂副隊長は鮮血したたる木村隊長の首を左手に抱え、右手に血刀をかまえ悄然《しょうぜん》として引き揚げていった。

このとき、桜田門付近は修羅《しゅら》の町と化して、いずれが敵か、いずれが味方か分かちかねる乱戦で、「咫尺《しせき》の間に狙撃する者、銃器を放棄して逃げる者、大声疾呼《しっこ》狂奔《きょうほん》する者、負傷者を援けて引き摺《ず》りゆく者、敵の射撃に倒れる者、銃声と硝煙の間に彷徨《ほうこう》する者、来る者行く者、雑然として」その状態はいいあらわせないほどひどい状況だった。

この情景はぼくが桜田から大隣寺付近を通ったとき、砲煙の渦巻き上がる隙間《すきま》からのぞき見た光景だった。ぼくはこのとき一人だった。桜田門を正面から入ろうとしたものの、敵はすでに門内から烈しく銃撃していて、やむを得ず、西方人家の裏から大隣寺通りをへて新町に出ようとした。そのとき少年隊の一人で同じ年の徳田鉄吉十三歳に行き会い、どっちの道を行ったほうがいいか話し合っていると鉄吉の兄の宗七郎さんが来あわせた。

宗七郎さんは武器を持っていると兵士とみなされ、危ないので銃を捨てろといった。

そのとき敵の一団が現れたので、徳田兄弟と別れて逃げ走り、かろうじて新町の人家の庭から往来を横切ろうとすると、要所にひそんだ敵の一隊に見つかり一斉射撃を受けた。

幸い銃弾はすべて足元の石にあたり、その破片がはね飛んで顔にあたったが、二、三のすり傷ですんだのは天佑《てんゆう》だった。しかし、これでは到底往来の通過はできないので、人家の裏通りの竹藪からがけを登ろうとしたところ、白い服を着た男がぼくの前面六、七間先を登っていた。その男が登りきろうとしたとき、頂上に現れた敵がその男を誰何《すいか》してきた。そして敵はその男を友軍兵ではないと思ったのか、いきなりその男に銃撃をあびせた。

男は一瞬、まりのようにはじけ飛んでぼくの方へ落ちてきた。

ぼくはこのせつな、がけの途中から飛びおりて藪の中に走りこむと、そのまま新町門まで走った。そのときあとから走ってきた白木綿の鉢巻をして方二寸くらいの白布に赤の日章を付した肩章をした兵士がぼくに追いつき、私は会藩（会津藩）の者で、お城に入ろうと思うのだが案内してくれまいかと頼まれた。だけど、往来は敵がいて危険なので、しばらくここに潜んでいて、夜中になって敵の動静をうかがって入城されたらいかがでしょうというと、その兵士はどっかりと腰を下ろし、それから匍匐《ほふく》して周囲の状況をうかがった。

ところが敵は絶えず警邏《けいら》しながら、藪のなかまで銃を撃ち込み、互いに呼子笛を鳴らして残敵はいないか捜索《そうさく》を繰り返していた。それを知って会津兵は、到底免《まぬが》れまいと覚悟《かくご》したのか小刀を抜き放ち、いくどか喉にあててみた。ぼくもそれに倣って自刃の覚悟で小刀を抜き、会津兵の所作《しょさ》を見ていた。そのときの感想を思い出せば、まったく無念無想、恐怖もなく迷いもなく、万一敵に発見されたときはそれまでと、会津兵と共に自刃して果てるまでと、ほとんど失神状態だったと思う。そのうち周囲が静かになり、敵は城内の方へ向かったようだった。午後四時ごろ、ぼくらが隠れているところへ二人の友軍の兵士が忍んできた。一人は二本松の足軽隊長で、もう一人はその部下で組頭の菅野和助だった。

和助は父の従僕《じゅうぼく》留吉の兄で、小さいころから知っていたので和助と知ってほっとした。

そのうち、寺西某も加わって五人となり、それから五人で山道を潜行しながら、龍泉寺方面から塩沢村に出て鉄扇橋《てせんばし》を渡った。このとき午後六時、東南を振り返ると黒白の煙が天を衝《つ》いて渦巻《うずま》きあがるのが見えた。なんとこれは、ぼくらが日夕崇敬《すうけい》をもって仰ぎたる主公丹羽侯の居城霞ケ城が炎上する煙だった。このとき初めて殿様の行方はいかがなりしか、祖母、母の生死はと胸に浮かび、悲憤《ひふん》の思いに涙をかむ思いだった。

それから休石《やすみいし》（注・地名）をへて、木の根坂から北方の山道に入り、約二里ほど行って土湯に達した。

土湯は二本松から敗走してきた者、仙台、米沢、会津兵で雑踏《ざっとう》をきわめていた。

ぼくは菅野和助に伴われ、ある旅籠《はたご》に投じ、初めて安心して休息することができた。

和助と共に温泉に入り、夕餉を食べたあとは何もかも忘れて寝入ってしまった。

八月一日

ぼくは年少だからということで、米沢に行くことになり、和助と別れた。

それからは米沢に逃れる人たちと早朝、土湯を出発し、吾妻《あずま》富士の山下を横断して高湯をへて禿平に出て米沢に着き、母や祖母と再会することができた。

上田孫三郎のこの手記は四十八歳のときに記したもので、昭和元年（一九二六）発行の『二本松藩史』に収録されている。戊辰戦争で城を焼いた二本松には旧藩の記録や書類がほとんどない。『二本松藩史』も生き残りの一人佐倉強哉《きょうや》が委員長となって、生存者の一人ひとりから丹念に聞き取った執念の記録なのである。孫三郎の父は上田清といい百五十石の郡《こおり》奉行だった。

堀良輔十四歳の証言（二本松少年隊）
——父に従い城内で守備につく——

ぼくの友達に木村丈太郎十四歳がいた。父は五右衛門といった。丈太郎は大壇口に出陣して悲壮な最期を遂げた。ぼくと同じ年で、家は真向かいだったので小さいころからよく一緒に遊んだし、たまには喧嘩《けんか》もしたことを覚えている。このころは弓や剣術もだんだんすたれ気味で西洋流の鉄砲の稽古《けいこ》が盛んになっていた。ぼくらは井上権平先生について調練を受けたが、西洋式の先生で、その子供の門太が先生の代理で「小隊進め」「右向け」「左向け」とか号令をかけていた。銃はゲーベルとミニエーだったが、ゲーベルは足軽が用い、それよりも良いほうのミニエーは藩士が用いた。いずれも先込め銃で、後で南北戦争に使った古物とわかった。五月に入ると戦はいよいよ激しくなってきて、先生方もみな出陣してしまい調練もできなくなった。その後はぼくらにも仕事が与えられた。それは井上の稽古場で、一日一人三〇〇の小銃弾をつくる仕事だった。ぼくらは懸命に弾薬づくりに精をだした。親指くらいの太さの五寸ばかりの棒があり、棒の先が少しへこんでいて、これに紙を巻いて作業するのだった。弾づくりといっても、火薬は火薬で製造されたものがあり、それの鉛玉は御鍛冶屋《おかじや》でつくられていた。供中の手前に殿様が鳥打《とりうち》の際にお休みになる御茶屋があり、そこが火薬製造所になっていた。何でも六月ごろ、一度火薬が爆発した事件があった。その爆発で、職工二人、役員が一人、三人が死んだ。一人は崩れた壁に埋もれて奇跡《きせき》的に助かったが、親指と人差し指ほどの肉片が辺りいっぱい飛び散っていて、幾つもの一升樽《だる》の鏡を抜いて、それに集めた肉片を入れていたことを思い出す。

七月二十七日

そうこうするうちに官軍が二本松の一つ手前の本宮駅に迫り、霞《かすみ》ヶ城第一防御線の本宮一帯が薩土を主力とした官軍三〇〇〇の精鋭に占領されてしまった。

そしていよいよ霞ヶ城への攻撃となった。

七月二十八日

この日は何事もなく、ひっそりとしてセミが鳴いていたほどだった。

七月二十九日　二本松戦争

前夜、ぼくはお城の大広間に寝た。うとうとしたと思ったら、真夜中に父に起こされた。父は川崎村に敵が来たという注進によって出陣するところだった。父は周旋方《しゅうせんかた》と代官、郡奉行と三つも兼ねていて、川崎村は父の支配下だったのだ。父はぼくに「わらじを履《は》かせろ」といった。無我夢中で手伝ったが、後で、戦死を覚悟した父が別れの意味でこうしたのだということがわかって悲しい思い出になった。やがて白々と夜が明け始めた。

ぼくは賄《まかな》いに行って弁当の用意をした。弁当といっても握り飯を二つ貰《もら》っただけだった。一つは食べて、一つは背負い袋に入れて担った。城東供中口と城南大壇口で火蓋《ひぶた》が切られたのは早朝だった。供中の方から銃声が聞こえてきた。ぼくも仕度ができたので勇んで駆けだした。お城を出て左の方へ曲がって、杉土手、四尺くらいの高さの石垣まで行ったときだった。向こうから駆けて来る藩兵があった。「敵だー、竹田門のところまで敵が来ているぞっ」と叫びながら走り去った。なるほど、前方に敵がぞろぞろ見え出した。

ぼくは武者ぶるいしながら夢中で小銃をぶっ放した。めくら滅法《めっぽう》撃ちまくった。だが、悲しいかなぼくの小銃は二本松でつくったものなので、三匁銃を直したものだから、射程距離などあんまりかんばしいものではなかった。そうこうするうち敵は大部隊となり、六の丁の堀、そこは幅三、四尺の小川が両方に流れていたが、みんなその堀の中に入ってしまった。そうして一斉に撃ち出してきたが、まったく物凄いものだった。やむなく、ぼくらは退却してお城に戻った。すると茶坊主たちがわいわい騒いでいる。

なんでも瀬尾源太夫さまが城に火をかけよと言ったのだという。命じたのは城内で丹羽新十郎、服部久左衛門さまと鼎座《ていざ》して自刃した家老の丹羽一学さまに違いなかったが、直接火を放《はな》たせたのは瀬尾さまだった。大広間には唐金《からかね》の大火鉢が二つあった。

どちらも炭火がかんかんにおこっていた。瀬尾さまは茶坊主に「唐紙《からかみ》をはずせ、障子をもってこい」と命じて、五枚も一〇枚も火鉢の上に重ねさせた。たちまちめらめらと紅蓮《ぐれん》の炎が上がり天井が燃えぬけた。屋根は茅葺《かやぶき》だったからひとたまりもなかった。このありさまを呆然と眺めていたぼくに、瀬尾さまが「早く行けっ」といわれた。そこでまごまごしてはいられないと気づいて、お城の裏手に出た。そこにも仙台兵が敵に追われて来ていた。

裏山続きのところに鐘撞堂《かねつきどう》があったが、そこでも撃ち合いが始まっていた。

敵は多分、竹田門を破った者たちだったろう。ぼくもまた無我夢中《むがむちゅう》になって例の鉄砲を撃ちまくった。ふと見ると坂を上りかけた仙台兵が敵弾にやられ、あっという間にもんどりうって転げ落ちた。

近くに城番の家が二軒あり、それは青木と水野の家だった。その前を通って行くと細野観音に行く道があり、お城の外に出る。

そこからは塩沢方面が眼下に見下ろせる。そこににわかづくりの胸壁があり、味方四、五〇名ほどが守っていた。隊長は大谷鳴海《なるみ》さまだった。と、塩沢方面に敵影らしいものが見えた。こちらに向かってドンドン進んでくる。たちまち弾が飛んできた。隊長はここで一戦を覚悟したのだろう、ぼくを足手《あしで》まといに思ったらしく「早く行けっ」と叱《しか》った。

そのうち敵弾がヒューヒュー飛んできた。林の木々がざわめいて大嵐のようになった。

ぼくは走って滝沢の通りに出た。なおも走っていくと、別当が立派な馬を一頭引いてきた。ぼくを見ると乗ってくれという。誰の馬だと聞くと、家老の丹羽丹波さまの馬だという。あまり乗ってくれとせがむので、こんな立派な馬には乗れないと断ると、「実はこの馬は、人が乗っているとしゃんしゃん進むのだが、誰も乗っていないと道草食って困る」と、さも困ったような顔をするので、それほど困るなら乗ってやろうということになった。

ぼくは乗馬の稽古もしていたし、ひらりと乗って一、二丁ほど進んで振り返ると、いつの間にやら別当の姿が見えない。別当は恐らく家に帰りたいばかりに、ぼくに馬を押し付けて姿をくらましてしまったようだった。ぼくは、ままよ、どうせ乗ったのだからと、そのまま水原まで飛ばしてしまった。水原には殿様がお出でになるということを知っていたのだ。殿様がお出でになったのは多分名主の家だったと思う、立派な玄関があって、相当の構えだった。家の前ではみんなお城の方角を見て呆然としていた。高く上がった煙を見て、お城が落ちたと思ったのだろう。それを知っているぼくは悲しくなった。ぼくが訪《と》うと家老の梅原剛太左衛門さまが出てきた。そしてぼくに「あの煙はなんだ」と聞いた。そこで、瀬尾さまがお城に火を放った顚末《てんまつ》を話した。すると間もなく、「御立ち」という命令が出た。

すぐに御駕籠《かご》が何挺《なんちょう》もでてきた。殿様がお乗りになった。つづいて奥方もお姫様もお乗りになった。その後にぞろぞろとみんなが従った。なんせ十万七百石の殿様の国落ちだ、哀《あわ》れの中にも豪奢《ごうしゃ》なものだった。一口にいうと、昔錦絵《にしきえ》で見た平家の落人《おちうど》のありさまにそっくりだったのだ。殿様の御駕籠のそばには、六、七人の小姓《こしょう》たちが警護していた。また奥方のそばには、やそという中頭の老女をはじめ、三、四人、これもまた鉢巻《はちまき》姿に薙刀《なぎなた》という扮装《ふんそう》で警護した。馬は四、五匹、千両箱を二つずつ付けており、それを老人たちが固めた。

何でも水原から庭坂に行くときだった。川の橋が細くて、おまけに水がひたひたするので馬が渡れず、ひとかたならず難渋《なんじゅう》したことがあった。千両箱を落っことしては大変と、いちいちそれを馬から降ろして担いで渡った。こうして、ぼくらが庭坂に入ったのはもう日暮れだった。一行はこの夜、庭坂に泊まるつもりだった。ところが誰いうとなしに「敵が来た、早く逃げろ」ということになった。なかには鉄砲の音がしたとまことしやかにいう者もあった。またもやすぐお立ちとなって、ろくろく休む間もなく庭坂を発った。今度は峠に差し掛かったらしく、ひどい坂道だった。おまけに雨がしとしと降り出した。左の方は深い谷間だ、しかも鼻をつままれてもわからないような真っ暗闇《くらやみ》ときている、といっても灯火をつけることはなおさらできない。一行はやむなく暗闇を手探りしながら登ったのだったが、このときの難渋は何年たっても忘れることはなかった。

八月一日

そのうち白々夜が明け始めた。そこは何でも米沢領の入り口で切り枯らし（注・地名）というところのちょっと手前だった。雨は夜が明けても相変わらずびしょびしょ降っている。こんな暗い思いの中で一行のうち、急に産気づいた者があったりした。野天のお産で、生まれた子供は傍らの小川で産湯、いや、お湯どころではない、水で洗って、産婦もそのまま歩き出すという具合だった。一行がなおもずんずん進んでいくと、米沢の関門にさしかかった。

そこには米沢の藩士が鉄砲や槍で守っていて、一歩も門内に入らせない。ここでも一行はびしょびしょ雨に打たれながら、いつまでもたたずんでいるほかなかった。

やがて、一行が来た道を騎馬で駆けつけた者があった。見るとそれは父だった。

父は関門の隊長に会ってなにやら話していたが、やがて馬に乗って米沢方面に姿を消した。それから父が戻ってくるまでの長かったことといったらお話にならない。いや、それほどたいした時間ではなかったかもしれない。恐らくそうであったろう。だけど、ぼくはこのときほど時間のたつのが長いと思ったことはそれまでなかった。とうに昼を過ぎたころ、ようやく父が戻ってきた。上杉家からも藩士が来た。関門が開いた。一同ホッとして上杉家へ向かった。一行が米沢城下に着いたのは、もう、日暮れ近くだった。

ぼくは少年隊員としてなんらの戦功も手柄もなかったが、成田や木村をはじめ、多くの戦友たちが悲壮な最期を遂げ、維新史上、不滅の武勲をたてたことはぼくの喜びでもある。

慶応四年（一八六八）七月二十九日、早朝、愈々《いよいよ》戦が始まった。城東供中口では阿武隈川を挟んで盛んに撃ち合いがあり、三浦権大夫さまが農兵隊を解散して一人討ち死にしたのはここだった。なにしろ権大夫さまは気概があり、日ごろから家老の丹羽丹波さまや梅原剛太左衛門、成田弥格といった上つ方（注・上役）から大変憎まれていたらしいけど、えらい死に方をしたと評判だった。それから城南大壇口では砲術師の木村銃太郎さまに率いられた少年隊二五名が戦った。

この木村さまはこのとき二十二歳で、六尺近いかと思われる偉丈夫《いじょうふ》だった。見事な雲龍を描いた白の陣羽織を着て、緋の野袴を穿いた姿は目も覚めるばかりに勇ましいので、ぼくら子供たちの胸をどんなに沸《わ》き立たせたかわからなかった。

少年隊は十二歳の者もいたが、十三、四歳が主力で、弾薬も一人二〇〇発くらい持って行った。筒っぽうを着て、当時流行の義経袴を穿《は》き、握り飯をいれた背負い袋を担い、それに刀も鉄砲も大人のものだったから、重くてたまらなかった。

大壇の戦はまったく激しいものだった。何せ先鋒の薩州勢は伊地知正治を大将に、辺見十郎太、貴島清、野津七治といった一騎当千の者ばかりで、それに続く土佐勢も板垣退助を大将に、これまた百戦錬磨《ひゃくせんれんま》の猛者《もさ》ばかりだった。これだけの大敵を向こうに回して堂々と戦をやったのだから少年隊もさすがに偉《えら》いと思う。このときの木村隊長の奮戦は、いかなる鬼神も泣かせずにはおかないだろう。ひゅーひゅー敵弾が飛んでくる中で、自若として号令をかけていたが、たちまち左腕をやられてしまった。一弾が貫通したのだった。が、隊長はびくともしない。口で袖を食い破って包帯にした。このとき敵の一弾がまたもや腰を撃ち砕いた。隊長はばったりその場に倒れてしまった。

今度は重傷だった。もう助からないということが咄嗟《とっさ》にわかったとみえ、副隊長の二階堂衛守さまに「首を打て」と叫んだ。副隊長が躊躇《ちゅうちょ》していると、「早く、早く」とせきたて、細い声で「少年たちを犬死にさせるな」と命じた。

そこで泣く泣く副隊長は、隊長の後ろに回って、「御免っー」と太刀を振り下ろした。

ところが動転していて手元が狂い、一太刀では斬れなかった。すると隊長は苦しい息の下から、「落ち着いて斬れっー」といった。隊長の首は衛守さまと成田才次郎十四歳が二分した髻《もとどり》を持って、退却した。途中、副隊長も敵弾にやられ、ただ成田だけ大手門から郭内《くるわない》に入った。しかも、成田はただ一人、三ノ丁で供中方面から進撃してきた長州勢の白井隊長を討ち取ったのだから、凄い手柄をたてたものだ。成田の父は外記右衛門といった。

成田はぼくと同じ年だったが、どちらかというと年のわりには小柄のほうだった。

ぼくとは十歳ごろから一緒に剣術の稽古に通ったものだった。先生は遊佐孫九郎といい、新陰流で、そこで居合いの稽古をやった。二本松で、年端もいかない少年隊が、なぜかくも勇ましく戦ったかということを考えると、ぼくら武士の子は小さいときから「御身の体は、一朝事あるときは、殿の御用に捧げるためにある」と教えられてきたことにあると思う。

わずか十三、四歳の身をもって、莞爾《かんじ》として君公の城に殉《じゅん》じたのも、決して一朝一夕の出来事ではなかったのです。

堀良輔のこの手記は昭和十六年（一九四一）四月八日に収録され、六月発行の『二本松少年隊秘話』に掲載《けいさい》された。良輔八十七歳だがその記憶の鮮明さには驚かされる。手記にある大壇口の戦闘には良輔は居なかったので聞き語りだろう。それにしても良輔にとって忘れようとしても忘れられない過酷《かこく》な事件だったのだろう。父、次郎太夫は七十石、代官だった。

成田才次郎十四歳（西軍長州隊長を斃す）

成田才次郎は、父から敵と戦うとき、非力な子供では斬るのは無理だ、藩の御流「突きの二本松」でいけと諭《さと》されていた。大壇口から撤退中に大隣寺の門前で敵の銃撃を受けた才次郎は瀕死《ひんし》の傷を負い、衣服はぼろぼろで彷徨《ほうこう》中に伯父の篠沢弦之介に出会ったが、篠沢の制止を振り切って「敵を一人でも突いてから」と別れたという。

才次郎はひとり一の丁から西谷門に向かう途中で進軍してくる長州隊に遭遇《そうぐう》した。長州隊は少年兵だと思い、咎《とが》めもせずに通り過ぎようとした。そのとき才次郎は杖代わりにした大刀で最後の力を振り絞ってしゃぐまを被《かぶ》った隊長と思しき者に全身で突きかかった。

不意を打たれた隊長の白井小四郎三十一歳は、才次郎をいだくようにして部下をふり返り「勇ましい少年だ、労ってやれ」といいながら仆《たお》れふした。

才次郎もここで力尽きたといい、また、白井の部下に討たれたともいう。

山賊に救われた少年たち

七月二十九日、大壇口の敗戦で少年隊の久保豊三郎十二歳、山田英三郎十四歳、武谷剛介十四歳、丹羽寅次郎十五歳は戦乱の城下を逃れ、岳温泉から安達太良を越えて会津に向かった。やがて夜になり、闇夜の山中を彷徨していると火の手を見つけた。やれ撤退中の味方かと駆けつけたところ、焚き火を囲む連中は一目見て山賊《さんぞく》と思しき者たちだった。
ところが山賊は、少年たちを呼び寄せ「よく逃れてこられたな、腹がすいているだろう」と焚き火にかけた鍋の南瓜を馳走《ちそう》してくれた。武谷剛介は「今まで、あんな旨《うま》いものを食べたことはなかった」と晩年になってもこのときの感動を語り残している。この後四人はバラバラになったらしく、その後の久保豊三郎は戦病死とされ、丹羽寅次郎の消息はしれない。寅次郎は家老丹羽丹波の一族で少年ながら三〇〇石の当主だった。

木滝幸三郎十五歳の証言（二本松少年隊）
——両社山二番組番頭日野大内蔵隊で守備につく——

ぼくは戊辰のとき、十五歳で従軍が許されなかったので、兄万次郎二十歳の出陣を羨ましく思っていた。それで藩庁に従軍の嘆願《たんがん》を繰り返していた。

七月二十七日

ようやく出陣が許可された。そのときの服装は母の手縫いの呉呂《ごろ》服で、ぼくのは緋《ひ》色だったが、あまり目立ちすぎると思って黒色にしてもらった。
出陣の日、母から軍用金として五両もいただき、藩庁より支給されたエンピール二つ盤胴《ばんどう》（注・銃に巻いてあるバンドのこと）の銃（スナイドル銃）と弾薬二〇〇発を手にした。母は「見苦しき進退のなきように」とだけいって送り出した。

七月二十八日

ぼくが配属されたのは、丹羽家の氏神《うじがみ》を祀《まつ》った両社山（二本松神社）に陣がある二番組番頭日野大内蔵さまの隊で、五〇人ほどが守り、大砲が数門あった。

七月二十九日　二本松戦争

未明、供中方面より銃声が聞こえ、飛び起きて戦闘準備に入った。

社前石段の上の鳥居に横木を渡し、これに畳数枚を立てかけて胸壁として敵を迎え撃った。早、供中口が敗れたのか銃砲声と共に兵の雄たけびが近づいてきた。

間もなく流れ弾がしきりに飛び交うようになってきた。敵は小高い両社山を城郭《じょうかく》と思ったのか、砲撃を集中してきた。午前八時ごろ敵はすでに本町まで侵入《しんにゅう》し、両社山の階段下にある鳥居の前まで迫った。ドンと大砲を放つとバタバタと散り走り去る。

供中を破《やぶ》った敵は、御免町から亀谷をへて本町に入り、追手口から久保丁へ登ってきていることにぼくらは気づかなかった。大壇口はこのころようやく戦闘が始まったようで殷々《いんいん》と砲声が聞こえてきた。部隊は山を下りて戦闘中で、しばらくして隋神門《ずいしんもん》まで出張ってみると、部隊はすでに退却したようで、路傍《ろぼう》に日野隊長が鮮血にまみれて倒れていた。

ぼくはそのときを見たわけではないが、日野隊長は部下を激励《げきれい》して防戦中、敵弾を受け壮烈《そうれつ》な最期《さいご》を遂げたのだという。ふと見ると、弾丸雨中の中、安藤神官が何ごともないように斎服《さいふく》姿で泰然として祈禱《きとう》しているのをみてその姿に敬服した。

ぼくのほかには遊撃隊《ゆうげきたい》の飯田唱、石川勇之進、幕府脱兵の菅井鉄之助さんがいて、ぼくは彼らについて八幡社を引き揚げ、山道を鐘撞堂まで行った。振り返ると、お城からは盛んに黒煙が噴きあがり、一ノ丁崎田、二ノ丁浅尾辺りからも黒煙が立ち上っていた。その辺りには白刃のきらめきが見られ白兵戦が始まっているようだった。敵味方が入り交じって斬りあっているのが手にとるように見えた。御鍛冶屋まで下ったとき銃撃をくらった。

あわてて作事場から再び一ノ丁山に登り、松坂門に降りたがここでも銃撃をくらった。至る所に敵兵が充満《じゅうまん》していて逃げ場を失ったようだった。無我夢中で浅見の茶園から鷹匠町を抜け、法輪寺から松岡町に迷い出たところで、前を行く味方らしい数人の兵士を見かけた。兵士は我々に気づくと手招きするので味方だと思って近づくと、敵兵だった。

「さあ、しまった」と思ったが逃れる道もない。

そのとき飯田さんが敵兵に何ごとか語りかけ、戻ってくると「さあ、これから法輪寺の墓場に行って、切腹《せっぷく》するぞ」と叫んだ。目配《めくば》せするので、飯田さんの言うとおり法輪寺に向かうと、後ろを敵兵が銃を構えながらついてくる。我々の切腹を見取《みと》る気らしい。

鷹匠町の四つ角まで来ると飯田さんが「そらっ逃げろっ」と大声で叫びながら飛鳥《ひちょう》のように小役人屋敷裏に飛び込んだ。ぼくらも必死に続いてウコギ垣根やきゅうり畑の中を走りぬけた。後から続いた敵兵はだまされたと思い「賊《ぞく》、逃がすな、賊、逃がすな」と叫んで乱射しながら追ってきた。六、七軒の屋敷の裏を走りぬけ、通りに出たところでまた、別の敵兵数人に行きあった。南無《なむ》さんと思いきや、先頭《せんとう》を走っていた石川さんが出会いがしらに一人を斬り捨てた。驚いて身を避ける敵を尻目に走って逃げたが、石川さんは敵に撃たれたようだった。残った三人は何とか虎口を逃れ、道を横切り、豆畑の中を匍匐《ほふく》して進み、浅見の茶園まで戻って藪《やぶ》の中に潜んだ。茶園に建物があったが敵兵がきて、戸を打ち破り屋内に入って、天井を槍で突き刺す音がした。姿は見えなかったが、いつ発見されるかもしれないという恐ろしさはいうにいえない。飯田さんと菅井さんの両人は切腹の覚悟と見え刀を前におき腹をくつろげ、敵に見つけられたらすぐに自刃するつもりのようだった。

敵は屋内を捜し終えると厩《うまや》から馬を引き出し、屋根に飛び上がっていた鶏を撃ち殺して、鼻歌を歌いながら立ち去ったので、ほっと一息して、夜になったら逃げ出すつもりだったが、辺りの人家はすべて敵の宿舎となり、所々で篝火《かがりび》を焚いて警邏《けいら》しているので逃げ出す機会がなかった。夜も十時ごろになり、辺りが静まるのを待ってひそかに逃げ出した。

飯田さんは会津に出て応援を仰ぎ、二本松城を取り返すつもりだといって途中で別れた。ぼくと菅井さんは新丁村田の辺りに出たが、ここでも敵が篝火を焚いて警戒《けいかい》をおこたらないようだった。行く道々で横たわる屍体《したい》を見て涙しながら新丁山を越え、蔭新丁に出て、大谷水山さまの家の門が開いていたので通り抜け、裏門の錠を破ってまた山に入った。

この辺りで多数の負傷者のうめき声を聞いた。珊瑚《さんご》寺から豆畑の中を匍匐《ほふく》して進み、滝沢街道に出た。菅井さんが街道を渡って水車小屋のほうに行ったので、ぼくが後を追おうと街道に出たとき、しゃぐまを被った敵の隊長らしき者に出会った。ところがその隊長は「この辺は官軍が警邏しておるから、捕らえられぬよう早く逃げろ」と優しく教えてくれたので、水車小屋に走って向かった。また二人で街道を行くと、藪陰《やぶかげ》で銃に弾込めする音を聞いたので、あわてて駆け戻って、龍泉寺の門前を登って裏の墓地に隠《かく》れようとしたところ、人影があった。何藩かと誰何《すいか》すると「二本松藩」と答えた。しかし、その訛《なま》りは上方訛りだったので、菅井さんが抜き打ちに斬り殺した。

倒れた兵の肩章をみると長州三番小隊岡崎某とあった。敵の番兵のようだった。それから寺裏の山に登って見下ろすと、町家の辻々に篝火が焚かれ、この辺まで照らしていた。この夜は山上で夜を明かした。

八月一日

朝、畑で生大根をかじって腹に入れ、それからまた山を越え、農家で食い物をもらって飢《う》えを満たした。ようやく木の根坂に至り土湯をへて会津に行こうとしたが、殿様が水原にいることを聞いて水原に戻ったところ、すでに米沢へ向かったということだった。

仕方なく庭坂に戻ると幕兵とともに二本松の残兵がいたので合流し、ここで仙台に向かう菅井さんと別れた。

幸三郎の手記は昭和元年に刊行された『二本松藩史』に収録されたものである。

「わずか十二、三歳や十四、五歳の少年が自ら進んで戦場に立ち、大人に劣らざる活躍をしたなど信じられないかもしれないが、後年、敵方の土佐の谷子爵《ししゃく》にあった際、子爵は当時のことを思い出され、『二本松城に攻め入ったとき、城の内外に老少年の士が算を乱して相果てたるを見て、藩の教えがいかに厳粛《げんしゅく》なりしかが思われたり』と賞賛《しょうさん》されたときには、公論却って敵将にありとさえ思ったものだった」と結んでいる。

戊辰戦争のとき、父はすでに亡くなっていて兄の万次郎が家督一二〇石を継いでいた。幸三郎が守備した両社山には老年隊がいて、いよいよ敵が迫ると少年隊を解散させ、戦場から退かせた。幸三郎が隊長日野大内蔵の屍体を第一戦の後に発見するのはそのためである。老年隊は、二〇名ほどは氏名がわかっているが、どのくらい出陣したのか未だに不明であるという。逃げるとき一緒だった飯田唱は遊撃隊の大谷志摩の配下で、明治七年の「戊辰事件書出」を残していて、逃避行は同じだが、記述に石川の名はあるが幸三郎の名はない。

同盟軍の義に殉じた二本松藩
――降るも亡び、降らざるもまた亡ぶ――

慶応四年(一八六八)七月に入ると戊辰戦争の東軍(奥羽越列藩同盟軍)に暗雲が漂《ただよ》った。七月四日、秋田藩(久保田藩)が突如《とつじょ》西軍(新政府)に寝返り庄内藩に侵攻《しんこう》した。さらに六日には守山藩が西軍に降伏、十四日には亀田、新庄、天童、矢島(交代寄合生駒氏の陣屋)、本荘などの藩が同盟を離脱し、東軍の内部崩壊《ほうかい》が始まった。

七月十二日、須賀川で軍議を開いた仙台、会津、二本松は、白河奪還《だっかん》の決戦を挑《いど》んだが、「白河戦最後の攻撃とす、東軍毎戦利を失ひ、多大の犠牲《ぎせい》を払ひて遂に之を恢復《かいふく》する事能はず、列藩の瓦解は実に此処に起因せり」と『二本松藩史』はこの無念さを記している。

この結果、戦況利あらずとして前線の東軍は協議し、二本松に退き、霞ヶ城を本営として態勢を立て直し「仙台坂英力には二本松を本営とし、総兵を向寄江配《むこうよりへはいし》、先ず三春を討、然して西へ兵を進め勝算を謀る之手配」だった。

七月二十六日、三春の離反と大谷部隊の壊滅を早馬で知った霞ヶ城の留守家老丹羽掃部介《かもんのすけ》は戦慄《せんりつ》した。その後、刀や折れた槍を杖に、よろめきながら戻ってきた敗残の兵たちは、戦場が目の前に迫っていることをまざまざと見せてくれた。

「早い……早すぎる……しかし……防衛しようにも兵がない」

西軍のあまりにも早い進撃に掃部介は唇を咬みながら呆然としていた。しかし、西軍迫るの報を聞き、ただ漫然としてはいられなかった。直ちに、白河派遣軍の指揮をとる軍事総裁丹羽丹波に、二本松全軍の引き揚げと仙台、米沢などの同盟諸藩と会津に援軍を頼む早馬を出した。だが、須賀川の列藩同盟の本営では、三春が同盟から寝返り西軍を迎え入れ、西軍が三春領から阿武隈川を渡河して本宮に侵攻を始めたことを知ると、東軍の盟主仙台藩兵が浮き足だった。仙台軍軍事総裁坂英力は、二本松を本営とする協議を無視し、霞ヶ城に入らず、仙台軍の国許への総退却を命じたのだ。五〇〇〇の大軍を率いる仙台が退き、会津が退けば、二本松兵は単独で三方から迫る七〇〇〇の西軍に対峙しなければならない。

二本松の精鋭は家老丹羽丹波が率い仙台軍とともに須賀川にあって、二本松城には兵がなかった。城が危ない、二本松兵に悲痛な声が走った。

急報を受け取った丹波も、愕然としていた。このときの二本松の兵力は次のとおりである。

軍事総裁	筆頭家老	丹羽丹波・三二〇〇石（本営）
一番組	番頭	本山大助・六〇〇石
二番組	番頭	日野大内蔵・二〇〇石
三番組	番頭	樽井弥五左衛門・六〇〇石
四番組	番頭	種橋主馬介・七〇〇石
五番組	番頭	大谷鳴海・一四〇〇石
六番組	番頭	大谷與兵衛・家老一〇〇〇石
七番組	番頭	高根三右衛門・六〇〇石
八番組	番頭	丹羽右近・六五〇石

徳川の軍制は一万石当たり兵二五〇人とされていて（大山柏は一万石あたり一〇〇人としている）十万石の二本松藩は二五〇〇人となる。藩の御備定三〇九三人からすると少ないが、藩士がすべて兵士であった戦国の世と異なり、八組二四〇〇人は、幕末のこのころでは多いほうであろう。もっともこれは推測であり、二本松軍の総数は不明である。

戊辰時、『二本松藩史』によれば二本松藩の藩士は、士分の者三四九人（三六六人・知行誌による）、扶持人及び足軽が五〇一人（六七〇人）、総数八五〇人（一〇三六人）だったといわれる。一組の兵力は約三〇〇人、二個小隊からなるが、そのうち過半の二〇〇人は農兵である。一個小隊の士卒の内訳は、銃士二〇人、銃卒三〇人、農兵一〇〇人としたが、実際はこれより少なかったらしい。戦場における戦闘は銃士、銃卒が行い、農兵のほとんどは兵站を担う。二十九日の決戦では農兵の死者も多かったが、帰還部隊の多くが農兵を解散させていて、郭内の戦死者は士卒のみで、戦死した農兵は元々守備に残っていた兵であろう。

戊辰戦争では総兵力八組のうち、六組一八〇〇人と四遊撃隊が白河方面の前線に出ていて、これは『奥羽騒乱日誌』の同盟軍のうち、二本松兵二〇〇〇人としていることにほぼ一致している。二本松城の危機を知った丹波は、丹羽右近隊と丹羽伝十郎の遊撃隊を二本松の東方の小浜に急派し、他の部隊に急ぎ帰藩を命じた。

一方、守兵がいない二本松城中では夜を徹して「抗戦か、降伏か」を巡って軍議が行われていた。藩主丹羽長国は病床にあり「病軀もとより惜しむに足らず、城を枕に斃《たお》れんのみである」といっていたが、攻め手の親戚筋の大垣藩の恭順を勧める使者も頻繁《ひんぱん》にあり、三春の離反で二方面から西軍に迫られる戦況を鑑《かんが》み、降伏やむなしの声が強くなっていた。

そのときだった。白石の同盟軍軍務局から、急ぎ立ち戻った家老丹羽一学の一言が藩論を制した。一学は、それまで黙って評議を聞いていた。やがて評議に倦み、降伏へ結論が傾いたときだった。一学は一同を制すると静かに話しだした。

「三春藩は信に背きて西軍を城中に引く、その所為《なすところ》、神人共に怒るところ、我にして今その顰《ひそみ》に倣《なら》わば、人此れを何とか言わん。例え西軍に降り、一時社稷《しゃしょく》を存せしも、東北諸藩、皆我に敵たらば何を以てか能く孤城を保たん。それ降るも亡び、降らざるも亦亡ぶ……滅びは一のみ。むしろ死を出して信を守るにしかず」

評議を翻《ひるがえ》した一学の言葉を『二本松藩史』は、「同盟に背き信を失ひ敵に降る、人之を何とか言わん。むしろ死を致して信を守るにしかず。議乃ち決す」と、こう伝えている。

すでに、白河では国を守るために多くの二本松将兵が戦場に散っている。今、おめおめと降伏をして、その者たちへの言い訳が立つだろうかという想いだったに違いない。一学はさらに、「そして、わしは武士として、名こそ惜しみたい」と、不退転の覚悟を示した。

二本松少年隊出陣

徹底抗戦を知ると二本松城下は蜂の巣をつついたような騒ぎになった。

家財道具を荷車に載せ、あるいは持てるだけの物を担ぎ城外に逃れようとした。

親にはぐれた子供の泣き声、我がちに路を急ぐ男たちの怒号、女たちの悲鳴、いつもは行き交う人でにぎわう郭外の町家も、今は阿鼻叫喚の様相を見せていた。

郭内の武家町も変わりはなかった。家の主はすでに戦場に出ていて、残った女たちが家財道具をまとめ、行くあてもないまま城外を目指していた。

「本宮守を失ふや西軍未だ迫らざるに先立ち老幼子女をして城外に避けしむ。二十七日夜丑《うし》の刻公夫人及び麗性院等相前後して城を出づ。藩中の子女之《これ》を聞き争ひて城外へ逃る。初め城中令すらく、和議成らば郭内に在るべし、戦に決せば鐘を打ちて籠城を報ずべしと。之を久しうして鐘声を聞かず、皆以為へらく和議成ると。公夫人と城を出づるに及び急遽《きゅうきょ》城出で、老幼相携えて竹田門より逃る」と慌てふためく様子を『二本松藩史』は伝えている。二十八日も午後になると喧騒《けんそう》が止み、遠くに聞こえていた砲声もなく、これが戦争を控えた町かと思うほど静かに暮れた。同日、二本松の手前の駅、本宮では、朝もやを衝いて東軍による本宮奪回戦が行われたが、優勢な西軍の前に回復するには至らなかった。右近隊はこの戦闘に遭遇し、小浜に至ることができなかった。

須賀川にいた遊撃隊の大谷志摩は、西軍の一隊が三春から本宮を衝いたことを知ると、「二本松危うし」として農兵を解散。士分の隊員二一人が全員死を覚悟して敵中突破を試みたが、運良く一人も脱落せずに二本松城に帰りついている。

二本松藩は徹底抗戦を覚悟したものの、兵士の不足はどうしようもなかった。

城に残していた守備兵は一番組ほどであり、白河防衛から帰還した部隊も農兵は解散帰郷させており、仙台、会津などの支援兵を加えても、それでも一〇〇〇に満たなかった。

このとき西軍も、斥候の報告で二本松守備兵をせいぜい一〇〇〇ほどと見ている。

城攻めは守備方の三倍の兵を要するというが、西軍の板垣は、白河にあった五〇〇〇の兵から四五〇〇を率い本宮に進出、一方、平潟に上陸した海軍二三〇〇は二本松の東方小浜から攻め入るという大軍で挟撃し、二本松を一気に押しつぶす作戦だった。

丹波が率いる主力部隊は戻らず、三々五々と城下に辿り着いた兵も連日の戦闘で疲労困憊し、あるいは傷ついていた。兵の不足だけではない、銃器も弾薬も不足していた。

白河戦の重なる敗戦で初めて近代戦を知った二本松軍は、七月に入って日野源太左衛門を白石の同盟軍軍務局に派遣し、ようやく銃器五〇〇挺を入手したほどだった。

戦闘兵の士卒に銃はいきわたったものの、その銃はゲーベル銃に加えミニエー銃もあったが、ミニエーは先込めの一時代前のもので、最新の元込め銃で攻撃してくる西軍に太刀打ちできなかった。兵員も不足し、劣悪な武器しかなかった。それでも二本松武士の「誇り」を胸に、武士の一分をあくまで立てようとしたのだった。

二本松藩の軍役は二十歳から六十歳までだったが、このとき守備兵不足から藩の首脳は苦悩の末、六十五歳以上の老人にも出陣を仰がねばならなかった。

勇猛な士風で鳴る二本松藩士は、その一方で、向学の徒が多いことでも知られていた。このとき、出陣した老年隊には、本山漱泉、菊池友捲、印旛水軒、浅岡静翁、大関《おおぜき》冬水、遠藤遊山、関《せき》遊酔、玉造静養、寺田遊水、中村楽山などの儒者の名が見られる。

このような学者まで失ったことは悔やまれる。出征が判明している老年兵は二〇名ほどだが、そのほかどのくらいの老人兵が出征したのか不明である。

ところが、出陣を申し出たのは老人だけではなかった。二本松の兵役には「入れ年」という慣習があり、十八歳になると数えで二十歳とみなして兵役についていた。それが兵不足のため十八歳以上に引き下げられ、この二十六日になると十五歳以上に引き下げられた。そこで十五歳なら、「入れ年」で十三歳でも出陣できるとなったらしい（注・十八歳を二十歳とみなしたように、十三歳を十五歳とみなした）。

こうして、まだ元服にも至らない多くの幼い少年たちが戦場に赴くことになった。

決戦前夜

二本松は坂の町である。安達太良山のゆるやかな山裾に城下がある。霞《かすみ》ヶ城の周囲には幾つもの小山があり天然の要害となっている。二本松の城下は武家町の郭内と町家の郭外に分かれていて、町家は城下を通る奥州街道沿いにあり、郭内の南側を東西に走っている。その両側に同心町が置かれ、城下の防備としている。さらに郭外の出入り口には足軽屋敷を置き防備を固めている。東は桜田谷の両側、中央は大手門がある本町の裏側、西は西谷、南は一ノ町、二ノ町に藩士を配していた。

郭外と郭内は御門で分けられ、自由な通行はできなかった。東の竹田門、中央の大手門、そして西の松坂門で検問を受ける。抗戦が決まったこの夜、同心町だけでなく、郭の要所や各陣所に至る道筋や枡形にも篝火《かがりび》が焚かれ、例年、城下を興奮の坩堝《るつぼ》に巻き込む提灯祭りを思わせたが、その灯りを楽しむ人の群れはなく、ガチャガチャと武具を鳴らしながら走り交う兵士が、いやがうえにも緊張を高めていた。丹波率いる二本松の主力部隊こそ戻らなかったが、三々五々白河の前線から兵士が撤退してきた。

そのわずかな兵たちを、三方から迫る西軍に対し配置した。

城東方面（小浜方面）

城東　逢隈《おうくま》川渡船場に笹川から急遽《きゅうきょ》立ち戻った高根三右衛門の二小隊

高田口に渡邊岡右衛門の一小隊

供中口に糠沢の戦闘で辛くも虎口を脱した樽井弥五左衛門の一小隊
同　三浦権太夫の農兵隊
三森町口に上田清左衛門の一小隊
城東南　光覚寺山に笹川の前線から戻った成田助九郎の一小隊
城西方面
城西　龍泉寺口に小原田の前線から駆けつけた大谷鳴海の一小隊
城西南　永田口に種橋主馬介の一小隊
城南方面（本宮方面）
大壇口関門に丹羽右近の三小隊
木村銃太郎の少年隊
正法寺部落の尼子台に小川平助の砲撃隊
竹田町口には郡山から敵中突破してきた大谷志摩の一小隊と老年隊
郭内
大手口　両社山に日野大内蔵の二小隊
搦《からめ》手口　竹田門に本山大助の一小隊
城内
箕《みの》輪《わ》門に丹羽族之助の一小隊
松城門に丹羽蔵之助の一小隊
久保町門に本山主税の一小隊
池の入門に丹羽門十郎の一小隊

西谷門に丹羽九助の一小隊
馬場末門に佐野膳兵衛の一小隊

城中

家老　丹羽掃部介
家老　丹羽一学
大城代家老　内藤四郎兵衛
城代家老　丹羽和左衛門
城代家老　服部久左衛門
旗奉行　高橋九郎
軍事奉行　広瀬七郎右衛門
郡代　植木次郎右衛門
郡代　丹羽新十郎
用人　丹羽勘右衛門
用人　瀬尾源太夫
勘定奉行　安部井又之丞
勘定奉行　村島清右衛門
長柄奉行　下河辺梓
兵二小隊

市中援軍　仙台藩　氏家兵庫の三小隊

会津藩

日野源太左衛門の五小隊
黒河内友次郎の一小隊
小櫃《おびつ》弥一の一小隊
諏訪佐助の一小隊
赤羽虎九郎の一小隊
今泉伝之介の一小隊
諏訪左内の一小隊
諏訪豊四郎の一小隊
赤羽虎五郎の一小隊
今泉伝之介の一小隊
桜井宗左衛門の一小隊

会津藩市中遊撃隊

そして、最大の激戦になった大壇口関門に木村銃太郎率いる少年隊がいた。
この夜、城下は戦争前夜とは思えないほど喧騒もなく静寂そのものだった。

郭内の白兵戦

慶応四年（一八六八）七月二十九日の朝は阿武隈川から湧き出す、一間先も見えないほどの濃霧で覆われていた。払暁《ふつぎょう》、その霧の下で西軍兵の不気味な進攻が始まっていた。

二本松兵が敵襲を知ったのは、その砲声だった。小浜に陣をしいた大山巌指揮の薩摩砲兵隊は、二本松兵が死守する供中口に向かい一〇門の榴弾《りゅうだん》砲の筒先をそろえ一斉に撃ち出した。朝霧を揺るがすかのように砲声が殷々《いんいん》と鳴り響いた。榴弾は着弾すると爆裂して中の破片が飛び散るために殺傷力が高い。霧の中から唸りと共に霰のように降り注ぐ榴弾に二本松兵は恐れおののいた。この砲撃を合図に、西軍七〇〇〇の兵が、小浜、本宮の二方面から二本松を挟撃すべく、進撃を開始した。城東小浜から供中口へ薩摩と長州を主力とする海軍の渡河作戦が始まっていた。嚮導《きょうどう》は三春兵である。三春は寝返ると、今度は西軍の走狗《そうく》となって二本松に迫ってきた。渡船場には番頭高根三右衛門の二個小隊が死守していたが、圧倒的な西軍を支えきれるはずはなく、三右衛門はここで壮烈な討ち死にを遂げている。渡河を終えた西軍の先鋒は早くも供中口に迫り、所々で待ち構える二本松兵を掃討しながら郭外の根崎町、竹田町を抜け竹田門から郭内に進攻した。

本宮から迫る西軍は意外に苦戦した。本宮から奥州街道を直進した西軍は大壇の南正法寺部落まで進んだとき、大壇の手前尼子台に構えた二本松藩軍師小川平助の小隊に阻まれ、激戦の末、なんとか討ち取ったものの、正法寺部落の前面には少年隊も布陣する丹羽右近の三小隊の頑強な抵抗にあっている。後年、大壇口戦の指揮をとった薩摩の野津道貫《みちつら》（のちの陸軍大将）は、「我輩は戊辰戦争以来、佐賀の乱、西南戦争、日清・日露戦争とずいぶん戦ってきたが、この二本松の戦いほど烈しい戦いはなかった」と、残している。

野津自身も大壇口の戦闘で重傷を受け、九死に一生を得た。

『二本松藩史』は、この悲壮な戦争について、「供中口まず破れ、西軍竹田門より郭内に乱入し、次いで大手門破れ、大壇口又破らるるや、同方面の西軍は兵を二分して、一軍は松坂口より直ちに郭内に侵入し、一軍は滝沢口より城背を衝く、弾丸城内に雨注す（注・雨のように注ぐの意）、城将に陥らんとす。丹羽一学叱咤《しった》兵を激し、乃ち衆に令して火を城に放ち、服部久左衛門、丹羽新十郎と鼎座《ていざ》して城中に自刃す、丹羽和左衛門、安部井又乃丞も本丸に自刃す、二本松城陥る。時に正午に近し」と、伝えている。

また、『閑窓私記』を表した本宮町の大店「糠沢薬店」の店主糠沢直之丞は、

「朝霧深く立ち込めて、わずかの間も分ぬばかり、あわや此霧晴渡らん頃ほひ討合始まりなんと思ふ内、七夜坂付近にて大砲間近く聞こえ恐れ入て至る。又供中より、始まり、今は北の方一円大砲之音計りに相なり、供中に向ひたる勢の内見事に討死にしたるは三浦権太夫殿一人の由。皇軍も是を賞しけると聞こえり、大沢山に登りて七夜坂を見れば、官軍陸続と絶間なく夥《おびただ》しく、其勢ひ破竹のごとく、如何なる堅城猛勢なりとも、敵すべきやうも見ゆるうち、西の方在家より、砲丸撃ち出し暫くして散したり。二本松藩の入場成り難き人々なるべし。さて二本松城いかならんと案じたる内、四つ時頃火の手上がりて二本松城陥落いたし、其余煙空に覆ひて雲ともおらんか怪しまる。夫白河より寛永廿《にじゅう》年御入部以来爰《ここに》二百廿《にじゅうゆう》有余年、一時の煙となれり」

と、二本松落城の悲哀を記していた。

城下は混戦になっていた。郭外の町家だけでなく、郭内の武家町にも敵が進出し、至る所で市街戦が行われ、美しい甍《いらか》の町並みを誇った町人町は、燃え盛る炎と黒煙で覆われ、地獄と化していた。この日の戦闘での二本松の戦死者二百余名のうち、郭内の戦死者が五十余名に及んでいて、郭での白兵戦がいかに激戦だったかが偲ばれる。

本宮から馳せ参じた大谷志摩の小隊二一名は、この白兵戦で玉砕している。

会津の支援兵五小隊もここに殉じた。その中に朱雀二番足軽桜井隊の君島錠四郎十七歳、菊池織江十七歳、小山源之助十五歳の屍体《したい》もあった。

会津軍では白虎隊以外に多くの少年兵が戊辰戦争に参戦しているが、そのほとんどが中士の寄合組や足軽隊そして農兵だったことにも悲哀を感じざるを得ない。

ここでは両軍白刃を掲げ斬りあった。刃はささくれ立ち、折れた刃も無数だった。折れた刀を棄て、小刀で相討つ肉弾戦だった。骨を切らせて敵の命を絶った。それほど凄まじい白兵戦が郭内の至る所で行われていた。通りや路地、果ては乱入した屋敷内で硝煙や燃え盛る炎をものともせずに、白刃が閃《ひらめ》き不気味な金属音が鳴りやまなかった。だが、七〇〇〇もの大軍を相手に二本松兵は次第に追い詰められていった。

明け五つ（午前七時）に始まった戦闘は四つ（十時）ごろには片がついていた。

振り返ってみればあっけない戦争だった。それは一陣のつむじ風のようなものだったが、その跡の無残さは譬えようもなかった。正午頃には、二本松はすでに組織での戦闘力をなくしていた。郭の内外の戦闘も、今では西軍による一方的な掃討戦といえた。

二本松少年隊の奮戦

緯度が高い奥羽の夏は驚くほど朝が早い。払暁とはいえ、すでに陽は地平を過ぎ、東の空を赤く染めていた。陽光を受け、気温の上昇とともに阿武隈川を覆った厚い霧がゆるゆると動き始めていた。

そして時折霧の切れ間から、密かに川を渡る西軍の大兵が見えた。

朝霧を隠れ蓑《みの》にして供中口へ渡河作戦が始まっていた。

決戦を前にして、初めての野営で眠れぬ者もいた。だが多くの少年兵は陣地の構築で疲れたのか、布団代わりに敷かれた藁《わら》のなかでぐっすりと眠りこんでいた。その睡眠を一発の砲声が打ち破った。供中方面から砲音が鳴り、敵の進撃を知ると大壇口で守備につく兵にも緊張が走った。少年たちが飛び起きると、早くも砲座につき、銃太郎の指揮を待っている者もいた。銃太郎は少年たちの動揺を抑えるように、朝もやの中に悠然と立っていた。小山の大壇口からは、本宮寄りの尼子台から砲煙が上がっているのが一望される。

軍師小川平助率いる砲撃隊が朝霧を衝いて進撃してくる西軍に砲撃を開始したようだ。突撃が始まったのか突撃ラッパの音に交じって鬨《とき》の声や兵士の怒号が聞こえ、白刃がきらめくのが遠望される。戦闘が始まったと思う間もなく、大壇口へ砲弾が唸りをあげて飛んできた。

この日、銃太郎のいでたちは白鉢巻をきりりと絞り、目にも鮮やかな緋の袴に、背には、藩の御絵師大原文林が描いた雲龍がおどる白襦子《じゅす》の陣羽織をつけ、辺りを圧していた。

「少年隊持ち場につけー」と叫ぶと、逸る少年たちをなだめるように「いいか、まだ、まだ、まだ我慢しろっ。もっと引きつけて、それから一斉に撃つんだ」と叫んだ。時折炸裂《さくれつ》する砲弾の砂塵と硝煙の中で、少年たちは歯を食いしばりながら耐えていた。初めて立ち向かう戦闘の中で、恐怖のあまり顔面が蒼白になっている者もいた。

それでも砲手の篤次郎は、必死に砲座にしがみついていた。

「今だ、撃てーっ」銃太郎の勇ましい号令とともに、少年隊の大砲が火を噴いた。

少年隊が放った砲弾は、前面の薩摩部隊を直撃し、隊長らしい者が乗馬したまま吹っ飛ぶのが見えた。「やったーっ」少年隊の中から歓声が上がった。構える砲は四斤山砲一門だったが、間断ない速射で敵方を苦しめている。銃撃も子供ながら確かだった。

少年隊の元込め式スナイドル銃は銃身が一二三センチと短く扱いやすい、少年たちは日頃訓練の成果を見せていた。銃太郎はその少年たちを見渡しながら、

「狙いが高い、もっと照準を下げろ」

「全田、あわてるな、ゆっくり引き金を絞れっ」

「後藤、背伸びするな、もっと頭を引っ込めろっ」

などと、矢継ぎ早に号令をだした。のちに、『二本松戊辰少年隊記』を著した少年隊の生き残り、水野進が書き残した戦況は、

「銃丸の遠きものはクーン、近きものはシュー。最も近きものは音無くして、耳をかすめ去る。敵の動作は敏活なり、巧みに正法寺町の民家に隠れて射撃最も勉む。これを見下せる我々は『憎き仕業かな、眼に物見せてくれんず』と、その民家を砲撃すれば、見ん事、命中し、その五軒を打貫く。敵の狼狽《ろうばい》して四散する模様、手に取る如し。一同之に力を得、どっと鯨波《とき》の声を上げつつ益々奮闘。

然れども、火薬に汚れし両の手で流るる顔の汗を手もて拭へば、少年隊面々の顔は目ばかり光る海坊主に異ならず」

というユーモアあふれるものだったが、緒戦はともかく、善戦は長くは続かなかった。一度に一〇発余の砲弾が降り注ぐようになると、少年隊の一門の大砲では、撃ち返してもかなうはずがない。爆裂に吹き飛ばされる者、頭上で炸裂する榴弾の直撃を浴びて傷つく者、流れ弾に被弾する者、狙撃に倒れる者が続出した。

東軍の和銃やゲーベル銃では貫通できない畳で設けた胸壁など敵弾はいとも簡単に貫通するのだ。弾除けが弾除けにならなかった。

「今迄暁霧に眠れる霞ヶ城の天地は、忽ち叫喚《きょうかん》大叫喚、修羅の巷と化し果てたり。互いの目は血走り、口は噤《つぐ》みて物言わず、火薬に汚れし両の手は墨もてたらんごとくなり」と、水野の手記も悲壮な様相を見せていた。次々に倒れ伏す少年たちを見て、銃太郎の号令は悲痛な呼び声に代わった。「勝十郎ー、午之助ー、豊ー」。

銃太郎とて、演習の経験はあっても、お互いに殺しあう戦争など初めてなのである。覚悟はしていたものの、戦場はその思いを遥かに超えて残酷で非情だった。

少年隊隊長木村銃太郎の決意

少年隊を率いる銃太郎に出陣の命令が下ったのは七月二十六日だった。二本松藩が徹底抗戦を決した日だった。藩庁に呼び出され、少年兵の出陣を命じられた銃太郎は、予測していたとはいえ、出陣が現実になると逡巡し、即答できなかった。

出陣の命を下す藩庁も苦渋の表情を浮かべていた。何より兵が足りなかった。

そして圧倒的な銃砲で迫る西軍に対し、出陣を申し出た老兵たちも、城に残っていた守備兵も、銃を扱える者が少なかった。二本松の武士は、列藩同盟と総督府が決裂し、白河での開戦止むなしとなったころでも、「鉄砲は足軽入用などと申し、新渡来の管打《かんう》ち鉄砲は当流などにては用ひ兼候とて一切聞き入れず」などというありさまだった。

しかし、まったくばかにしていた西軍の鉄砲にさんざんしてやられ、みるみるうちに屍と負傷者を築くようになって、初めて、鉄砲に頼らざるを得ぬ現実を知った。

「この処の戦争、刀槍の疵《きず》は一人もこれなく、皆砲玉瑕《だまきず》のみ……」

「戦場に出るなら具足並びに赤・白・黄の筒袖、陣羽織、袴の類、必ず用ふまじく、また銃はミニエー。ゲーベルにては丁間（射程距離）飛ばず、中《あた》り粗く必ず用ふまじ」

これは、征長戦に参陣した幕兵が残した話だが、二本松兵も戦場に出て、多くの兵の命を犠牲にして軍事力の差、兵器の差を知らされることになった。二本松藩は、七月に入って仙台藩に要請し、小銃五〇〇挺を入手した。抗戦を決めた藩庁は一人でも銃器の扱える戦士が欲しかった。

「そちの門下の……少年を……出すしかないのだ……」

「子供たちを……」とまで言うと、銃太郎は絶句したまま顔を上げられなかった。

恐れていた事が現実となった。門下の一人ひとりの少年たちの笑顔が脳裏に浮かんだ。

いまわの際《きわ》になって、少年たちに洋式銃術を教え込んだことが悔やまれたが、藩庁の命令はその逡巡《しゅんじゅん》を許さなかった。こうなれば、自分のもてる知識と技術を出し切っていさぎよく戦うとともに、いかに少年たちの犠牲をくいとめるかが俺に残された務めだと心に期した。銃器は、銃太郎が藩庁に掛け合い、最新式のスナイドル銃が下げ渡された。

スナイドル銃は全長一二三センチと短く、弾薬は後装で速射ができたが、それでも白虎士中隊が手にした騎兵銃（九四センチ）より長く重量もあり、幼い少年には負担だったに違いない。銃太郎は、渡された銃器の一つひとつを点検し、入念に磨き上げた。

こうなったことは結果的といえ、責任はすべて俺にある。少年たちには不幸なことだが、死に花は咲かせてやるぞと心に密かに誓っていた。こうして少年たちは戦場に向かうことになった。最も戦闘が烈しかった大壇口で戦った二本松少年隊は、次のとおりである。

隊長	木村銃太郎	二十二歳	戦死
副隊長	二階堂衛守	三十三歳	戦死
	久保豊三郎	十二歳	戦死
	高橋辰治	十三歳	戦死
	遊佐辰也	十三歳	戦死
	徳田鉄吉	十三歳	戦死
	岡山篤次郎	十三歳	戦死
	大島七郎	十三歳	戦傷
	上田孫三郎	十三歳	
	小川安次郎	十三歳	戦傷
	高根源十郎	十三歳	
	成田才次郎	十四歳	戦死
	木村丈太郎	十四歳	戦死
	鈴木松之助	十四歳	戦傷
	水野進	十四歳	戦傷
	武谷剛介	十四歳	
	全田熊吉	十四歳	
	宗形幸吉	十四歳	

後藤鈔太　十三歳　　馬場定次　十四歳
渡辺駒之助　十四歳　　安倍井荘蔵　十五歳
成田虎治　十四歳　　三浦行蔵　十六歳　戦傷
奥田午之助　十四歳　戦死　　大浦勝十郎　十七歳　戦死
久保鉄次郎　十五歳　戦死

大隣寺に祀られる少年兵の年齢は実は「数え年」である。現代なら満年齢であり、実際の年齢は一、二歳低くなり、少年隊の主軸は十二歳、十三歳だったことが知れる。

名前を挙げた者たちも実は定かではない。銃太郎の門下生は一六人だが、二十九日朝の点呼では二三人になっていた。さらに開戦直前の再点呼では二五人だったと、生存者が異口同音に語っている。供中口などから流れてきた少年兵もいたらしい。もっといたという説もあるが、しかし、出陣時の混乱と五十年の歳月が、その事実さえ風化させていた。

銃太郎の戦死と壊乱する少年兵

つい先ほどまで笑顔を見せていた少年たちが、ある者は軀《むくろ》となって転がり、ある者は砲弾の直撃を受けて、その体は四散していた。命を永らえた者も、砲音と硝煙の中で傷つき、また、爆轢《ばくれき》に半身が埋まった体で助けを求め、その声もならずに、ただうめく者もいた。

俺はとんでもないことをしたのかと、また、悔悟が銃太郎の脳裏を走ったときだった。一弾が銃太郎の腕を貫いた。衝撃で倒れた銃太郎は、匍匐《ほふく》したまま心配そうに見やる少年たちを見て、大丈夫だと言わんばかりに立ち上がろうとした。だが、無情にも第二弾が銃太郎の腰を撃ち砕いた。鮮血に染まりもんどりうって転がった銃太郎はもう立ち上がれなかった。「先生が撃たれちったー」と、悲痛な声を上げながら少年たちが、銃太郎の下に集まった。

「衛守……え……衛守……副隊長……」

「俺の……俺の首を……打ってくれ」銃太郎は苦しい息の下からそういった。

「先生、何を言うんです。傷は浅い、お城に、お城にみんなと帰りましょう」

「いや、俺は……俺は……残念ながらもう駄目だ。

首を……首を……敵に渡しては……武門の恥だ。だから……今……首を打ってくれ……

それから……子供たちを……子供たちを……頼む……」

と言うと頭を垂れた。衛守も少年たちも銃太郎に泣きすがった。

だが、敵はすぐそこに迫り、総崩れになった二本松兵も算を乱して退却している。

まごまごしていては、生き残った少年たちさえ危ない。

副隊長の衛守は、硝煙と涙で汚れた顔を拭おうともせず覚悟を決めると大剣の鞘を払い心の中で合掌しながら太刀を振るった。それを見て少年たちは「隊長死んじまった。どうしっぺー」と泣き叫んだ。

藩侯の菩提寺大隣寺下まで逃れて来たときだった。追いすがる西軍兵に、もはやこれまでとした衛守は、

「良いか、銃太郎様の首級は、わしが敵に向かっている間に、必ず持ち帰るんだぞ。それから、傷ついた者はお互いかばいあって、香泉寺の露座の大仏を目指せ」

と、少年たちに言った。少年たちは思い思いに大仏を目指した。銃太郎の首級を抱えた少年はともすれば遅れがちだった。丸まって重く、捕らえどころのない首級は持ちにくい。両の手で抱えて走ると足元が見えず何かに躓《つまず》いては転びそうになる。大切な先生の首級を取り落とすわけにはいかない。それにしても十四歳の少年には大柄の銃太郎の首級は重すぎた。それでも少年は歯を食いしばって、よろよろとお城に向かっていた。

「進、代わってやるべ」同い年の才次郎が寄り添ってきた。そして首級を受け取ると、「こりゃあ、重くて持ちにくいな、……そうだ」と言うと、小刀を払い、首級の髻《もとどり》を切った。それから乱れた髪を二つに分けると手首にまきつけ、進にも、そうしろと言った。

「どうだ、これなら持ちやすいべ」「うん」そういうと二人は走り出した。

二本松藩は、数えの二十歳になると「番入り」としてお役目が与えられるようになっていた。この数えの底上げ制度を「入れ年」と呼んで、番入りの年齢制限が有名無実になっていた。少年隊の史実に表記されている年齢は、実はすべて「入れ年」なのである。

藩庁には十五歳と届けたが、これは入れ年で、進は数えで十四歳になったばかりだった。

今日で言えば中学生である。現代なら大きい子は身長が一六〇センチを超えていようが、大人の平均身長が一五五〜一五八センチという時代である。出陣を前に父から授けられた大刀さえ、腰に佩くというより、長すぎて地を這うようだった。初めて腰にした大小は腰に重すぎて走ることも容易ではなかった。なかには腰に長すぎて差せずに背中に斜めに背負った者もいた。その刀は自分で抜けずに、お互い背を曲げて引き抜いてもらう始末だった。

出陣を聞いて躍り上がって喜んだ戦場はこの世の地獄だった。霧が晴れ、見渡した敵は雲霞のようだった。先生から戴いた弾丸は、あっという間に撃ちつくしていた。

敵の攻撃は烈しく、砲声が殷々と辺りを圧し、砲弾や銃弾が雨霰《あられ》と注ぎ、身をよける暇もなく、友達がバタバタと倒れていった。銃弾を避けて入った竹林では、流れ弾が竹にあたるたびに兆弾となって、からからと音を立てながら容赦なく襲ってきた。夢の中では、ばったばった斬り伏せた敵兵は、実際向き合うと仁王のように恐ろしく、恐怖のあまり声さえでなかった。それでも、母上、母上、母上っ、助けてーと、心の中で必死に叫んでいた。

硝煙と流れ弾が飛び交う戦場を、二人はお城に向かって懸命《けんめい》に走った。そして砲弾が炸裂し、火炎につつまれる郭の中へその姿は小さく消えていった。

霞ヶ城の落城と一学の自刃

家老丹羽一学は天守台で、郭の内外に立ちのぼる黒煙を見ながら愕然としていた。

今朝の払暁までは、緑なす木々の間に甍《いらか》の波が連なり美しい町並みを見せていた城下は黒煙が幾筋も立ち上り、真昼の空を宵闇のように暗黒に染め、紅蓮《ぐれん》の炎が町並みを覆っていた。砲声や兵士の怒号に混じって指揮を鼓舞する太鼓の音、突撃ラッパの音が響き、斬りあっているのかあちらこちらで白刃のきらめきが遠望された。

払暁に始まった戦争は西軍に一方的に押されるばかりだった。西軍がこれほどまでの大軍を以って攻め寄せようとは予想だにしなかった。砲声は殷々と空を圧し、撃ち出される銃弾は夕立のように容赦《ようしゃ》なく降り注いだ。陽が昇ったころにはすでに供中口が破られ、敵兵は郭外の町家に迫っていた。昨夜最後の杯を酌《く》み交わし、今朝決戦を誓った多くの士が、戦闘に仆れ今は亡かった。話には聞いてはいたが、彼我の軍備の差がこれほどまでとは思いもよらなかったのだ。五月以来の白河戦争で、東軍は西軍にさんざんしてやられるばかりだったが、怯懦《きょうだ》と言われた仙台兵も戦いに慣れるにつれ、最近では西軍を悩ますようにもなっていたと聞いていた。その仙台、会津、そして須賀川にある我が精鋭が戻れば、戦闘は互角に持ちこめるとみていたのだ。だが、仙台軍は、三春の離反を受け、西軍は一軍が三春領から須賀川と二本松の間の本宮を衝き、一軍が福島寄りの小浜から、二本松を挟撃するとの報を受けると、西軍と互角に戦える五〇〇〇の兵を擁しながら非情にも二本松を見捨て撤退を開始したのだ。二本松の精鋭を率いる軍事総裁丹羽丹波も結局戻ることはなかった。

そして一学は実戦を知らなかった。さて、こうなっては、潔く腹を搔《か》っ捌《さば》くしかないと一学は自《じ》嘲《ちょう》しながら、みなの待つ大広間へ戻っていった。

「さて、最後の時が来たようじゃの、されば、各々方参りましょうかの。大島、最後に世話になるが、後々のことは、この首に免じてよろしく頼む。この首を差し出せば、西軍も、殿の首までとは無理は言うまい」と、介錯《かいしゃく》を命じた大島成人に言った。

「待てっ、この期に及んで、腹を切ってお詫びするなど、今さら何を抜かす」

そのとき、一学の言葉をさえぎるように大城代家老内藤四郎兵衛が大音声で言った。

「おぬしの首ひとつで済むことなら、なぜ首を差し出して西軍に降伏を請わなんだ。おぬしは、この戦いを『武士の一分』と抜かした。それなら、『もののふ』として戦場で果てるべきではないか。すでに戦場で先に逝《い》った者たちに、我らはなんとする」

その言葉を聴いた一学の顔が醜《みにく》くゆがんだ。そして四郎兵衛を無視するように、「瀬尾、わしが腹を切ったら直ちに城に火を掛けよ」というと、踵《きびす》を返して広間から消えた。その後を追うように、郡代の丹羽新十郎、城代の服部久左衛門が続いた。

後に、二本松藩は降伏の際、一学と新十郎を戦犯として差し出している。

「

覚

執政　丹羽一学

但當夏仙台領白石表へ出張し各藩結盟連印仕候者に御座候

用人　丹羽新十郎

但一学へ指添仙台領白石表へ出張し各藩結盟連印仕候者に御座候

右は反逆首謀の家来共に御座候処當秋落城之節屠腹仕候庫此段奉記上候以上

十二月二十八日

丹羽長国」

落城時には新十郎の義父丹羽和左衛門、勘定奉行の安部井又之丞も無念の思いを抱いて、黒煙が立ち上る城下に涙しながら天守台で自刃している。和左衛門は開戦ぎりぎりまで、和平の道を探っていた。だが、その道がないことを知ると、二本松の武士として最期を飾るために郎党を率い群がる大軍に戦いを選んだ。その見事な死に様を見て、餓狼《がろう》のような西軍兵士も武器を降ろして合掌したという。

「家老丹羽一学、城代服部久左衛門、同丹羽和左衛門、郡代丹羽新十郎、火を牙城に放ち、従容として自刃し、以て国難に殉じ、城遂に陥る。その壮烈なる、反盟諸士を愧死《きし》せしむるに足れり」と二本松落城について『会津戊辰戦史』（山川健次郎編）は記した。

「ふむ、あ奴は最後まで料簡違い者よ」と、一学を見送りながら汗と血にまみれた顔を拭おうともせずにいうと、内藤四郎兵衛は大剣をぎらりと抜き、残った一同を見回し、

「もう、我らに還るところはない。二本松武士の一分を西軍の奴らに目に物見せてくれようぞー」

と叫ぶと、その声を聞いた残兵から「うおーっ」という怒号が上がった。

そして城門を開け放ち、雲霞《うんか》のごとき西軍へ突撃していった。

『二本松藩史』は「我は大城代、霞ヶ城の首将なり。徒《いたずら》に自刃するものかは、自刃こそ降伏、者ども我に続け、一族の者我に従え」と叫び斬り込んでいったと伝えている。

四郎兵衛の長男、内藤隼人はすでに壮烈な戦死を遂げていた。養子に行った次男の根来梶之助十五歳も大壇口に向かい、後に戦死している。四郎兵衛にとって、この戦いは先に逝《い》った子供たちの弔い合戦であり、城代としておめおめ生き延びることができなかったのだろう。このとき本宮から敵中突破をして駆けつけた大谷志摩の遊撃隊も、内藤に続けとばかり群《むら》がり来る西軍に突撃して、全員玉砕した。この志摩の弟が二本松少年隊の副隊長二階堂衛守で、やはり大壇口の戦闘の後、大隣寺の門口で少年隊を守って戦死している。

二本松兵の抵抗が少なくなってくると、西軍兵士は、その矛先を略奪に向けていた。

町家の分捕り物が終わると、郭内の焼け残った武家屋敷に押し入り、土蔵を打ち破り、調度品、衣服、刀剣、掛け物、書籍、あらゆるものを分捕っていった。なかには、女物の金糸総模様の着物をまとい、野卑《やひ》な笑いをあげながら、そのまま番兵に立つ者もいた。

武家町では、たまに逃げ遅れた女がいて、悲惨にも西軍兵士の格好の餌食《えじき》になることになった。そのうちどこからか火の手が上がった。西軍の兵が、押し入った家に何もないことがわかると腹いせに火をつけて廻っているらしかった。西軍は飢狼《がろう》と化していた。

血に餓《う》え、家財などめぼしい物に餓え、女に餓えていた。このときの西軍の非道さは西軍兵から見ても目に余るものだったらしい。明治二年（一八六九）、戊辰戦争から凱旋《がいせん》した長州の諸隊が、戦後の処置を巡って叛乱を起こすが、その弾劾状の中に「二本松引揚之次第不宜事」とあった。すでに組織での戦闘力をなくした二本松兵の残党狩りは「殺人ゲーム」に等しかった。時折、二本松の残兵が家々から飛び出してきて、無謀な白兵戦を挑んでは狙撃されていた。なかには果敢に斬り結び西軍の兵をたじろがせる勇猛な二本松兵士もいたが、そのうち、よってたかって膾《なます》のように切り刻まれることになった。それだけではない、そのような勇士と見ると、腹を断ち割り生肝《いきぎも》を切り取っていた。何でも、勇士の生き肝を食べると、自分も勇士になれるということらしかった。一人の兵士が生き肝を切り取ると、まだ血が滴る生き肝を巡って、周りの兵士が争って喰らい付くさまはまさに、地獄絵図を見るような光景だった。このとき、供中戦に土佐断金隊の一員として出陣した三春の郷士河野広中は「雲霞のごとき賊軍中に斬り込み、痛烈極まる大接戦になった。我輩は、この一戦ほど沢山にぶち斬ったことはない。約一時間も戦ったであろうか、賊の死者は三百人、血河屍山の戦後の光景は、実に壮絶惨絶を極めた」と悪鬼のような所業を残している。

十三歳の戦死、少年兵無惨

少年兵の出陣は大壇口だけではない。

両社山、愛宕山などの防衛陣地の各所に旗持ち、鼓笛手、伝令、弾薬補充などの戦闘補助に出陣していて、その多くが、戦乱の中で戦死している。

西軍は白兵戦の中で、まだ前髪の残る少年兵に遭遇したとき、見逃してくれる部隊もあったが、非力な少年とみて、もてあそぶように膾《なます》切りにするなど残忍な部隊もあった。

老年隊の印旛似水軒は読書兵学門下の二〇名ばかりの少年兵を率いていたが、敵が迫ると少年たちに退却を命じた。将来ある少年たちを戦闘に巻き込むことを恐れたのである。

少年たちは戦うことを懇願《こんがん》したが、印旛は許さなかった。

そして少年たちが退いた後、残った二〇名の老兵たちは凄まじい戦闘の末、玉砕した。

実は二〇名としたが、老人の出征数も未だ判明していないという。本山漱泉、菊池友捲《ゆうかん》、浅岡静翁、大関冬水、遠藤遊山、関遊酔、玉造静養、寺田遊水、中村楽山などの風雅な名が知れているのみである。両社山では日野大内蔵が二番組五〇名を率い守っていた。

この中にも少年たちがいた。木滝幸三郎十五歳は旗持ちとして大内蔵のそばについていた。しかし、多勢に無勢、敗走の中で西軍の将に「この一帯は西軍がいる、なかには子供とて容赦《ようしゃ》をしない奴らもいるから」と間道を教えられ、無事に生き延びることができた。

小沢幾弥十七歳は愛宕山で砲撃隊の朝河八大夫の旗持ちだった。

自らも負傷していたが、戦死した朝河の遺骸を素手で土を掘り埋葬した後、お城に向かった。しかし、出血がひどく歩くのさえままならなくなり、腹を切ろうとしたが、すでに意識は朦朧《もうろう》となり、刀を執る力もなかった。幾弥は掃討中の敵兵を呼び止め、「もうし、情けがあるなら介錯をしてくだされ」と願った。西軍の兵が見ると、すでに幾弥には死相があらわれ、助けることもできないようだった。兵は合掌すると、首を垂れた幾弥に血刀を振るった。のちに人伝えに、江戸藩邸育ちの幾弥のきれいな江戸弁から、その少年が幾弥と知れた。

田中三治十六歳は戦乱の中で敵と渡り合い、壮烈な戦死を遂げた。

成田才次郎十四歳は敵の隊長に突撃し、これを仆した後、討たれている。

高橋辰治十三歳は、大壇口で負傷し、なんとか郭内まで逃げ延びていたが、西軍の掃討兵を避け、通りの堀に身を潜めているところを見つけられ、討たれた。

徳田鉄吉十三歳は新丁上り口付近において遺体で発見されている。

遊佐達也十三歳は、自宅近くで西軍兵に討たれたらしく、袈裟懸《けさが》けの屍体があった。

岩本清次郎十四歳は鼓手として出陣、死した後も、桴《ばち》をしっかりと握りしめ、まるで太鼓を打ち鳴らしているかのようだったという。

木村丈太郎十四歳は大谷鳴海の茶園まで逃れてきたところを銃撃に斃れた。

久保鉄次郎十五歳は負傷していったん家に戻ったが、弟の豊三郎十二歳が出征したことを知って、弟の身を案じて再び大壇口に出征して還らなかった。

根来梶之助十六歳と上崎鉄蔵十六歳は郭内で枕を並べて討ち死にしていた。

大桶勝十郎十七歳はお城下通り藩校前で敵と斬りあい斬り死にしている。

運良く生き残った少年たちもいた。

上田孫三郎十三歳は、大壇口を退く際、皆とはぐれただ一人土湯峠まで行きつき、米沢へ逃れる二本松藩民に合流することができて生き延びることができた。

水野進十四歳は手記のように大壇口から逃れ母成峠の戦闘にも参加し生き延びた。

堀良輔十四歳はお城に上がっていたが、城に火が放たれ逃げる途中、馬丁から家老丹羽丹波の愛馬を預けられ、その馬にまたがり、水原に落ちた藩主の後を追った。

良輔は長生し、戦後は二本松を離れ東京に住んだ。八十七歳のときの『二本松少年隊秘話』（昭和十六年）に回想文を寄せている。

下河辺武司十六歳は、母からもらった肌身金を腹に巻いたさらしに挟み込んでいたが、敵弾を受けたときこの二分金にあたり、九死に一生を得ている。

三浦行蔵十六歳は負傷して豆畑に倒れこんでいるところを農民から助けられた。

このように大壇口以外にも、多くの少年兵が出陣しているが、二本松少年隊は出征の事実さえ不明だったので総数は未だに解明されていない。生き延びた大人も、賊軍として生きた過酷な戦後の中で、二本松出身ということを隠し故郷を離れた者も多く、その記憶を封印したまま黙して語らず、少年隊出征の事実が歴史に埋もれてしまっていたらしい。

両社山、愛宕山、城内に出陣し、現在までに判明している少年兵は次のとおりである。

伊藤孝三（十三歳）
森辰造（十三歳）
加藤犬蔵（十三歳）
成田達寿（十三歳）
澤田勝之介（十三歳）
青山卯之吉（十四歳）
鈴木松之助（十四歳）
高橋七郎（十四歳）
堀良輔（十四歳）
寺西久太郎（十四歳）戦死
三浦釜吉（十四歳）
山岡房次郎（十四歳）
山田左馬吉（十四歳）
山田英三郎（十四歳）
岩本清次郎（十四歳）戦死
丹羽寅次郎（十五歳）
鹿野寅之助（十五歳）

平島太郎八（十五歳）
武藤定助（十五歳）
磯村力（十六歳）
浅見四郎（十六歳）
田中三治（十六歳）戦死
根来梶之助（十六歳）戦死
中村文太郎（十六歳）
毛利亥之次郎（十六歳）
青山三七郎（十六歳）
下河辺武司（十六歳）
上崎鉄蔵（十六歳）戦死
小山貞治（十六歳）
大関勝也（十六歳）
小沢幾弥（十七歳）戦死
松田馬吉（十六歳）
中村文太郎（十六歳）戦死
松井官治（十七歳）

木瀧幸三郎　（十五歳）　小川又一　（十七歳）
大石岩蔵　（十五歳）

閉ざされた少年兵出征の記憶

実は少年隊の出征については長い間知られていなかった。

大正六年、戊辰戦争五十回忌において、二本松町助役の水野進がガリ版刷りの『二本松戊辰少年隊記』を墓前に奉納して、初めて戊辰戦争二本松攻防戦で幼い少年兵が出征したことが知られた。水野も十四歳で出征した少年兵だった。少年隊は正式な隊ではなく、それぞれに各守備隊に属していたことも、少年隊出征を不明にしていたらしい。

少年隊の召集についても、少年の口から口へと口伝えだったらしく、例えば、久保豊三郎十二歳は庭先で近所の女の子とねんがらぶちをして遊んでいたところ、兄と同門の高橋辰治十三歳がやってきて出征を伝えたので、母親に無理を言って出陣した。

母親も、どうせ子供のことだから大砲の音に驚いて帰ってくるだろうと、弁当を持たせ下男をつけて笑顔で送り出したという。会津と異なり、二本松では笑顔で子供を戦地に送り出した母親が多い。三百年この方戦争がなかったこの国では、戦争といっても人が殺しあいをすることだとはわからなかったらしい。いつもの演習のつもりで送り出したのだろう。二本松で悲惨な戦争が行われたとき、郊外の村々では刈り入れあとの豊年祭りがあちこちの村で行われ、鎮守の杜には幟がなびき、楽しげな笛や太鼓の音が鳴り響いていた。

少年たちも戦争に勝利すれば、日本三大提灯祭りといわれる八月十五日の両社山神社（現・二本松神社）の提灯祭りを楽しみにしていたに違いない。

両軍相打つ死闘は、そのようなのどかな状景の中で展開されたのだ。

岡山篤次郎十三歳は、字が下手なので襟《えり》や鉢巻に「二本松藩士　岡山篤次郎十三歳」と書いてもらった、墨黒々とした名前をみて母子はにっこりうなずきあった。

上崎鉄蔵十六歳は玄関を出る時、「いってらっしゃい」という母に、「今日は行け、だけでしょう」と問い返したので、祖母と母はほんにほんにと笑いながら送り出したという。

武谷剛介十四歳は晩年の昭和十四年に、出陣は「今の子供が修学旅行に行く前夜のように恐れより楽しさがあった」と残している。

徳田鉄吉十三歳は父が早く亡くなっていて、兄が家を継いでいた。母の秀は「当主佐七郎は出陣していますから、女子ではありますが出陣の心得を話します」と仏壇の前で鉄吉に戦場での心得を諭した。このように男子はすでに出征していて家庭に男手はなく、武士の務めとはいえ母親や祖母が最後に残った幼い少年まで戦場に送り出すことになった。

戦争は徳川三百年の太平ですでに死語になっていて、送り出した母親もまさか我が子が戦場というところで果て散って、再び帰って来ることがないなど想像もできなかった。

白虎隊と二本松少年隊が異なるのは、二本松少年隊には身分の差別がなかったことだ。少年隊の親の身分は、上は千石の家老から下は二人扶持の足軽までいて、少年隊では先輩後輩の秩序はやかましかったが、身分の差はなかった。会津では上士の子弟である白虎士中隊が中士の子弟の白虎寄合組隊や白虎足軽隊と並んで訓練するのを嫌って拒否したが、二本松では、家老や上士は代々受け継がれる家督であって、当主はその職や身分で遇されるが、その子弟は家柄によって特別視されることはなかった。少年時代は身分の差ではなく、先輩後輩の秩序を厳格に教えただけだった。

そのため、二本松少年隊は家老の子弟も下士の子弟も共に隊士だった。

現在までに判明している六二名のほかに水野の証言にもそれ以外の少年たちの名前がでてきて、ほかにも出征した少年たちがいたようだ。

平成十年（一九九八）『本宮町町史資料双書』第二集『本宮地方（二本松藩）の戊辰戦争』の編纂《へんさん》にあたって、東北大学図書館の収蔵資料の中から二本松戦争に関する新たな資料が発見された。

それまで生存者から聞き取った史実で編纂された『二本松藩史』が、二本松戦争を知る唯一の手掛かりだったが、発見された資料は明治五〜七年ごろに書かれたものである。

維新後、政府は各県の県庁を通じて旧藩関係者に賊軍側の戦争記録を求めた。二本松藩と同日に敗れた長岡藩も「戊辰戦記（長岡藩に属するもの）」として柏崎県に提出している。

二本松では明治七年（一八七四）、旧二本松藩の役付上士による戊辰戦争報告を提出した。

「戊辰事件諸隊長及び事務に関候面々書出」という文書は、いわば、二本松藩士による参戦実況報告とでもいうべきもので、軍役役付きの生存者四八名が提出した。

首席家老丹羽丹波をはじめそれぞれ役職の立場から、戊辰戦争について、奥羽鎮撫総督の仙台入りに始まり、列藩同盟への加盟、その後の激戦の様子や落城までを記している。

「慶応三丁卯年冬より明治元年戊辰年冬に至るまで、二本松藩諸役員、物頭及び要路に携わり候輩取り計らい候次第、銘々進退書指しだされ候様及び談候面々」に始まる報告は、昨日のことのように生々しい体験を長文に記した者もあれば、記憶が定かでないのか二、三行のみ記した者もいる。落城後も二本松奪還作戦に参加した者、会津戦争に参戦した者、米沢に藩主を追って逃れた者から、降伏に至るまで、戦後の藩士の消息まで辿ることができる貴重な資料である。戦死者や手負いの者の氏名までが克明に記され、二本松城攻防戦の全貌を知る第一級の資料だが、この中に二本松少年隊の出征については皆目記されていない。

少年隊の木滝幸三郎は落城後撤退するとき遊撃隊の飯田唱と一緒だったが、飯田は報告書に共に逃れた同僚の石川勇之進の名は記したが幸三郎の名は記していない。

水野が発表するまで五十年間、二本松少年隊の出征の事実は伏せられていたことになる。五十回忌を迎え、自身も老齢となった水野が、やはり生き残りの西崎銀蔵（当時十四歳）と少年隊の出陣の事実を世に残そうとしたためたものだという。

少年兵出征者について『二本松戊辰少年隊記』には二五名が記され、戦死者一三名となっているが、これは大壇口出征者だけのようだ。昭和元年に刊行された『二本松藩史』には他の部隊に付属した少年隊もふくめ五一名が記されている。

昭和十六年六月刊の『二本松少年隊秘話』で、安藤信氏は五九名まで判明したとしていて、同年九月、二本松史蹟保存会による『二本松少年隊人名簿』では平島郡三郎・青山正一・加藤哲寿・紺野庫治氏らの調査で二名が追加され六一名になり、戦後も紺野氏によって調査研究が続けられ、昭和五十一年にはさらに一名が判明して六二名となっている。

前述のように、新たに発見された「戊辰事件諸隊長及び事務に関候面々書出」には少年隊出征については触れられていないが、付記の戦死者及び戦傷者を書きだした「戦死手負集録」を調べると水野の手記に出てくる佐野喜代治など、今までに判明した少年隊士以外の十七歳以下の少年兵らしき者が二六名みられる。下士や陪臣、郷足軽は名前のみが記され、少年兵であるかどうかさえうかがえない。生存者に至っては手掛かりがなく、二本松市教育委員会によると少年隊の総数は未だに不明で、さらなる調査研究が待たれている。

「戦死手負集録」に記された少年隊と推測される戦死戦傷者（•印は十五歳未満と推定）

六月十二日	白川糸須	月岡貞之助	七月二十九日	成田村	浅岡一
		•鈴木亀之助		新町	佐野善之介
七月二十七日	糠沢上ノ内	•玉木実		谷口御門	奥野孝蔵
		城田宗兵衛			城田修平
		•長岡与三郎		郭外	三田貢
		遠藤貞治			吉田鉄蔵
		三沢十次郎		本町	熊田良助
七月二十七日	本宮宿	杉村弘之丞		二ノ丁	山田丈蔵
		宇田宗三郎		高越村	山田駿蔵
		太嶋静吉	八月十七日	八丁目	内藤甚之介

奥田誠之進　　　　　　　　　　二本柳　・三浦兵弥
・高橋徳治　　　八月二十一日　駿河野　・佐野喜代治
中原七之介　　　　　　　　　　勝軍山　・八木文三郎

さらに水野も編者となった『二本松藩史』「戊辰役死傷一覧」の子弟には左記の名がある。

六月十二日　白河戦　三沢波門　七月二十七日　糠沢戦　岡村護蔵

七月二十九日　二本松戦　岡剛助、平島弥兵衛、沢崎造酒、城田修平、根来市四郎、青山嘉平

　負傷　二本松戦　浅岡音吉、青山泰次郎

すべてを十七歳以下と断定できないが、判明している六二名とあわせ合計九八名となる。

八月二十一日、勝軍山では八木文三郎が亡くなっており、二本松を逃れて後、母成峠の戦闘に参加した少年兵は少なくとも水野や佐野をはじめ五人はいたことになる（相原秀郎氏は『二本松少年隊のすべて』で一〇人ほどがいたとしている）。

佐野喜代治は、会津駿河野で死亡したことになっているが、水野の手記では二十一日は一夜を共に大木の下で過ごしていて、翌二十二日、敗走中に喜代治は濁流《だくりゅう》にのまれて死亡している。二つの資料には、共に敗走した岡村某、中井某はないので彼らは生き延びたのだろう。この二人を加えれば二本松少年隊は一〇〇名になる。

さらに判明した以外の士分の生存者、下士・足軽・陪臣、郷士、農兵などの少年兵の出征者もあったはずで今後の調査研究に期待したい。

戦乱の中の子供たち

白河戦争（運命の日・慶応四年五月一日）

小針利七　十五歳の証言（西白河郡西郷村大字米の農民）

五月一日、米村で戦があったときおらは十五歳だった。米村は四〇戸で、みな会津様の宿をした。

四〇〇人からの屯所《とんしょ》だった。おらの家には一〇人も泊まっていた。米村は会津びいきだったので何どかして会津さまを勝たせたいものだと毎日祈《いの》っていたものだった。

敵は下新田の観音様付近に大砲二門を据えてドーン、ドーンと撃った。会津さまは立石に陣取った。いよいよ米村の会津さまが出陣する。日向大将は陣羽織《じんばおり》を着て、中山で敵と激戦し指揮《しき》したが、狙撃《そげき》されて戦死したために会津さまの士気が衰《おとろ》えて、米の南や堀を越えて米部落に引き揚げてきた。この戦で会兵の一人が腹を撃ち抜かれて死んだが、懐《ふところ》の天保銭が一三枚こぼれおちていたことを覚えている。立石稲荷の前では会兵が一三人も討ち死にした。この日、敵の生け捕りになった東軍兵は白河の新蔵の土橋や圓明寺《えんめいじ》の土橋で斬られ、胴も頭も谷津田川《やったがわ》に捨てられた。

青木やす十三歳の証言（白河町七番町の町民）

戦争が始まると馬に乗せられて、小田川村芳賀須知《はがすち》の母の里に避難しました。毎日親が迎えに来るのをいつかいつかと待っていました。芳賀須知では他からも避難《ひなん》してきた人たちがいて、どの家もいっぱいでした。十五日もたったころ白河に戻りましたが、また戦争になり、今度は黒川の親戚《しんせき》の家に避難しました。戦争が終わって白河に戻ると家は官軍さまに占領されていて、わたしたちは板小屋で暮らすはめになりました。

戦争というものは本当におっかねえものでした。

石倉サダ十六歳の証言（白河町年貢町の町民）

五月一日、官軍は九番町、桜町方面から攻めてきました。会津さまは敗れて血まみれになって町に逃げ込み、町の人たちは老を扶け、幼を負うて、みな町から向寺道を逃げ出しました。まるでそのさまは大川の水が流れるようでした。後ろを振り向く暇などあったものではありません。つまずくものなら後ろから倒される。その狼狽《ろうばい》さはなんといってよいか譬《たと》えようがありません。今でも思いですとぞっとします。向寺から根田・本沼へと逃げ、ようやく船田村について、戦争の間、芳賀の親戚の厄介になりました。

（佐久間律堂『戊辰白河口戦争記』より）

秋田戦争（運命の日・慶応四年七月十四日）

小磯忠之輔十二歳の証言
——捕虜になった十二歳——

慶応四年七月六日

秋田藩は奥羽越列藩同盟の一員として奥羽鎮撫総督軍（天皇新政府・西軍）に対峙していたが、藩内の勤王攘夷派がこの日、クーデターを起こして、列藩同盟から派遣されていた使者の仙台藩士六人を血祭りに上げて総督軍に寝返った。

そのために三百年もの間穏和に過ごしてきた隣の庄内藩と戦うはめになった。

七月十日

奥羽鎮撫総督軍の支援を受けた秋田藩は軍備を整えると「朝敵庄内征討」を掲げ、三方から藩境を越え庄内藩に侵攻した。このとき庄内藩は同盟軍の一員として、白河に兵を差し向けていたが、秋田藩の裏切りと庄内領への侵攻を知るや途中から急遽《きゅうきょ》兵を返して、応援の同盟軍、仙台・

米沢の兵と共に秋田兵を迎え撃った。

三手から庄内領に進撃した秋田藩は、怒りに燃えた庄内藩の反撃だけでなく、同盟軍の仙台・米沢からも攻めたてられ反対に領内に攻め込まれてしまった。

それどころか藩領の三分の二が戦火に巻き込まれ、あわや落城の危機に至った。

七月十四日

西軍に寝返って庄内に侵攻した秋田軍を反撃した庄内藩一、二番隊は、新庄を降して羽州街道を北へ、秋田を目指していた。十四日、春木に進駐した二番隊の陣屋に後ろ手に縛《しば》られた少年が連れ出された。二番隊長酒井玄蕃は自ら少年の縄を解かしめ、年を聞くと少年は、新庄戸沢家小磯条左衛門の三男忠之輔十二歳と答えた。


新庄落城の際、家族を見失い、避難の途中で出会った知人のつてで春木の西、一里ほどの大沢村に隠れていたが、父や兄は藩主に従い秋田に落ち延びたと聞き、その後を追って秋田に向かう途中で供にした下男が心変わりして、突き出されたのだという。

言葉づかいも態度も武士の子らしく端正で清楚だったが、前髪のとれない顔立ちは幼く、このような子供までが戦争の犠牲になってと玄蕃は思わず涙した。

下男は忠之輔をかくまうことで禍《わざわい》が及ぶのを恐れ、訴え出れば恩賞に与れるかもしれぬと忠之輔を突き出したものだった。玄蕃は忠之輔を不憫《ふびん》に思い、路銀二百疋《ひき》を忠之輔に、突き出してきた下男に百疋を与え、秋田の家族の下へ帰すよう諭した。そのあと、玄蕃は思いついて、部下二人を農夫に変装させて追わせた。玄蕃の不審どおり、下男は陣屋を離れると忠之輔の金を奪い逃走していた。玄蕃の部下二人は忠之輔を大沢村に連れ戻し、大沢村の庄屋にわけを話して、必ず秋田の家族の下へ帰してやるよう約束させた。

忠之輔はのちの太平洋戦争末期の宰相小磯国昭の父の弟にあたる。

酒井玄蕃は卓越した采配で庄内軍を連戦連勝に導き、西軍に恐れられた名将だったが、また、詩人としても知られた知将で、戊辰戦争中も陣中で多くの詩歌を詠んでいる。

このときも戦乱の世とはいえ、人心の荒廃を知って不憫な少年を憐れみ「涙欄干」の歌を詠み、その末尾に**「反覆乱離の際、人心の恃《たの》むべからざる、このごときかな」**と記した。

誰家公子涙欄干
面縛帳前鬢髪残
却恨人心自難保
等閑反覆似波瀾

誰が家の公子ぞ涙欄干《らんかん》
縛られた面立ちはまだ前髪を残す
恨むべきは人の心、自ら保ち難し
等閑、反覆、波瀾に似たり

横手戦争（運命の日・慶応四年八月十一日）

武蔵その七歳の証言（文久元年（一八六一）十月六日生まれ）

出羽横手の百姓娘の戦争体験

一里半も遠ぐで、大砲の音ァどおーんどおーんと聞こえるし、鉄砲の音ァパチパチと、まるで豆おちるみだいに聞こえでなんし。

おっかねぐで、おっかねぐで、かげのかげさ隠れでいたもんだなし。

だんなさまどァ、鉄砲担いだり、槍担いだりして通ったもんだば。お城おぢたとき、首とって、髪ど髪どむしんでなんし、橋のたもとさ吊るしたので、それを見に来たもんだおしや。したば大っきい人たちに、殺されるんで帰れとおごられでなんし……。

あにさや男しは、お寺だの神さまのあるとごだのさ、字習いにあるいたけんども、わたすは「女にゃ字はいらん」と習わねかった。柱だけの家の納戸さ、コモだのムシロだの下げでなんし、暮らしをたてだもんだ。飲み水がなくて、遠くの川まで汲みに歩いたりしてな。んだども、戸上げて風をいれておげば、わらしはかたく育つといったもんだせえ。

同盟を寝返った秋田藩

そのが生まれた出羽横手は秋田藩の出城だった。

証言を収録したのは百二歳のとき（一九六三年）だったが、そのは、怖かった戊辰戦争を昨日のように鮮明に記憶していた。そのは、その後、西南戦争、日清・日露戦争、日中戦争、太平洋戦争を生き抜くが、わずか七歳だったとはいえ眼前に戦争の悲惨さ、無惨さを直接体験した戊辰戦争が一番記憶に生々しかったのだろう。

慶応四年八月十一日

秋田藩の支城横手城に同盟軍が迫ると西軍の沢総督は逃亡した。城主戸村大学は十九歳の若武者だった。大学の父戸村十太夫は藩を代表して奥羽越列藩同盟に調印したが、親藩の秋田藩が同盟を寝返った後は**「同盟加判は独断による越権行為」**とされ、蟄居《ちっきょ》処分となっていた。このため横手城に進駐していた西軍の沢副総督は大学を疑い、なぜ自ら出撃しないのかとののしっていたが、沢は大学が出撃した間に逃亡していたのである。

前線でそれを知った大学は公家の卑劣さに愕然《がくぜん》となった。家老坂本藤兵衛は**「沢殿深くお含みより、公（大学）を捨て殺しにされたご計策と相見得候」**と残した。同盟軍は大学の武士の一分を称えた上で勧告状を送り降伏開城を促したが、大学は武士の一分で籠城のうえ、徹底抗戦を選んだ。名前が似ている二本松の丹羽一学を思い起こさせる覚悟である。

城に籠もる兵は二〇〇足らずだったが死を覚悟した防戦は同盟軍をたじろがせるほどの善戦をみせたものの、大兵の前にあえなく玉砕した。このとき大学は城を枕に自刃を覚悟していたが家臣に諫められ、硝煙と黒煙が巻く城の搦め手から白刃を振るって突貫をかけ切り抜けた。戦後、攻め手の庄内藩副将長沢金剛は横手の藩士の奮戦を称えて、「忠戦義士・佐竹家名臣戸村氏忠士之墓」を建立して弔った。

そのが目撃した長さ五〇間の大手橋の橋げたにザンバラになった髻《もとどり》で結わえつけられた首級は、前日の戦闘で戦死した攻め手の仙台藩と天童藩士のものだった。

昭和三十四年戸村家から同家文書が秋田県立図書館に寄贈され、その中から十太夫の無実を晴らす文書が出てきた。戊辰四月閏二十一日付の文書は同盟軍の軍務局があった仙台藩白石にいた十太夫に、五家老連署の文書で「**藩侯の命により同盟加盟に加判せよ**」というものだった。「同盟に独断加判」の罪名は西軍に踊らされた尊王攘夷派の陰謀だったのである。

官軍にもいた少年兵

北越戦争（運命の日・慶応四年七月二十五日）

岡卯三郎十三歳の証言（長州干城隊鼓笛手）

越後に出陣

ぼくは干城《かんじょう》隊の鼓笛手《こてきしゅ》として十二歳から三度も出陣したが、なにぶん子供だったので戦争の勝敗もわからなかったほどだった。十二歳のとき、禁門の変ののち、幕府が攻め入ってきた四境戦争で、ぼくは第一大隊四番中隊の鼓笛手として初めて出陣した。

このときのことは出された弁当のことしか覚えていない。ひじきと油揚げとか芋苗やくろめがおかずで粗末《そまつ》な弁当だったとしか思い出がない。

二度目は、鳥羽伏見の戦の後で、お殿様の元徳さまについて京師《けいし》に上った。

このときは京に上っただけで戦争はなく、天皇さまの大坂行幸《ぎょうこう》のお供をしただけだった。

京都で調練しているとき大失敗があった。ぼくは鼓笛手だったが、お殿様の指揮で兵隊が行進しているときに、ぼくが太鼓の打ち方を間違えたので、兵隊がお殿様の指揮と違《ちが》う方向に行進してしまい、お殿様が怒ってぼくを鞭《むち》で打ったことがあった。

だけど、お殿様は怖《こわ》いばかりではなかった。ときにはぼくを呼び寄せられ、お菓子をいただいたこともあったが、それは金平糖《こんぺいとう》だった。

そのときの帰国は馬関まで蒸気船で、船は外国の船で支那人や外国人も一緒だった。外国人の船長が親切にしてくれて食事を馳走されたが、どうにも臭くて食べられなかった。

それはパンにバターをつけたものだった。食べられないというと、ご飯を出してくれたが黄色い汁がかかっていてこれも食えなかった。あとでそれはライスカレーだと知った。

ぼくの父は御郷橋平といったが、ぼくが四つのときに江戸藩邸で亡くなり、ぼくは松井又左衛門の養子になった。ぼくの幼名は卯作《うさく》だが、卯三郎と改名して松井卯三郎となった。

ところが、二度目の出征の際、士族は必ず一軒から一人出なければならなかったが、松井の家は当主の父、又左衛門が出征していて、松井の親族の岡家に男がいなかったので、ぼくが岡家から出ることになり、岡卯三郎となって出征したのだ。

三回目が維新戦争だった。ぼくは十三歳になっていた。

慶応四年七月七日

干城隊は士族の部隊で、毛利内匠《たくみ》(徳山藩家老)さまが総督で、前原一誠、奥平謙輔さま方が幹部にいた。このときは農町民の奇兵隊など諸隊も一緒で、山県有朋さまや三浦吾郎さまが率いていた。行く先は越後口で、萩の小畠から船で行った。

七月十日

ぼくたちは敦賀《つるが》をへて、能登《のと》の先を回って越後の柏崎に着き、陸路長岡に着陣した。

干城隊一中隊一〇〇人、奇兵隊七番・八番小隊、大砲半隊五〇人だった。

七月十二日

ぼくがいたのは一ノ貝という台場で、長岡から二、三里のところにあった。

陣地は中央口が三条台場で、小千谷口、与板口、出雲崎などいくつも台場があった。

兵隊は薩長の兵のほかに松代、大垣の兵に、御親兵という兵がいて、それぞれを三人か四人の割合で組み合わせていた。干城隊第三小隊と第一砲隊は関原に向かった。

七月二十四日

いよいよ明日払暁から大進撃ということになった。

銃を貰《もら》ったがぼくは悲しいかな弾込めができないので福原内蔵之丞さんが「俺が込めてやろう」と、弾を込めてくれたが、その後で福原さんは思いなおしたように、お前は本陣へ下がれと人足をつけて長岡の本陣へ帰されることになった。

七月二十五日

まだ明けきれない真夜中のことだった。火事だという声で飛び起きると三条、小千谷《おじや》口の方で火の手が見え、夜襲《やしゅう》を受けてみんな信濃《しなの》川の渡し場の方へ逃げていくところだった。

ぼくたちの隊に、足に怪我《けが》をした諫早さんがいてその人を守りながら逃げることにした。

ぼくは手早く袴《はかま》をはくと腰に大小をぶち込み、貰ったピストルを差した。

火の手が大きくなるにつれ、鉄砲の音も烈《はげ》しくなってきた。逃げる途中で二人連れに会ったが、何者かと問うと「御親兵」と答えた。そのとき前にある薩摩の陣屋から抜き身の両刀を持った人が出てきて同じように誰何《すいか》したが、その二人が「御親兵」と答えると、いきなり二人を斬った。一人は肩から斬り下げられて倒れたが、一人は片腕を斬りおとされながら暗闇のなかへ逃げていった。両刀をさげた男は、そのままぼくらの方へ向かってきたので、みんなが撃《う》て、撃てと叫んだ。ぼくは怖くなって急いで逃げました。その間にも敵の銃撃は酷《ひど》くなり、槍を持った敵が追いかけてきたので、無我夢中で逃げ、民家の床下にもぐりこんだ。そのうちみんなとはぐれ、それでも暗闇の中を逃げ回っているうちに四つ角に出たら、そこで安達安太郎さんと曾野卯吉郎さんが心配して待っていてくれていた。三人だけで逃げていると越前の兵が一〇〇人くらいいました。後ろからはどんどん撃ってくるし、三人で立ち往生していると、その兵たちも銃撃を恐れて逃げ出しました。

賊の銃撃はますます酷くなり、一発がぼくの袴を撃ちぬいた。

それでも渡し場までと必死に逃げた。渡し場は撤退する兵でごったがえし、舟は二、三艘《そう》あったが、我がちに乗り込む兵が多すぎて、川岸から二、三間離れると人の重みで転覆した。なかにはそのまま溺れて流される兵もあった。次の舟が四、五艘着いたがやはり乗り込む兵が多すぎて転覆して、ぼくらは乗ることさえできなかった。

そのうち、川上から材木いかだが流れてくるのを見て、そのいかだを引き寄せて乗ることができた。しかし、転覆《てんぷく》して波間に漂っていた兵たちが我も我もと乗ってきて一七、八人にもなった。

ところが川下は敵の陣地のようで万事休すとなった。人が大勢いるのが知れたのだ。敵の真っ只中にいかだが着けば、敵に殺されるのでどうしようかとみな案じた。死を覚悟したが、それは幸運にも避難していた町の人たちでした。

七月二十六日

そのとき朝日が昇ってきた。ぼくたちは思わず朝日に手を合わせて拝んでいました。

ひと安心したものの、ここは中洲だった。明るくなると岸辺から敵の銃撃が始まった。向こう岸まで二、三丁あり、困っていると川上から二艘の舟が来た。

それは幸い友軍の舟だった。刀を振り回して助けを求めると舟が近づいてきて、ぼくらを乗せてくれた。舟はそのまま下って、関原から二里くらいのところで岸辺につけて上陸した。助かったと思うと安心したのか空腹を覚えた。昨夜から飯を食っていないので腹が減って減ってしようがなかった。目の前に大根畑があったので、それを引きぬいて食べた。

のども渇いていたが水がないので、田んぼに注ぎ込むにごり水を呑んだ。

みんな敗残《はいざん》の身で三々五々と退却していくうちに、ぼくはとうとう疲れ果てて動けなくなってしまった。そこへ百姓が負いのこ（背負子《しょいこ》）を背負ってきたので、頼み込んで負いのこで背負ってもらって関原まで送ってもらった。

七月二十七日

関原には官軍の諸藩兵がたくさんいて、いろいろ話を聞くことができた。

今回の作戦は大変な負け戦で、長岡城の入り口で激戦があり、三浦隊にいた叔父《おじ》の藤田篤助の戦死を知った。奇兵隊の山県さまや三浦さまは、長岡から二里余の妙見という村まで落ち延びられたという。敵は駆け足の太鼓をドロドロ打ち鳴らし、「死ねや、死ねや」と恐ろしい大声をあげて、どんどん鉄砲を撃ちながら長岡城を奪還《だっかん》したということだった。

こんな負け戦になったのは、ぼくの考えでは、本陣には敵の娘や奥さんたちが炊事賄《すいじまかな》いに来ていたので、わが軍の大進撃のことは、これらの女たちの口からもれていたのではないかと思った。そのほかにも、敵はお城にもぐりこんでいて内と外で打ち合わせて、ぼくらが油断している隙《すき》に真夜中に火を放って、それを合図に攻め寄せたのではないかと思った。

このため、三条口、小千谷口、一ノ貝口では前と後ろから攻めたてられ、前方で激戦をしていた味方は、兵站《へいたん》を断たれ、弾丸も食糧も供給がなく、退却路も断たれて大混乱になり、全滅した隊もあったというのです。関原でも大混乱がありました。

敵が大勢やってきたといって逃げ出した兵がいました。ぼくらが様子を探ってみると、夜だったので、人足どもが杖を担いで逃げてくるのを、鉄砲を担いだ敵が攻めてくるのと見間違ったことがわかって安堵《あんど》したものでした。ともかく、ここでようやく握《にぎ》り飯にありついて人心地がつくことができた。それから柏崎まで退くことになった。

ぼくはここで疲れと泥田の水を呑《の》むなど不摂生《ふせっせい》から病気になり高田の病院に送られた。

高田の病院にはモルドルという外人の医者がいて、銃創《じゅうそう》、刀創疵《とうそうきず》や重傷の者の足や腕を切断したりして治療《ちりょう》にあたっていた。病気が全快した後、出雲崎へ行き、また前線の津川に向かった。そのうち慶応四年九月八日に明治元年と改元されました。

明治元年九月二十一日

明日、会津で降伏調印が行われると聞いた日、ぼくは新発田に行き、前原さまの側付きとなった。それから干城隊はまた新津に向かい、そこに滞陣していた。

十月十三日

仁和寺《にんなじ》の宮様が官軍の北越戦死者大招魂祭《しょうこんさい》を新発田《しばた》城でとりおこなわれた。

十月になると戦争が終わり、ぼくらに帰国命令がでた。引き揚げにあたり、新発田の前原さまから凱旋《がいせん》行進に鼓笛手が必要だからといって榎本さんが騎馬《きば》で迎えに来た。

それから三条、長岡、柏崎、高田、長野から木曾路をへて京都に着いた。

十一月九日

京都紫宸殿《ししんでん》で凱旋祝勝《がいせんしゅくしょう》があった。ぼくは母上の土産にしたいと、紫宸殿の庭の砂を懐にして帰った。

十一月十八日

毛利《もうり》内匠《たくみのかみ》さま率いる干城隊二〇〇人が萩城下に堂々と凱旋した。ぼくもその中にいた。ちょうどぼくの十四歳の誕生日で、晴れがましい思いがした。

長州兵のなかで、後にも先にも十五歳未満で維新戦争に出たのはぼく一人のことだろう。

岡卯三郎（増山作輔）の証言は、大正六年（一九一七）、維新戦役戦没者五十年忌を記念して、生存者から証言を集めた『維新戦役実歴談』に収められたもので、岡、六十四歳のときである。

くしくも二本松でも戊辰戦争五十回忌で、当時二本松少年隊士だった岡と同い年の水野進（好之）が『二本松戊辰少年隊記』を奉納して、初めて幼い少年兵士の出征が知られた。

岡は生涯に五回ほど名前を変えたそうで、出征のときは二回目の改名だった。

最初の出征は幕府の第二回征長戦（四境戦争）で、十二歳になったばかりだった。

次の出征は京都までで、戦場に行ったわけではなかったが、三回目は長州でも最も過酷な戦争になった長岡戦争だった。十七歳以上になると西軍でも出征者が多いが、さすがに十二歳で出征した少年兵はまれである。証言記録を読むと、岡が鼓笛手という特技があったことから幼くして三度も出征を促されたことになっているようだ。

大敗して逃げるときに疲れ果て、一人置き去りになるが、これは母成峠戦で敗走する途中疲れ果て草むらに倒れたまま居眠りする二本松少年隊の水野進を思わせる。

岡は早くに父を失い、母子二人だったが、その母を戦争のために六度泣かせることになったという。一度目は、十二歳で四境戦争の石州口へ出征したときで、母と水杯をして別れた。二度目は、元徳公に従い京都に出たときで、このときも水杯をした。

三度目は、戊辰戦争で、越後口の長岡戦争に出征し、このときはさすがに生きて帰れぬと思って水杯をしたという。これでもまだ十三歳である。別れで三度、生きて帰ってうれし泣き三度、都合六度も母を泣かしたということになる。戊辰戦争で長州は五百数十人が戦死している。幼い岡が三度も出征したということも稀有《けう》なら、後方にいたとはいえ、ときには長岡戦のように生死の狭間をさまよいながらも無事に母の下に生きて帰れたというのも稀有な体験だとしかいいようがない。『実歴談』には残虐《ざんぎゃく》な行為を自慢げに話す兵士の談もあるが、岡には勝者にありがちな高邁《こうまい》さはない。あくまでも謙虚《けんきょ》である。そして証言の最後に、国のためとは言いながら六度も母を泣かすことになった愚《ぐ》を詫《わ》びて終えている。

官軍に志願した草奔の少年

川本宗次十三歳

越後（原本破損不明）村
川本謙作倅　宗次　年十三歳
右者今般
御官軍巣内四鬼武《すないしきぶ》様へ差上に付此村人別帳相除候処《あいのぞきそうろうところ》相違無御座候《そういなくござそうろう》拠て一札差上申候処如件
慶応四戊辰年八月
右庄屋　関口荘右衛門
御官軍御親兵取締巣内四鬼武様御内
御家内衆中様

わずか十三歳の農民の少年が、一身を君国にささげて御親兵たらんとして、戸籍から除いて近在の農民からなる西軍への義勇軍「居之《きし》隊」に志願した証明書だという。幼い少年を戦場に送ることになり、その身を案じた母の手紙が残っている。

宗次殿便りにまかせ申し上げ参らせ候。何々くらからの大君御身ちかくつかへまつらう身の誉《ほま》れ、朝夕に巣内様を神とも両親とも思うて仰せそむくなよ。いまでは卑しき身なれども、ご先祖の名を汚すなよ。ただただその身を大切に、朋輩衆《ほうばいしゅう》と口論すなよ。二つとない印（首のこと）ぞや、かりそめならぬ御恩を送るまではわが身の印と思うなよ。
君と親の印と思え。謙作殿無事でおわすときなれば、お礼の印の返歌も上りられど、なんと申すも病中ゆえ心にまかせず、文武両道に心がけて、人の鑑《かがみ》になれよかし。
かならずかならず、かりそめにも悪しき心を持たぬよう。母が頼みこれぞかし。
惜しき筆、留めまいらせ候、目出度くかしく。
母より
菊月中二日
川本　宗次殿へ

宗次の母は、宗次が物心ついたころから、「昔は織田信長少々狂愚《きょうぐ》と称せらる。しかも、威を天下に振るい、忠を天下に尽くして竟に武門の棟梁となる」と教えきかせていたという。

信長は少年時代狂愚と嘲《あざけ》られていたが、のちに天下を統一したほどの武将となった。お前は百姓の生まれだが、境遇に甘んじずに一生懸命努力すれば、必ず、百姓の境遇を抜け出して出世できると宗次を励ましていた。わが子に夢を託したのかもしれない。

しかし、信長の時代のように幕末の動乱の時代に育ったその子が、わずか十三歳で**「一身を君国にささげて御親兵たらん」**と決心したことを知ったとき、自ら教え諭していたこととはいえ、その心はいかばかりだったろうか。戊辰戦争ではこのように、武家の子に限らず農町民の間からも出征した幼い少年たちがみられ、その無惨さを呈している。

（田中惣五郎『北越草莽維新史』より）

戊辰戦争を戦い抜く

少年新選組（慶応四年一月三日―明治二年五月十八日）

田村銀之助十三歳の証言（新選組少年隊士）
――京都から会津・そして箱館戦争へ――

八月二十二日、母成峠の敗戦を知って

昨日、奥羽街道から会津に至る防御線の将軍山（母成峠）が敗れた。
ぼくら三、四人の年少者は猪苗代の大寺というところにいましたが、年少者は直ぐ仙台へ行けという指図があって大寺を出発しました。このとき仙台のある隊長から乗馬を一頭貰ったが、四人一緒に乗ることはできないので代わる代わる乗っていくことにしました。

八月二十三日、若松城下は西軍侵攻で大混乱

ぼくは足を痛めて速く歩けなかったので、他の者は先へ行って問屋場で馬を出させておくから後から来てくれといって、先に行ってしまった。ぼくは足を引き摺《ず》り、引き摺り行ったが、途中、猟夫《りょうふ》のような者がボツボツやってくる。「お前たちはなんだ」と聞くと、「会津様が敗れましたから、これから応援に行く」という。それがみな百姓で敢えて召集されたわけでもなく、それぞれで火《ひ》縄筒《なわづつ》を持って応援に行くという意気と、会津様を想う上下一致の心意気は実に感に堪《た》えませんでした。ちょうど、大塩村の入り口に着いたとき、竹槍をもってぼくの方に向かってきた老百姓が、「お前も仲間だろう」といったので、何気なく「組が違う、違う」といったら、向こうに行ってしまいました。

　村内を見ると誰一人もいません。村のはずれに行くと、両肩を切り下げられて苦しんでいる百姓がいました。向こうの方にはぼくらの貰った馬が合財袋や何かつけたまま繋《つな》いであった。人もいません。不審《ふしん》に思って問屋場に行ってみると、その問屋場に一人の武士がいたので事情を尋《たず》ねたところ、彰義隊で上野宮様を会津までお供してきたという人だった。

　そこで「私共の連れがいまここに来はしませんでしたか」と聞くと、「それは大変だ、あなた方の連れだろう、百姓を斬ったために大変なことになって、いま法螺貝《ほらがい》を吹いて、みな同勢が追い駆けていった」という始末。それはどういうわけかというと、ぼくらの連れが馬を二匹ばかり出せというと、お前方はいま会津のこの危急の場合にあたって逃げていくのだろう。馬を出せなどともっての外の言い分なりと、かれこれ押し問答の末、竹槍をもって向かってきたからやむを得ず斬ったという。ところが村人は法螺貝を吹いて仲間を集めるので、馬も何も置いて逃げていってしまったということを聞きました。それを聞いて足の痛いのも忘れて、その武士について檜原峠まで行きました。峠に着くとその武士は庄内の方へ出るというので別れました。今度はぼく独《ひと》りになって、どっちに行ったらよいかわかりません。途方にくれて遥《はる》か向こうを見ると薙刀《なぎなた》をもって大小を差し、子供を背負っていく婦人がいました。その人に頼んで夜道を一緒に檜原の宿まで行きました。

八月二十四日

檜原には仙台の兵が大勢いました。翌日、自分の仲間を見つけ、一緒になって米沢に入りました。檜原には会津の関門があります。これが米沢との境界です。

米沢は奥羽列藩同盟の盟主でしたが、ぼくが通過《つうか》のころはすでに同盟に背《そむ》いたとき（八月十九日に降伏）でした。みな個人個人で隊伍《たいご》を組まずに会津の方へ向かっていきます。

「あなた方はどちらにお出でになるか」と尋《たず》ねると「会津が危険だから応援に行く」という次第です。「あなたはどこの藩だ」と反問しますから、「仙台藩だ」と答えました。

「仙台藩なら隊長は誰か」と再び問いますから「隊長の名は知らん」と答えたら笑っていました。米沢は仙台藩でなければ通過できませんので仙台藩で通しました。

米沢の城下に着くと、すでに土州の宿割りができているというありさまでした。

八月二十八日

ようやく米沢領を通過して伊達《だて》の桑折《こおり》に出ると相馬口に幕府の脱兵やら磐城平藩の残兵などがいました。ぼくの一番目の兄は平藩ですから、その親戚《しんせき》とみな落ち合いました。

九月九日（九月八日、明治元年となった）

桑折で伝習隊の第一大隊に出会ったので、ぼくら一同も隊長の内田さまに同行を願って、会津へ引き返す決心をして福島まで行きました。第一大隊は秋月登之助という人が隊長で、その第一大隊の半隊は仙台で兵を募るため、内田量太郎さまが率い仙台に居ましたが、あとの半隊は会津にいたので、いまや会津の危急と聞き、仙台から会津応援に駆けつけるところでした。夜、米沢を抜けて会津へ行くつもりでしたが、もう、米沢は通さないので、仕方がないから磐梯山《ばんだいさん》の裏《うら》を通っていくことに一決し、各自米を背負って支度をして、いよいよ出発というときに、会津の方から早駕籠がきました。それは土方歳三をはじめとして、大鳥圭介さま、古屋佐久左衛門さまなど脱兵三〇〇〇人が全部仙台方面へ引き揚げてくるという通牒《つうちょう》です。それでは行ったところで仕方がないので中止しました。

九月十二日

そのうちに全隊が桑折に着きました。それからぼくらは直ぐ仙台の方へ行きました。

また、諸隊は仙台へ行く前に、相馬口、平口の兵もみな福島で落ち合って仙台で合しました。さあて、これからどこにいくのだか一向にわかりません。ところが外国に行くというような風評がありました。仙台の石巻側に原野があって、そこに残らず勢ぞろいをしましたが、おおよそ二〇〇〇ぐらいの軍勢だろうと思いました。仙台の星恂太郎さまの赤大隊、細谷重太夫さまの鴉隊の二隊は有名な強兵で、これがみな脱走兵に加わって、これから軍艦並びに商船に乗って出発することになりました。そのとき外国まで逃げて行って恥をさらすのはいやだという人はみなそこに残りました。その人数はよく知りませぬが、私の兄なぞは二人ながらそこに残って、二カ月ほど過ぎて後から箱館《はこだて》に参りました。

そういう連中はたくさんあったろうと思います。

十月二十日、榎本艦隊で箱館へ（一八六八年十二月三日）

ぼくらは安藤太郎さま乗船の太公丸に便乗して、やがて蝦夷《えぞ》の鷲ノ木港に着きました（注・十九日到着、二十日上陸）。

蝦夷はすでに雪でした。それから二手に分かれてぼくらは「カックミ峠」の方へ行きました。そのとき初めて戦闘があり、その後五稜郭《ごりょうかく》に達し、それから松前に向かいました。松前攻撃の際は小銃を一挺《いっちょう》みつけて、二、三発撃ちましたが、不釣合《ふつりあ》いのため、撃つのが容易ではありませんでした。そこへちょうど松平太郎さんが来て、それを貸せといって持って行ってしまいました。そのうち、松前も落城になって、ついに江差から熊石に至るまで従軍いたしました。また、この軍役中、尻内というところで敵の夜討ちに出会いました。敵は海路を迂回してこの村に放火したのです。

味方はここより三、四里も前進しており、ぼくらはわずかな人数で、兵隊ではなく糧食方でしたから、ずいぶん心配して防御準備をして敵の来襲を待ちましたが、格別のことはありませんでした。ところが翌朝、焼失した家屋の付近に四名の敵兵が黒焦げとなって戦死していたので不思議でなりませんでした。ここが終わってから、いったん五稜郭に戻って凱旋祝いなどがありました。ぼくはすぐ修学の目的で箱館に設けてありました教師館に転居させられ、フランス人のブリューネという人について指導を受けることになりました。

ぼくのほかにも少年が二、三人いて、それぞれ外国人について学ぶことになりました。その時分には田島金太郎という人が通訳でした。

明治二年五月二日

雪解けを待って再び官軍の攻撃が始まりました。ぼくは仏人教師に別れを告げ、五稜郭に引き揚げ榎本総裁《そうさい》の付きとなりました。箱館港にはフランスの軍艦が停泊しておりましたが、教師の仏人ブリューネはじめ八、九人は全部、夜密かにその軍艦に乗り込んでしまいました。通訳の田島さんはいずれに行かれたか、その後、お目にかかったことはありません。

そこでいよいよ籠城《ろうじょう》ということになりました。ここでぼくは初めて鉄砲を持たされました。連発の元込めの短い銃で、それを持って出陣しました。それが桔梗《ききょう》ヶ原の戦いです。

五月十一日

箱館湾でわが軍と官軍戦艦との海戦があり、わが蟠竜《ばんりゅう》の松岡磐吉艦長が放った砲弾が敵の朝陽艦に命中し、朝陽は大爆発を起こして沈没《ちんぼつ》しました。朝陽がわずかに帆柱の尖端《せんたん》を水上に見せることになったのは痛快でした。陸の方でも激戦で、敵を散々にやっつけましたが夜に入って引き揚げました。そのあとは、ぼくは城中にいました。

ぼくの養父が春日左門といってそのとき重傷を受け、その看護《かんご》をしていたのです。その後、春日は伊庭八郎さまとともに城中で没しました。伊庭さまはもちろん、春日の父も湯の川に逃れることを拒絶して、城中で療養していたのですが遂に没しました。

負傷者は湯の川に避難し療養を受けることが官軍との約になっていたのです。そのため、ある人のごときは兄の看病といいつくろって湯の川に逃れたくらいでした。

それに比べると伊庭さまは実に豪傑《ごうけつ》で、惜《お》しい人物でございました。

五月十五日

五稜郭の開城前に台場の方が先に降伏になりました。それは官軍が背後の箱館山から攻撃してきて挟撃《きょうげき》されて敗れ、第一番に降伏したのです。

五月十六日、中島三郎助親子の討ち死に

千代ヶ岡はその翌日ですが、とうとう放棄《ほうき》しました。同所には有名な豪傑中島三郎助さま父子三人が筆頭で籠もっておりました。中島さまは以前から「敵軍もし来れば大砲に実弾三個を入れて発砲し、三人とも討ち死にする」と放言していましたが、果たして予期どおり敵軍が表門に密集して迫ってくると、かねての覚悟どおり三弾入れを実行しましたから、大砲が破裂《はれつ》して三人共に討ち死にいたしました。平素の放言どおり実行した中島親子の勇姿は尊敬に堪えません。そのとき敵軍の死傷も非常に多かったといいます。喇叭《らっぱ》手の小泉という者が雪隠《せっちん》に暫《しばら》く隠《かく》れていて、もし敵が来たら、自刃するつもりでいましたが、官軍が引き揚げたのち五稜郭に戻ってきて、中島さま親子の最期がわかったのです。

五月十八日、五稜郭の降伏

五稜郭のほうへは、先に降伏した永井玄蕃さまのほうからしきりに降伏を勧めにこられました。これは官軍からの指示があったからだと思います。その前に榎本さまは千代ヶ岡で官軍の黒田参謀と応対したことがあって、そのとき、いよいよ死を決するということになって、酒三樽《たる》と肴《さかな》を官軍から贈ってきました。最後にどういうわけでしたか、開城ということになりました。榎本さまを筆頭に松平太郎さま、大鳥さまなどが軍門に下るというだけで、他は和睦《わぼく》でなければどうしても承知せぬという決心だったといいます。

それで兵器は渡すが帯刀は渡さぬというので、兵器だけ渡して箱館まで二里ばかりありますが、そこに榎本さま以下幹部が護送《ごそう》され、寺に預けられて、帯刀はそのとき、札をつけてお預かりしますという名目の下に預けたのだそうです。つまりは降伏になってしまいましたが、ただそこに名義をつけたのだろうと思います。


籠城中は毎日砲弾が破裂して、これに倒れた人もかなりありました。

井戸へ水を汲《く》みに行って砲弾に首級《しゅきゅう》をさらわれた者もあれば、古屋佐久左衛門さまほか数名のように軍艦から放たれた三〇〇ポンドの砲弾に倒れた方々もいました。

また、箱館に柳川熊吉という侠客がいて、戦後、わが軍の戦死者の屍体を集められる限り集めて実行寺という寺に合葬して大いなる墓標を建立しました。ところが官軍方の長州隊の一将が来て墓標を引き倒し、熊吉を取り押さえて、耳を切れ鼻を削げと怒号しましたが、熊吉は泰然として動ぜず、一命賭《と》して企んだことゆえ死は覚悟の前だ、しかし武士道を重んずべき軍人たる身が、一町人をなぶり殺しにしてみても妙はなかろう、いっそのこと男らしく首をはねてはどうかといってびくともしませんでした。

軍監の田島圭蔵さまがこれを聞き、熊吉の節義を賞して事なきを得たそうです。

そのあと、熊吉は土地を自分で買って、墓標を建て直しました。そのことが問題になって、遂に東京政府まで裁断を仰ぐことになりましたが、熊吉の地所に葬ったという主張で勝訴になりました。これが箱館谷地頭《やちがしら》にある碧血碑《へっけつひ》の前身です。
その後、ぼくは津軽の弘前で謹慎《きんしん》させられましたが、朝命により学術修行のため謹慎御免の旨を伝えられ、ぼくのほか少年二名が自由の身となり、田島さまについて東京に帰り、それからぼくは黒田清隆さま、田島さまなどのお世話になりました。

田村のこの手記は、大正九年の史談会での速記録である。このとき六十五歳、「なにぶん、東京を出たときは十三歳の子供でしたから、なかなか充分に記憶も致しておりません。それにわたしは別働隊のような具合でまいったのです。現今では、五稜郭に一緒にいた者で、私の知っている人はわずかに四、五人しかおりませぬ。静岡に一人、これは前に述べた池谷君、石川県に一人、これは私の友人で今井省三という人で今井信郎の弟です。後は東京に三人くらいなもので、ほとんどみな逝去されてしまいました。今、徳川慶久公に御付している間宮魁という人も共に籠城した一人です」と語っている。

慶応三年（一八六七）十月、十二歳で新選組に入隊し、鳥羽伏見、甲府、会津、箱館と大人の戦士に交じって転戦すること二年間。土方歳三、榎本武揚、大島圭介、古屋佐久左衛門、伊庭軍兵衛、春日左門、中島三郎助など、戊辰戦争の英雄豪傑たちが登場する維新回天の数奇な体験はそのとき現場にいた者ならではの臨場感がある。

鬼の土方歳三を変えた少年隊士たち

少年新選組の誕生

新選組に少年隊士（兵）がいたことはあまり知られていない。少年たちの多くが、幕府が倒れる寸前の慶応三年（一八六七）の秋に入隊した。少年たちは両長召抱人といい、近藤局長、土方副局長、両長の小姓役で、二人の身辺雑務を行い、一四人ほどいたらしい。

少年たちは、土方が九月半ば隊士募集のために江戸に下った際に採用した。土方は新たに徴募した隊士二〇名と少年たちを率い十月二十一日に江戸を発って、晩秋の紅葉で覆われた十一月三日に京都に戻った。このとき昭和十三年（一九三八）まで生きぬき九十歳で亡くなり、最後の新選組隊員といわれた稗田利八　十九歳も新隊員として入隊している。

慶応三年六月十日、新選組は会津藩預かりから幕府直参に取り立てられた。

局長の近藤は御目見以上の旗本に比し、見廻組頭取格で六〇〇石、副局長の土方は見廻組肝煎《きもいり》格で七〇俵五人扶持《ぶち》とされた。幕臣となった新選組は西本願寺の仮住まいから屯所を新築の不動堂村に移し、意気揚々としていた。十七日には、近藤は二条城に於いて幕府親藩の集会で意見を述べている。二十三日には、新選組の幕臣取立てが正式に通達された。

この幕臣取立ては、京都守護職松平容保の建言によるものといわれている。

このころ近藤は、慶喜の信頼が厚い永井尚志の相談役として土佐の後藤象二郎や岡山藩家老日置帯脇と会談するなど、政治家としての活動が多くなっている。

近藤は市中取締役というより、京都の将軍慶喜を支える重要な幹部の一人としての仕事に忙殺され、その身分からいってもお側付きの小姓が必要になっていたらしい。実際、近藤が剣を取って修羅の現場で立ち働いたのは記録にある限りは「池田屋事件」くらいで、その後は政務に励んでいる。

不動堂村に新築された屯所は大大名の藩邸を思わせる豪壮な造りで、一四人の少年たちも胸をおどらせながら門をくぐったに違いない。慶応三年の秋口といえば、幕末が大きな転機を迎えたころである。九月十八日、薩摩藩は密かに長州と「挙兵倒幕」の盟約を結び、着々と倒幕に向かって進んでいた。十月十四日に将軍慶喜が大政奉還をなして、全国諸藩に激震がとんだ。三百年の治世を誇った徳川幕府の突然の退位に諸藩は驚愕し、戸惑いを隠せなかった。まさに幕末動乱の蓋《ふた》が開かれたときに少年たちは入隊したことになる。このとき入隊した少年には、新選組幹部の叔父を頼って入隊した井上泰助のように十歳になったばかりの幼い少年もいた。

井上泰助　十歳　鳥羽伏見戦の後江戸で離隊、武蔵日野　井上源三郎の甥
田村銀之助　十二歳　鳥羽伏見戦の後、蝦夷渡航後は榎本付きとなる
玉置良蔵　十二歳　鳥羽伏見戦後転戦、箱館で病死
渡辺市造　十二歳　慶応三年六月に入隊、その年の暮れに京都で離隊
上田馬之丞　十三歳　鳥羽伏見戦後転戦、松前で捕死、遠江浜松

市村鉄之助　十四歳　五稜郭脱出、土方の遺品を日野佐藤家に届ける、美濃大垣藩
上田安達之助　十四歳　鳥羽伏見戦後転戦、弁天台場で降伏、江戸
田中律造　十五歳　鳥羽伏見戦後転戦、母成峠で敗れ、仙台で降伏
沼尻愛次郎　十五歳　鳥羽伏見戦後江戸で脱走
松沢乙造　十五歳　鳥羽伏見戦後転戦、蝦夷の屯所より行方不明
吉田万吉　十五歳　鳥羽伏見戦後転戦、弁天台場で降伏
沢忠助　十六歳　五稜郭脱出　土方の遺品・下げ緒を日野佐藤家に届ける
長島五郎作　十六歳　鳥羽伏見戦後転戦、箱館山で戦死
畠山芳次郎　十六歳　鳥羽伏見・会津・母成峠で敗れ、のち仙台で降伏

（年齢は入隊時・一部推定）

顧みれば、少年たちが入隊したころが新選組の絶頂期だった。だが、その栄華は京の秋を彩っていたあでやかな紅葉のように、ほんのひとときのものだった。

六番隊長井上源三郎の死とその首級を守った少年兵

慶応三年十二月二十八日、王政復古を為した朝廷は徳川慶喜に上洛の命を出した。明けて慶応四年正月二日、慶喜は先供として大坂城にいた幕府軍に入京を命じた。だが、これは西郷が仕掛けた罠だった。薩長軍は行進してきた幕軍を鳥羽・伏見の街道で待ち伏せ襲った。弾込めもしていない幕軍は不意を突かれ壊乱した。

新選組が遠くに砲声を聞いたのは、午後五時ごろだといわれる。新選組は傷が癒《い》えない近藤に代わり副局長の土方歳三が指揮を執っていた。土方が何事かと偵察を出す間もなく伏見奉行所に砲弾が飛んできた。すぐさま応戦するが、敵の砲撃は猛烈で奉行所は次々に破壊されていった。薩摩の攻撃は用意周到だった。深夜に至って伏見奉行所が燃え落ち陥落した。新選組と会津藩兵は無念の思いでこの夜、淀まで退いていった。

この戦闘で新選組に痛恨の一事があった。六番隊長井上源三郎を失ったのである。井上は天然理心流試衛館時代からの門人で実直な人柄で若い隊士に慕われていた。

このとき叔父の源三郎のそばについていた少年兵の井上泰助十歳は、井上が銃弾に倒れると隊士に願ってその首を落としてもらい必死に持ち帰ろうとした。だが、銃弾が雨霰と注ぐ中を、わずか十一歳の少年が大人でも重いと感じる首を抱えて退却できるわけがない。泰助は泣きじゃくりながら、爪から血が噴き出すのもかまわず素手で穴を掘り、源三郎の首を埋め、硝煙と銃弾が乱れ飛ぶ中を隊士のあとを追いながら撤退した。

「叔父は、ふだんは無口でおとなしい人だったが、一度こうと思ったらテコでも動かなかった。鳥羽伏見戦争のとき、大坂へ引き揚げるよう命令がきたが聞き入れずに戦い続けた。

そして弾丸に当たって死んでしまった。私は叔父の首と刀を持って大坂へ向かったが、人間の首があんなに重いとは思わなかった。ともすれば他の隊士たちより遅れがちになった。『そんなものを持っていると、遅れて敵につかまってしまうぞ、残念だが捨てろ』といわれ、やむなくある寺の門前の田んぼを掘って首と刀を埋め、船で大坂へ引き揚げた」

と、後日残している。一月七日、壊乱して大坂城に戻った新選組にさらなる悲劇が待っていた。前将軍徳川慶喜が六日の深夜、密かに東帰したというのである。

少年兵の奮戦と近藤勇の最期

新選組は、大坂から順動丸と富士山丸で江戸に帰還すると鍛冶橋の屯所に入った。江戸に着いた井上泰助は、許しを請うて新選組を離隊した。故郷の日野に帰り、叔父の井上源三郎の戦死を報告し、弔《とむら》うつもりだった。江戸では、やはり少年兵の沼尻愛次郎（十五歳）が不明になった。すでに京都で渡辺市造十二歳が除隊しており、少年兵は一三名になった。江戸の町は平穏だったが、幕府は混乱を極めていた。

慶応四年一月十二日、前将軍徳川慶喜は江戸に着くと、直ちに江戸城に入った。将軍としてはただ一度も江戸城に入ることがなかった唯一の将軍だった。城中では非戦・抗戦を巡って激論になり終止がつかない状態だった。

その間にも、新政府軍の江戸城進撃の報告が相次いで寄せられていた。

一月二十三日、慶喜は新政府への恭順を表明、幕府の処理を任命した陸軍総裁勝安房守に任せ、自らは上野寛永寺に謹慎するとした。慶喜は謹慎に先立ち近藤を召して甲陽鎮撫隊を組織させた。「京都壬生浪士新選組之事《のこと》は、伏見に而戦争致し候に付、朝敵に罷成《まかりなり》候に付、勅使下向之上、如何様《いかよう》之《の》御沙汰《ごさた》有之も難計《はかりがたき》候に付、勅使江戸直前、江戸表出立、甲府へ罷越《まかりこし》、尤《ただし》以後鎮撫隊と相唱《あいとなえ》可申《もうすべき》旨《むね》、三月三日大凡《おおよそ》三百人程出立に相成候。但し隊長近藤勇儀は、別面朝敵に付、当分之内名前の儀、大久保剛と相唱《あいとなえ》、甲府百万石被下置《くだされおき》候旨、於御前被仰付候《ごぜんにおいておおせつけられ》」後に流山で官軍に投降した近藤は大久保剛（大和）を名乗り、偽名を使ったといわれるが、江戸を発つにあたり、慶喜から若年寄並の役職と新しい名前を拝領していたのである。出立に際し、甲陽鎮撫隊は徳川家から二四〇〇両、会津藩から一二〇〇両、医師の松本良順から三〇〇〇両、浅草弾左衛門からも献金があり都合一万両ほどの軍資金と小銃・大砲を与えられ意気揚々と進発した。近藤の甲州派遣には、慶喜の恭順の意を新政府側に伝えるために、使者の選定に困り抜いていた大久保一翁が派遣したのだという説もある。近藤も官軍に「一翁の命を受けた」と話している。海舟の『解難録』には、近藤から、新政府軍の先鋒に説得できる者がいるので、自分が行って慶喜の恭順の意を尽くしたい、決して武力衝突はしないと申し出られたと記している。一翁も海舟も幕府トップとして、さまざまなルートで必死に新政府軍に接触しようとしていたことがわかる。だが、甲州へ派遣したにわかづくりの甲陽鎮撫隊は三月六日、東山道軍の攻撃を受け敗れた。『柏尾坂戦争記』に「**近藤の小姓一二人、子供ながらも死に物狂いに一騎当千の働きぶりだった**」と、その奮戦振りが記されている。近藤の愛馬の轡《くつわ》とりをしていた沢忠助など、肩の傷が癒えない近藤を守って、裸のままで銃を撃ちまくったという。甲州で敗れた近藤と土方は雪辱《せつじょく》を期して再起を図った。ところが、このとき永倉新八と原田佐之助という最古参の同志と今後の方針を巡って意見が分かれ、永倉らは新選組と決別するという事件があった。それでも近藤と土方は、五兵衛新田（足立区綾瀬）を拠点として新撰組の再建に努めた。本営とした金子家には続々と新選組を慕う浪士が集まり、品川の西郷・勝会談で江戸無血開城の約がなった三月十五日には一〇〇人を越えた。三月末には二〇〇人を超え、本営を下総流山に移し、隊の訓練を開始した。このとき少年隊士市村鉄之助の兄、辰之助が脱走したが、鉄之助十四歳は土方の小姓として箱館まで行動を共にしている。「金子家資料」の五兵衛新田屯集の名簿には鉄之助のほかに、田村銀之助、玉置良蔵、上田馬之丞、田中律造、畠山芳次郎などの名が見られる。

　四月三日、隊士が訓練に出て、局長近藤以下数人が本営にいるところを新政府軍に包囲された。近藤はここが潮時と思ったのか抵抗することなく観念したように素直に縛《ばく》についている。近藤は慶喜から拝領した大久保大和と名乗り、板橋の東山道軍総督府に向かった。四月二十五日、東山道軍にいた元高台寺党の加納鷲雄に近藤勇と見破られ板橋にて処刑された。その辞世の歌が近藤の無念を語るばかりである。

孤軍援絶作俘囚
顧念君恩涙更流
一片丹衷能殉節
睢陽千古是吾儔
靡他今日復何言
取義捨生吾所尊
快受電光三尺劒
只将一死報君恩

孤軍援《たすけ》絶えて俘囚《ふしゅう》となる
君恩を顧念すれば涙更に流る
一片の丹衷能《よ》く節に殉ず
睢陽《すいよう》千古のこれ吾が儔《ともがら》
他に靡《なび》きて今日復《ま》た何をか言わん
義を取りて生を捨つるは吾が尊ぶ所
快く受けん電光三尺の劒《けん》
只将に一死　君恩に報いんとす

注・睢陽（中国の古都）

近藤は京都に赴く前は、字も下手で詩作なども不得手だったらしいが、市中取締りという激務を縫って勉学を怠らなかった。『日本外史』に親しみ、書の稽古を毎夜二時間して自分を高める努力を為している。隊士にも武術だけでなく文学師範をおいて勉学を勧めている。

斎藤一など「これからは外国語が必要な時代になるので英語を学びなさい」と諭されたという。明治まで生き残った隊士の多くが新選組の記録を残しているが、近藤の教えにより、隊士が教養を深め社会人として成長することを促していたことがわかる。

会津で少年兵と再会した土方

近藤が還らぬことを覚った土方はもう振り返ることはなかった。髪をばっさりと切り、着物を捨て軍服に着替え銃を手にすると、あくまで新政府軍（西軍）に抗することを誓った。

「有利か不利かは問題ではない。薩摩と長州が幕府に為したことは、弟が兄を討ち、家臣が主君を征するようなものだ。苟《いやしく》も武士たる者は、薩摩・長州の味方をするべきではない」。土方の指摘は大久保や西郷の「下克上」を見抜き、維新の虚構を鋭く衝いている。

大政奉還という世界が賞賛した平和的な政権交代を踏みにじり、唯々我欲のために、大久保や西郷は王政復古を隠れ蓑《みの》にして下克上を行い、政権を我が手にした。

維新後、彼らの藩主が政権の場に登場することがなかったことがこのことを証明している。慶応四年四月十一日、江戸城が新政府軍に明け渡された。この日、土方は下総国府台にいた。ここには幕府陸軍脱走部隊をはじめ、新政府に降ることをよしとしない諸藩兵など二五〇〇余りが集結していた。

土方も新選組の残党六名を率い、これらの部隊に合流した。

二五〇〇の部隊は総裁に前幕府陸軍奉行大鳥圭介を選び、土方は参謀として先鋒隊を率いた。先鋒隊の指揮官は幕府陸軍伝習隊の第一大隊隊長秋月登之助だった。

隊は、会津を目指して進軍を開始した。四月十九日、宇都宮城を陥落させたが、二十三日の攻防戦で土方は足を負傷、治療のため戦線を離脱しなければならなかった。

四月二十九日、会津城下に入った土方は幕府御医師松本良順の軍事病院で治療を受けた。

土方はここで、流山で離散した新選組隊士と再会した。一〇〇人余の隊士の中に少年隊士たちもいた。鳥羽伏見、甲府、流山と戦乱を潜《くぐ》り抜け、少年たちの顔も逞《たくま》しくなっていて、少年たちに再会した土方の顔にも笑みが浮かんだ。会津では、治療のために動けない土方に代わり、斎藤一（山口二郎）が指揮を執ることになった。このころ奥羽では会津征討を強要する奥羽鎮撫総督と会津救解（注・弁護して救済すること）を要望する奥羽諸藩が対峙《たいじ》、奥羽二五藩が列藩同盟を結び新政府と軍事対決も辞さないまでになっていた。

五月一日、両軍は奥羽の関門白河城を巡って衝突、戦争に突入した。両軍が一進一退を続けるなか、越後では長岡藩が北陸鎮撫総督軍と衝突、会津、米沢、旧幕府軍の支援を得て戦争に突入した。相次ぐ西軍の侵攻の報告を受け、病床で焦っていた土方が戦線に復帰したのは七月に入ってからである。だが、この間に列藩同盟に亀裂が走り、相次ぎ同盟から寝返る藩が出てきて、奥羽諸藩同士の戦闘が始まり戦線は奥羽越各地に拡大していた。原因は奥羽の盟主仙台藩の戦意のなさだった。新政府軍に対峙して、白河で戦闘を交えながら、仙台に奥羽鎮撫総督軍を抱えたままというあいまいな状態が続いていた。

七月二十六日、白河に国境を接する三春藩が突如新政府に寝返ると、仙台軍は三春領からの挟撃を恐れて、白河から全軍の撤退を始めた。七月二十九日払暁、西軍七〇〇〇の大軍が阿武隈川で国境を接する三春領から二本松を襲い、城下を守備する二本松兵を殲滅《せんめつ》した。守備兵がいなかった二本松は六十五歳以上の高齢の兵と十五歳以下の少年兵が果敢に戦い戦乱の中に散った。その中にはわずか十二、三歳の少年兵がいた。

八月二十一日払暁、二本松を平定し、新たな増兵と武器弾薬などの兵站を得た西軍は福島侵攻に向かうと見せて、踵を返し母成峠から一挙に会津侵攻に向かった。

会津は日光口、越後口に精鋭を送り、城下の守備ががら空きと見た西軍白河参謀の板垣退助の電撃作戦だった。まったく虚を衝かれた会津城下は恐慌に陥った。

田村銀之助の「将軍山が敗れた」話はこのことである。田村と玉置良蔵、市村鉄之助、上田馬之丞は富田要蔵、栗田重蔵らと共に傷病兵に付き添い猪苗代東の大寺に退避していた(『谷口四郎兵衛日記』・桑名藩士)。西軍に医師として従軍していた英国人医者ウイリスも西軍の母成峠攻略と若松城下への電撃侵攻について、

「わたしが聞いた限り、武士も町人も、この攻撃をまったく予期していなかった。

この若松攻略の際、会津側の最も精鋭な戦闘部隊は、別の方面からの攻撃に備え出払っていた。そして彼らが、城下の危急を聞き若松防衛に引き返したので、西軍にやすやすと侵攻の道をあけてやる結果となった」

と、二重三重に重なった会津側の戦略ミスを指摘している。

星亮一『至誠の人松平容保』には
「朱雀寄合組四番中隊は須賀川口を守っていた。

須賀川・郡山に駐屯する薩長兵四千余が本営近くに潜伏したとの急報を得たが、あえて意に介する者はなく、夫卒に命じて酒を集め日中から宴を張り、酒盛りをしていた。

そこへ突然、石筵が敗れたと聞き、酩酊《めいてい》もにわかに醒《さ》めて猪苗代に向かった。雨が強く降りだして足がすべり、歩行が困難で、大砲を捨て、やっと城下にたどり着いたが、すでに城下は火に包まれ茫然自失の有様だった。隊員の間には敵の背後に廻り、攻撃を加えるべきとの声もあったが、隊長山田清助は主君の下に駆けつけ、部署を定めることが先と戦うことをせず、ただただ歩き回ることに終止した。小原宇右衛門の砲兵隊は、猪苗代湖を眼下に見下ろす御霊櫃《ごれいひつ》峠に胸壁を築いていた。二十二日、猪苗代に向かうよう軍事方から指令を受けたにもかかわらず、虎の子の大砲を途中の山中に捨て会津へ退却してしまった。

武勇を誇る会津藩も鳥羽・伏見と白河の戦いで有能な指揮官を多く失い、戦闘能力が著しく落ちていたのである」

とある。

このとき母成峠の守備を指揮していた旧幕府軍の大鳥圭介は、母成峠からの侵攻を許した罪を問われ、会津藩から兵糧や武器弾薬などの兵站の供給を断られ、会津と袂を分かつことになった。会津は強力な援軍を失い、また一歩敗戦に近づいていた。猪苗代城で斎藤一から母成峠敗るの報告を聞いた土方は、中山口にいた会津軍に「ここで食い止めねば西軍は雪崩のように猪苗代に向かう」と早馬を出し援軍を求めたが、中山口の陣将内藤介右衛門は動かず「会津藩落城之大戦争ノ手始め」となった。西軍の若松侵攻を防ぎきれないと思った土方は猪苗代城の東半里の大寺にいた少年兵にすぐ仙台へ向かうよう伝令を飛ばした。田村銀之助が途中で一人になったのは前述のとおりである。八月二十三日、土方は援軍を求め米沢へ急行した。

新選組も会津を離れることになったが、斎藤一ら一三人は、「志あれどもひとたび会津へ来れば、いま落ちんとするを見て志を捨て去るは、正義にあらず」として、残留を主張して別れている。斎藤一率いる会津新選組は入城しようとしたが、西軍が十重二十重に城を包囲していて果たせなかった。そして会津新選組は九月五日の如来堂の戦いで壊滅した。

斎藤一派と別れた新選組隊士は大鳥や衝鋒隊の古屋らとともに仙台へ向かった。米沢へ急行した土方も、米沢藩が新政府軍に降伏したため仙台に向かっている。しかし、白河を退いた仙台藩はすでに戦意がなく、むしろ新政府軍への降伏を望んでいた。

新たな少年兵の加入

土方たち旧幕府軍は新天地を目指して仙台から榎本艦隊に同乗して蝦夷《えぞ》へ向かった。このとき松山藩士や唐津藩士にくわえ桑名藩士らがそれぞれの藩を離れ新選組に加入している。会津戦争で隊士が二十数名まで激減していた新選組は、新たな加入をへて隊士が一〇〇名余に回復したが、その中に多くの少年兵がいた。

西村五十五郎　十三歳　桑名藩士　仙台で入隊、弁天台場で降伏
多岡太郎　十三歳　桑名藩士　仙台で入隊、弁天台場で降伏
福与男也　十五歳　唐津藩士　仙台で入隊、弁天台場で降伏
佐藤房太郎　十五歳　唐津藩士　仙台で入隊、弁天台場で降伏
三好胖《ゆたか》　十六歳　唐津藩士　仙台で入隊、蝦夷七重村で戦死
小久保清吉　十六歳　唐津藩士　仙台で入隊、蝦夷七重村で戦死
古屋丈之助　十六歳　備中松山藩士　仙台で入隊、弁天台場で降伏

このうち三好胖は本名小笠原胖之助、元唐津藩主の四男である。胖は幕府瓦解後、純義隊に入り彰義隊とともに上野戦争を戦い、会津へ転進した後、仙台に逃れて旧幕府軍に加わったらしい。胖が戦死したのは明治元年十月二十四日のことである。鷲ノ木に上陸した旧幕府軍と迎え撃つ新政府軍との戦闘の最中だった。全身九カ所に刀傷、内一カ所は右の眉から顎にかけて刀傷があり、顔面は噴出した血で真っ赤だった。左手の指は三本斬り落とされ、愛刀は刃こぼれでのこぎりのようになり、その戦闘の凄まじさを物語っていて、敵にも称えられたほどだった。胖を援けて戦死した従者の小久保清吉の遺体もそばにあったと残されている。

明治元年（一八六八）十月十九日、蝦夷地に初めて足を踏み入れた土方らは、すでに西軍が入っていた五稜郭を目指して進撃を開始した。

十一月二十日、松前藩が降伏、蝦夷地を手にした土方たちは、新たな国づくりを始めた。明治二年三月、国づくりを始めた土方たちの下へ、新政府軍の艦隊北上の報が入った。

新政府は土方たちの新たな国づくりを認めず、あくまで征討するつもりだった。四月九日、江差に上陸を開始した新政府軍との戦闘が始まった。兵力と兵站に優る新政府軍は徐々に土方ら旧幕府軍を追い詰めていった。

明治二年五月十一日、箱館総攻撃のなか、一本木関門に出撃した土方歳三は銃撃を受け戦死した。土方を失った旧幕府軍の敗北は決定的となり、弁天台場にこもって奮戦していた新選組も十五日、矢折れ弾尽きて降伏している。

弁天台場を死守していた新選組の少年隊士たちも、ここで降伏した。

箱館での土方は、京都時代とは人が変わったように隊士に優しくなったという。

明治五年、日野宿の土方の姉婿で最大の後援者であった佐藤家を訪れ土方の最期を語った新選組隊士立川主税は「立川主税戦争日記」にこう記している。

「土方氏常に万民を憐み、軍に出るに先立て進し、故に士卒共に勇奮ふて進む。ゆえに敗れることなし」と記し、やはり、隊士の中島登は土方について、「性質英才にしてあくまで剛直なりしか、年の長するに従ひ温和にして人の帰すること赤子の母を慕う如し、当世の豪傑というべし」と残している。京都時代、新選組の副局長として修羅場にあった土方は、どちらかというと怜悧で陰惨ささえ覚えるが、箱館の土方は別人とも思うばかりの思いやり深い男になっていた。

この陰には土方を慕い、忠君に励んだ少年隊士たちの影響があったのではないだろうか。

徳川脱走軍には新選組のほかにも少年兵がいて、彼らはそれぞれ小姓として配属されていた。榎本総裁付きの小姓だけでも、中山柳之進、今井省三、森川富次郎、内田万次郎、加藤国造、田村銀之助（新選組）、玉置良蔵（新選組）がいた。榎本は年が明け、雪解けには新政府軍の総攻撃が始まると見て、少年たちを湯の川に逃がすよう大鳥に命じた。

ところが田村銀之助は「十五の年で命が惜しければ、五十でも惜しい、五十で惜しければ七、八十でも惜しいのです。年少なりといえどもわたしは新選組の隊士として、京都以来行動を共にしてきました。今、この期に及んで隊外に去れといわれるなら、わたしは潔く腹を切って果てます」と言ってきかない。榎本は少年たちの覚悟を知って五稜郭に留めた。だが、少年兵の一人玉置良三は最後の決戦を待たずして病魔に倒れた。

過酷な蝦夷の地の気候に耐えきれなかったのだろうか。労咳《ろうがい》に冒された良蔵は、箱館病院で闘病生活を送っていたが春を待たずに十四歳でその命を終えた。

少年兵のその後

明治二年五月十八日、五稜郭は開城して、慶応四年から始まった戊辰戦争も終結した。

桑名藩士の谷口四郎兵衛が残した『谷口四郎兵衛日記』には、新選組の降伏人名簿が記されている。それによると少年隊士の消息が次のように記されている。

市村鉄之助　巳五月十一日箱館称名寺より行方不明
上原馬之丞　松前にて生け捕られ、のちに死亡（上田馬之丞のこと）

玉置良蔵　箱館にて病死。
田村銀之助　江戸へ赴く

明治二年七月、ぼろぼろの身なりをした少年が多摩日野宿の佐藤彦五郎家を訪れた。

佐藤は土方の姉の夫で新選組のよき理解者だった。少年は、四月十五日、土方の命令で箱館を脱し、新政府軍の厳しい検問を避けながら三カ月の逃避行をへて土方の遺品を届けた新選組少年隊士、市村鉄之助十五歳だった。鉄之助は『新選組日誌・下巻』に「鉄之助、少年といえども頗《すこぶ》る勝気あり、性また怜悧《れいり》、百難を凌ぎて遂に義豊《よしとよ》の郷里に帰り、その遺物を伝えて遺命を全《まっと》うす」と記されている通り、意志の強い少年で最後まで土方を慕っていた。鉄之助が届けたのは、現在も佐藤家に残る土方の遺影と辞世だった。

「たとえ身は蝦夷の島根に朽ちるとも　魂は東の君や守らん」

佐藤家で体を癒《いや》した鉄之助は、のちに生まれ故郷の大垣に帰ったが、明治十年に起きた西南戦争に従軍し、田原坂で戦死したと伝えられている。鉄之助の西南戦争従軍には、鉄之助が桐野利秋の馬丁になり、それが縁で従軍することになったという逸話もある。

明治三年、やはり少年隊士の沢忠助十八歳が土方の遺品である「刀の下げ緒」を佐藤家に届けた。忠助は流山で近藤と別れた後の土方につき従い、国府代から会津、仙台そして蝦夷と転戦して、一本木の戦争で倒れた土方の遺体に付き添い、五稜郭まで送っている。

そののち、陸軍奉行添役の安富才助の指示で立川主税と共に湯の川に脱出して、潜行一年余を経て佐藤家に辿り着いた。このとき安富が託した書簡と追悼の句を届けた。

「早き瀬に　力足らぬや下り鮎」

五稜郭で榎本総裁付きとなった田村銀之助は、降伏後、榎本から託されて薩摩の黒田清隆に引き取られ、のちに同志社に学び、警察官となって西南戦争に出征した。

田村は大正十三年、六十九歳で没した。前述の証言は大正九年、史談会での証言である。

井上源三郎の首を埋葬した甥の井上泰助は、鳥羽伏見戦後、江戸に戻り除隊した。

近藤は甲陽鎮撫隊を率いて、甲府へ出陣する途中、故郷の日野で泰助に閑を出した。

日野に戻った泰助は長生し、昭和二年、七十一歳で亡くなっている。

旧幕府軍にいて降伏後、明治政府に出仕し、のちに外務大臣になった林董は『後は昔の記他』で、「奥羽蝦夷に転戦したる徳川脱走軍の中、十五、六歳以下の少年七、八十名ありしが、わずかに四、五名を残して、大概は戦死したり」と残している。

衝鋒隊少年隊士

北越戦争から箱館戦争まで戊辰戦争を戦う（慶応四年三月一日―明治二年五月十八日）

内田萬次郎十五歳の証言

――父に従って出征、北越・会津・箱館戦争に従軍――

このころの政治向きのことは子供だったのでわかりません。父が出征するにあたって、兄が家《か》督《とく》を継いでいましたので、わたしは幼く父の手助けにもなりませんが、父の威動《いどう》にふれ従軍を願い出ました。従軍については幼少のときから武士たる者の本領を諭《さと》されていましたので何の未練もありませんでした。家を出るときのいでたちは、母が用意してくれた和服に義経袴、裏鉄陣笠をかぶって馬に乗って発ちました。裏鉄陣笠は御目見以上しかかぶれなかったのですが隊長の息子ということで許されたのです。宿舎も古屋総督と同じ宿でずいぶん威張《いば》っていました。越後辺りでは殿様と同じ待遇で驚いたものです。

衝鋒隊は今井さまが前軍、古屋総督が中軍、父が後軍でしたが、わたしと今井さまの弟、省三は古屋総督の本陣付きでした。最初の戦闘は三月九日、武州梁田でのことでしたが、このとき衝鋒隊は鎮撫隊でしたから戦争をするつもりはまったくなくて、総督は官軍へ使者を立てましたが、官軍はいきなり撃ってきたのです。それから信濃、越後と転戦して、八月二十二日は深度にいて、そのえのち若松の危急を聞いて会津へ戻りました。

城外で戦いましたが弾薬兵糧が乏しくなったうえ会津藩と方針をめぐって悶着《もんちゃく》があり、九月九日、会津を離れ伝習隊と共に仙台へ行きました。しかし、仙台も降ることがわかりましたので榎本艦隊と共に蝦夷に渡りました。家を継いだはずの兄の量太郎は伝習士官隊頭取としてやはり蝦夷に渡り、箱館で戦死しました。衝鋒隊の由来は知りませんが、官軍先鋒の鉾《ほこ》を衝いてやろうということではないでしょうか。

林幸次郎十七歳　紅顔の美少年奮戦死す

慶応四年四月二十六日、北越戦争のさなか西軍に寝返った高田藩の夜襲にあった衝鋒隊の殿《しんがり》を引き受け、わずかな手兵とともに高田兵と戦ったのは弱冠十七歳の歩兵指図役林幸次郎だった。「追撃してくる敵兵を悩ましては退き、止《とめ》ては奮戦し世にも勇ましき振る舞いにいでしが、拙《つたな》き武運の末路を喞《かこ》ちてか健気にも玆《ここに》に決死の覚悟を定め潮のごとく群がりよる敵中めがけて取って返し、死出の名残にここを先途と奮戦しければ、居あわす従兵とて何ぞ遅れん切っ先揃えて躍りこみ斬りたてなぎ倒して縦横無尽に追い落とせば多数を頼める草兵ども如何で鋭鋒に敵しえん」。林の奮戦を『衝鋒隊戦史』はこう記している。

しかし、満身創痍の中陣屋を十重二十重に囲まれた林は、従兵に命じて陣屋に火を放ち、燃え盛る火炎の中で血刀を脾腹《ひばら》に突き立て、見事に十文字に切り開き自刃して果てた。

残った従兵二人も林に殉じた。血路を拓き退却しようとした指図役の宮原秋之助は、林の奮戦を見て「無情の涙に誘われて共に冥土の旅を志ざさん」と踵を返して斬り込み、従兵三名とともに業火の中に消えた。『衝鋒隊戦史』は「いかに軍国の慣とはいえ凄然として懐を傷め、無情悲哀の嘆に堪えざりしところなり」と無念を記した。

衝鋒隊は幕府歩兵頭の古屋佐久左衛門、元見廻組の今井信郎、神奈川奉行支配役の内田庄司が幕府脱走兵を逃走先の武州で鎮撫し、幕府陸軍総裁の勝海舟の命で、さらに幕府陸軍六〇〇と大砲や資金を与えられ、脱走兵とあわせ九〇〇余の大部隊で、信濃の幕府直轄地中野陣屋の鎮撫に向かった。ところが三月九日、館林藩の密告により武州梁田で宿泊中に官軍の奇襲を受け、止むなく対戦、これが、古屋隊が新政府軍（西軍）に抗戦する発端となった。その後、「衝鋒隊」を名乗り、会津や長岡藩の援兵として戊辰戦争に参戦して「一に衝鋒、二に桑名、三に佐川の朱雀隊」と西軍に恐れられた。士官は七一名いて、よく統率がとれ、戦場の働きは抜群だったが、幕府を離れ資金、武器弾薬などの兵站、食料に苦しんだ。箱館戦争まで一年半ほどの戦闘で士官の九五パーセントを失い壊滅した。衝鋒隊の存在が知れたのは、副隊長の今井信郎が残した『北国戦争概略衝鉾隊之記』による。この手記がなければ衝鋒隊は歴史に埋没していた。

萬次郎は衝鋒隊隊長内田庄司の次男で、ほかにも今井省三 十五歳、石島徳次郎十三歳、梶原秀二郎十四歳、田島安次郎十六歳などの少年兵がいた。石島徳次郎と田島安次郎は降伏の四日前、官軍の軍艦が放った砲弾の直撃を受け、衝鋒隊総督古屋佐久左衛門らとともに亡くなった。

萬次郎は生還し、その後明治政府の官僚となった。退職後、「明治戊辰梁田役東軍戦死者追悼碑」を梁田（足利市梁田）の長福寺に建立して衝鋒隊の戦死者を弔った。

この証言は大正二年（一九一三）の真下菊五郎著『明治戊辰梁田戦蹟史』への寄稿である。

注・衝鋒隊は初めは隊名がなかった。古屋隊とか兵武と言っていた。

会津白虎隊異聞

新資料の発見（運命の日・慶応四年八月二十三日）

飯沼貞吉十五歳の証言（白虎士中二番隊、「白虎隊顚末記」）
——飯盛山自刃白虎隊、ただ一人の生き残りの新たな証言——

八月二十二日
「石筵口の敗報、若松城に達するや藩主直に滝沢坂に出馬せられたり、このとき君側の護衛として、隊長日向内記のひきいる士中白虎隊、初めて出陣をするを得たり。君側の護衛、その任ははなはだ重けれども腕に武術操練の覚えあり。かつ寄合組白虎隊に先んぜられたるを遺憾《いかん》とする少年、いまは早戦わんとする血気制しがたく、すぐに戦場にいどまんことを隊長に請い、ついにその日の午後、戸ノ口表へ出陣の命令を受けたりき」
出撃の命令を受け白虎隊は歓声を上げた。隊列を組むと意気揚々《ようよう》と戸ノ口原へ向かった。
滝沢、金堀、強清水をへて戸ノ口原の西端に着くと、さらに他の軍と共に戸ノ口街道左側の丘に陣を敷くように命令を受けたが、そこは後方だったので先鋒を願い出て、白虎隊は独立行動が許され、なおも十余丁進軍した。時雨《しぐれ》は止まず、日が暮れたので明朝の決戦まで、ここで野営することになった。闇夜の中で腰の弁当を取り出し、夕飯を食った。

明日の決戦を思うと母や姉妹のことが思い出された。想いは同じなのか、みんないつになく饒舌《じょうぜつ》になり、とうとう一睡もしないまま夜は明けてきた。

八月二十三日

終夜、語り尽くしているうちに夜は明け、いよいよ進撃の時刻となった。

ところが昨夜作戦会議に出たままの日向隊長が戻らなかった。一同呆然として、どうするか戸惑っていると、嚮導の一人である篠田儀三郎が「腰抜け隊長何の狗《いぬ》や、われは嚮導の首席なるをもって、代わりて隊長の任務をとらん」というと「気をつけー」と号令をかけ、人員点呼をとり、その点呼も終わらないうちに「進めー」と号令を発した。

みな死を決した想いは同じで、篠田の命令に異を唱える者はなく、戸ノ口を目指して進軍した。戸ノ口に近づくと銃声が次第に大きくなってきた。いよいよ敵兵に接近してきたことを知った。ところが戸ノ口原には身を隠す障壁がなく、辺りを探したところ幸い流れがない溝があったので、ここに身を潜めた。

このとき敵兵はすでに戸ノ口の味方を打ち破り、若松街道へ銃を発射しながら突き進んできた。白虎隊との距離は約一〇〇メートルほどだった。突然、側面に敵兵が現れ、篠田が「撃てー」と声をあげたので、一斉に射撃を始めた。敵兵は初めてわが兵を見て狼狽して逃げ散ったが、態勢を立て直すと一斉に撃ち返してきた。弾丸の飛来すること雨のごとし、隊士も死力を尽くし、銃身が火傷をするくらいに焼けるまで撃ち返したが、こちらはわずか一個中隊で、大軍の敵を防ぎきれなくなってきた。味方に死傷者もでて全滅も時間の問題だった。溝は幅五、六尺、前面の堤防の高さは二、三尺だったので敵弾を受けた者はいずれも胸部で、即死の者が最も多かった。死屍《しし》累々《るいるい》おり重なり、わが軍の砲声も途絶えてきた。なかには重傷を負って戦友に介錯《かいしゃく》を請う者もいたが、その余裕もなかった。

嚮導の篠田は隊列の中央に仁王立ちして、白刃を振りかざして左右の隊士を叱咤《しった》していた。弾が無くなったり、銃器が敵弾を受けて破損したときは死傷者の銃や弾をとって銃身が熱し手にすることができなくなるまで銃撃を続けた。しかし、敵は大軍であり、味方の死傷者も増え、ほとんど全滅が考えられた。さすがに篠田も、もはや防戦は無理だと覚り「退けー、退けー」と大声で退却をつげ、白刃を振りかざして真っ先に退却を始めた。

隊士は篠田に続いて退却をなし、二〇丁ほど走って、ようやく敵の追撃をふりきった。砲声はその間も殷々《いんいん》と空を覆っていた。丁度そこに見上げるほどの石地蔵があり、その周囲は隊士全員が休めるほどの草むらだったので、そこで脚を休め、点呼をとるとわずか一六名になっていた（これはすべて飯盛山で自刃した少年たちだった）。

嚮導　篠田儀三郎　十七歳　　飯沼貞吉　十五歳
有賀織之助　十六歳　　石田和助　十六歳

井深茂太郎　十六歳　　津川喜代美　十六歳
永瀬雄次　十六歳　　林八十治　十六歳
簗瀬武治　十六歳　　安達藤三郎　十七歳
伊藤俊彦　十七歳　　鈴木源吉　十七歳
西川勝太郎　十七歳　　野村駒四郎　十七歳
間瀬源七郎　十七歳　　簗瀬勝三郎　十七歳

ここにきて初めて前夜来の疲労がどっと出て、おまけに腹も減ってきたが、食べ物を調達できる人家もなかった。幸い一六人の中に、前夜の弁当を残していた者があった。

もちろん、それは全員の腹を満たすほどではなかったが、この飯を地蔵の前にある線香立ての石のくぼみに溜まった水に浸し、おかゆ状にして、これを手ですくってすすった。

おかげで少しは元気がでた。それから若松城を目指して南に向かって山に分けいったが、方向を間違えたのか突然、若松街道の滝沢坂のふもとにでた。

そこから滝沢坂を見ると若松城を目指して下ってくる大勢の兵士があったが、遠くて敵か味方か判じかねたので、大声で「合いことば」を叫んだところ、返事の代わりに、たちまち銃撃が始まった。敵だった。あわててまた南側の山沿いに逃げた。

このとき永瀬雄次が股を撃たれて倒れたので、みんなで抱えて逃げた。

それから何とか飯盛山に辿り着いた。山頂から西の方向、若松城を望むと火炎が天に上り、砲声が大地を揺らしていた。北の滝沢坂を見れば、敵兵が雲霞のごとく下りおり、若松城に向かっている。南の天神口はまだ、敵兵がいないようだった。

一時は呆然とした白虎隊だったが、これからどうするか一同の意見を聞くことにした。

口を切ったのは野村駒四郎だった。「状況は見てのとおりだ。臣士の分、君に尽くすのはまさにこのときだ。我々は滝沢街道の敵軍を衝いて敵の城下侵攻を食い止めようではないか」。

井深茂太郎は「国に報じる今日、敢えて命を惜しむわけではないが、父母の教えによれば、若松城は英雄蒲生氏郷《がもううじさと》公が築いた名城で、一朝幾多の兵がこれを攻めるとも容易に落とすことはかなわないと聞いている。今や炎は天を焦がし、砲声が山岳をゆるがすほどだが、城は決して落ちていないはずだ。敵の目をかすめ、道を南に求めて若松城に入ろうではないか」と叫んだ。

その後は甲怒り、乙罵《ののし》り、激論をもってこれを争った。

みんなの意見を黙って聞いていた篠田儀三郎がおもむろに立ちあがってみなを制すると、

「もはやかくなる上は、策を講じるすべはなし。進撃の計、城に入る計、元より不可能だとは言わないが、いずれもこの十余人くらいの人数ではうまくできるはずがない。

誤って敵の捕虜となって縄目の恥辱を受けることがあれば、上は君に対してなんの面目があろうか。下は祖先に対して申し訳がたつだろうか。それよりもここで潔く自刃して、武士の本分を明らかにするのが我らの務めではないだろうか」と、みなを見回した。

儀三郎の覚悟にみな黙して、それ以上異議を唱え議論することはなかった。

慶応四年戊辰八月二十三日巳の刻（午前十時）なりき。一同列座し、西方、鶴ヶ城に向かって遥拝訣別《ようはいけつべつ》の意を表し、従容としてみな自刃したりき。

白虎隊之人員

白虎隊隊長の末路

後日聞くところによれば、隊長日向内記は戸ノ口街道に駐屯せしわが他の軍隊に用事あり、単身これに赴きたるも暗夜道を失しついに翌朝に至り復帰せんとするとき、敵の襲撃にあい、余儀なく間道より城中に入り、その後間もなく城中にて死去したる由。

その死去の原因は、藩中重役の非難を受け、自殺したるもののごとし。

指揮を執りたる人

白虎隊長に代わり指揮を執りたる人は、一番隊長教導篠田儀三郎にして、これ軍制のしからしむところなり。しこうして白虎隊は人員少数のため、小隊長をおかず、もっぱら教導をして小隊長の任務をとらしむ。現時の曹長のごときものと存ぜらる。

苦戦の状況

苦戦の状況は、先便ご報道（注・平石弁蔵『会津戊辰戦争』以降「平石本」と略）したるごとくなるも、白虎隊士の潜伏したる溝内はその幅五、六尺、前面堤防の高さ二尺乃至三尺ぐらいなるをもって、隊士の敵弾受けたる者はいずれも胸部以上にあり、即死者最も多く、死屍累々堆積し、わが砲声の漸次減少するを覚ゆ。なかには重傷を負い、戦友を呼び介錯を請う者あるも、相顧みるの暇なかりき、教導篠田儀三郎は溝内隊士列の中央に座を占め、白刃を振り左右を顧み、これが指揮をなせり。また弾も尽きたるとき、もしくは敵弾を受け銃器の破損したるときは、近隣の死傷者の銃器もしくは弾丸を取り来り、発射を継続せしものなり。

飯沼貞吉の新資料発見

二〇〇八年六月、飯沼貞吉の子孫の栃木県塩原市の飯沼一浩氏宅に伝わる貞吉の遺品の中から、貞吉直筆の「白虎隊顚末記《てんまつ》」と「白虎隊之人員」が発見された。

「顚末記」は明治二十五年十二月に書かれたもので、貞吉が逓信省《ていしん》の広島電信局から東京へ転勤する際、送別会で偶然、元白虎士中二番隊の原新太郎（鋧《けん》三郎）に出会い回顧談に発展したものを、原が後日文章に直し、その文に貞吉が朱筆をいれたものだった。

この証言については、貞吉の子孫の飯沼一元氏が『会津人群像』二〇一〇年三月号に掲載されたものから引用させていただいている。一元氏とは二〇一〇年三月二十一日、貞吉が戦後一時期、長州藩士楢崎頼三に引き取られ、山口県美祢市小杉の楢崎の実家に住んだことがあることが判明して、その住まいを訪ねた際に、ご一緒させていただいた。

この文章は（戦闘状況は「白虎隊之人員」から抜粋）いままでの「平石本」（平石弁蔵『会津戊辰戦争』）の飯沼貞吉の証言と幾分異なっている。貞吉の話を文章に直した原新太郎（鋧三郎）も二番隊士で、ともに戸ノ口原に出撃しているので、この文のほうが正確な記述となっていると思われる。

主な要点は七つある。
一、戸ノ口原で白虎隊が独自な作戦行動をしていたこと。
二、日向内記は本営へ作戦会議に出ていて、食糧調達に行ったわけではなかったこと。
三、隊士は食糧を持参し、食事をとっていたこと。
四、八月二十三日払暁の戦闘で死傷者が相次いだこと。
五、飯沼の所属する篠田隊は、本隊と離れ先鋒として最前線にいたこと。
六、永瀬雄治が股に敵弾を受け、歩行困難になっていたこと。
七、金堀村で戦死したとされた井深茂太郎が生きていて飯盛山に辿り着いていたこと。
二番隊では貞吉と酒井峰治が証言を残しているが、従来から指摘されていた「平石本」の貞吉の証言と酒井峰治の証言の食い違いについては、この顚末記により、戸ノ口原で白虎隊は、篠田隊、原田克吉の斥候隊、酒井隊の三隊に分かれて作戦行動をしていたことが判明した。

「白虎隊之人員」は、大正六年、「平石本」が出版されたのち、貞吉が「平石本」の誤りを正そうとして書き上げたものだが、平石に郵送したり、抗議をしたりした形跡がないということで、いずれにせよ白虎隊の自刃の真相の謎は残ったままである。

貞吉の証言はそれまで「平石本」・「中村本」・『河北新報』などがあって三者三様微妙に異なり、このようなことから貞吉自身、飯盛山で自刃したかについて疑問視する説もあった。

中村彰彦『白虎隊』では、貞吉自刃の第一発見者は飯盛山の南八ケ森に薪を拾いに来た近在の農民で、「忠ギ、忠ギ、水をくれ」といううめき声を聞いて発見したとしている。

新資料の発見で、さらなる「十九士自刃」の研究が待たれている。

酒井峰治十六歳の証言（白虎士中二番隊）
――藩公松平容保に従い勇躍出陣――

慶応四年八月二十二日
「敵軍、戸ノ口原に来襲」との早打ちがあり、午前十時ごろ隊長日向内記さまの屋敷に白虎隊二番隊士が集合した。そのときみんなが、ヤーゲル銃じゃまったく役に立たんといった。別の銃と換えてもらおうということになり、お城に行き武具役人にいうと、銃はあるが御備《おそなえ》銃なので渡せないといった。隊士の一人が、「役にも立たん銃をもって戦場に行けという奴は俺がたたき斬って、俺も腹を切る」と脅すと役人がその銃を渡してくれた。
馬上銃だった。馬上銃は短くて軽く、白虎隊にあつらえ向きの銃だった。
この日、二番隊は君公に従い蚕養口《こがい》に出向いたところ、塩見常四郎殿が戸ノ口原から走り来て危急の出兵を願った。敵が迫っているらしい。直ちに半隊を滝沢東に差し向けた。

その後続いてぼくらの半隊が後を追って先の隊に合した。白虎隊が勇んで滝沢峠を越え舟石に着くと、敵の砲声がズシンズシンと腹に響いてきた。舟石茶屋で銃に弾込めをして戦闘準備を整え不要な携行品を茶屋に預け、身軽になって強清水から一丁半駆けて、左側の小山に登って塹壕《ざんごう》を掘り胸壁とした。そのとき四、五丁先に数千人の官軍が見えた。

さらに勇んで戸ノ口原に向かうと幕兵が突撃喇叭《らっぱ》を吹き鳴らしながら突貫するのが見えた。近くの小山に登り身を隠して敵状をうかがい、胸壁を掘って、そこから一斉射撃した。

戦闘はわが軍が優位だったが、敵は退いて大砲を撃ち出し、二、三〇名の兵が突貫してきて激しく撃ちあった。午後四時ごろだった。山続きのところで幕兵十五、六人が喇叭を吹き鳴らして戦っていた。そこへ敢死隊若干名が和銃や槍をもってやってきた。白虎隊はここを敢死隊にゆずり、街道向こうの赤井谷地に向かい敵を挟撃することになった。

敵は本道のわが兵を追って城下に達した。わが隊が砲撃したが抜けられた。

八月二十三日

午前零時、退却の命令があり、大暴風のなか新堀まで行きそこに身を潜めた。

明け方五時ごろ敵の攻撃が始まった。土手の高さは五、六尺あったが、石田和助がその土手によじ登り一人仁王立ちになって敵を狙い撃ちした。伊藤俊彦の姿が見えず心配していたが、俵をかぶって堀の中に飛び込んできたのには、みんなその格好の珍妙さと勇気に驚いたものだった。

朝、赤井新田を引き揚げ、江戸街道をへて穴切坂を下って若松を目指して西に向かった。左に山道があった。その山道に入って進んでいると後から山内小隊長が追いつき、どこに行くのだと聞いた。石山虎之助が前に出て、大声で「沓掛に出て敵と決戦するつもりです」といった。山内小隊長は「敵は大軍で、我々は寡兵だ。いたずらに犬死にするより、私に従い、一旦敵を避け、作戦を立て直すべきだ」といわれた。

しかし、石山が怒って「小隊長は腰抜けか」と叫んだ。小隊長も憤然として「勝敗の機も考えずに、ただ進撃だけ考えるのは小児とおなじだ。私の指揮に従いついてこい」といって山道を進んだ。みんなどうしようかと思ったが結局ついていくことにして後を追ったが見失った。途中で道が三つに分かれていた。ぼくは真ん中の道を選んで、紙製のわらじを履きなおし（紙製のわらじは濡れ湿って困った）みんなが来るのを待っていた。

しかし、みんな他の道を行ったのか誰一人もついて来なかった。多分、左を選んだり、右を選んだりしたのだろう。ぼくは真ん中の道を選んで、みんなが来るのを待ちながら、紙製のわらじの歩きにくさのためにゆっくり沢を下っていると、馬のいななきを聞いた。

これがもし敵だったら虜《とりこ》になるのは恥だと思い、そのときは自刃せんと思い、徐々に近づいてみるとあにはからんや農馬だった。そばの小屋には母子とおぼしい農夫がいた。

ぼくはこれをみて「いまお城に向かう途中だが、部隊とはぐれ、道にも迷ったので本道まで案内してくれまいか」と一両二分をだして必死に頼んだが、足元を見たのかうなずかなかった。それでもう一両二分を足して頼むと、母親がうなずいて息子に案内せよといったので、猫山を経て不動滝の上の方まで案内をしてもらい、そこで別れた。それから一人で滝沢村に行く途中、又次郎の父に出会った（又次郎は滝沢村の百姓で旧知だった）。

若松に帰る途中だがというと又次郎の父が、すでに本道は敵でいっぱいなので通れませんといった。そこで大藪道に入りこみ、白禿山下の百姓庄三を訪ねたがいなかった（お城が落ちたかどうか百姓庄三に尋ねるためだった）。他の百姓を見かけ尋ねたが誰も答える者がいなかった。それどころか落ち武者のぼくの姿を見てあわてて身を隠す者が多かったようだった。こうなっては仕方がないので網張り場の松陰で自刃せんと決心して、そこまで行って小刀を脱ぎ合財袋を解き、着座してまさに自刃しようとしたとき、百姓の庄三と斎藤佐一郎の妻二人が走ってきた。そして「なにをなさるんですか」と、ぼくの大小を取り上げた。それからぼくを諭して、ぼくの月代《さかやき》を切り落とし、髷《まげ》をわらで結って百姓に変身させ難を逃れさせようとしてくれた。ぼくが農夫にまぎれ、焚き火のそばで暖をとっていると名前を呼ぶ者があった。振り返ると白虎隊の伊東又八郎だった（伊東は白虎二番隊員で、甲賀町通二ノ丁角に住み、知行四百石の当主だった）。又八も農夫に変装していて、それから二人で山に登って城が落ちたかどうか見ることにした。日暮れ、松茸山に入り小屋を見つけて休んでいると、何かが通り過ぎた。よくみれば、愛犬のクマだった（前々からいつも鳥刺しに行くとき連れて行く愛犬だった）。それで「クマ、クマ」と呼ぶと、犬は一瞬立ち止まり、振り返ってぼくの顔を見ると走ってきて飛びつくと、ワンワン吼えながらじゃれついた。ぼくも涙を流しながら、よくここまで来てくれたなとクマの頭をなでた（わが家で飼っていた犬がぼくを尋ね探して来るなんて、こんなうれしいことはなかった）。急いで腰につけていた握り飯を取り出しクマにやり、その夜は又八とクマと一緒に寝た。

八月二十四日

寝入っていたとき、夢か幻かぼくの名前を呼ぶ声がしたような気がしたがそのまま寝入っていた（そのときクマが吼えたので、腹が減っているのかと思いまた飯をやった）。しかし、クマは飯を口にしたものの嚙まずに低い声でうなっている（小屋の前に誰かいるようだ。昼なら鳥刺しに来た者かもしれないが、深夜であれば城下から逃げ出してきた者かもしれなかった）。そのうち「そこだば寝ている人、誰でやんすか」といった。

ぼくは「行人町の酒井です」というと「ええっ、酒井さまでやんすか、庄三の弟でやんす」という。確かに庄三の弟だった。どうしてこんなところにと尋ねるので正直に戸ノ口原で敗戦してお城に戻るところだといった。そうすると庄三の弟の連れの男が、「この先に白河から退却してきた七〇〇人ほどの部隊がいるので、その部隊と一緒に行けばお城に入れるのではないか」といった。小屋を出るとき近づいてみると、もう一人の男は籾山八郎だった（籾《もみ》山は与力で、敢死隊の人で、年のころは三十二、三に見えた）。その籾山が、あんたたちは食事をなさっておらんだろう、私は大龍寺の住職なので、寺まで一緒に来なさい、ご馳走してあげようと言われたので、お寺まで行ったが、寺には誰もいず、食い物もなかった。仕方なく寺を出て水尾村を経て、途中でもいだ生栗をかじりながら野郎ヶ前に出た。人足姿で愛犬のクマと又八（注・又八郎の通称）と一緒に東山に着いたが、東山は炎上中だった。

又八と二人で火事場に飛び込んで消火の手伝いをした。ここで狐湯の胡麻餅屋「おとめ」に出会った。それから又八とクマを引きつれ青木山に続く山に登って城の安否を見たが、お城の方向は霧が深くて見えなかった。ここに至って腹が減って困ってしまった。

山を下る途中また「おとめ」に出会った。すると「おとめ」がすぐそこの薮に日向さまが隠れているので、会って聞かれたらどうですかといった。すぐに権六の母に会ったところ、権六の母が、ぼくに権六の居所を聞いてきたので、ぼくは権六と隊が違うので白虎一番隊の所在はわかりませんと答えた。権六の母は藪の奥に祖父がいるので会って行きなさいといわれた。その前に、ここ二日何にも喰っていないので何かありませんかというと、ご飯はないが、鮒汁《ふなじる》ならありますよとふるまってくれた。

このときの鮒汁のうまさといったら、一生忘れられないだろう。又八は、お城に入らずここで別れるといった。家族はみな北方漆村の善内の家に集まることになっているので、俺はそこに向かうといった。大平口を退却してきた部隊が東山に集結していると聞き、行ってみると原田主馬さまの隊に出会った。

八月二十五日

暁、院内橋をへて小田山を下り、天神橋を渡って、道を別にして三の丸赤津口に出た。笹を振って大声で帰城を告げて、開門を請い、ようやく入城することができた。

ここで初めて命拾いしたと思った。ところがぼくは農夫とも人足ともいえるなりのうえ、鉄砲もなかったので、庄田又助さまに頼んでその隊に加えていただき、一発元込め銃を貰い、本丸へ弾薬を受け取りに行った。そこで偶然同じ隊の片峰勇之進が、ぼくと同じ人足姿に木綿のズボンを穿いているのを見て、ぼくもズボンを貰って穿《は》き替え、片峰に二番隊の事を聞くと、二番隊は入城して西出丸金吹座にいるという。片峰と共に金吹座に行くと、隊長、半隊長、小隊長以下四、五人の隊員がいた。本丸に兵糧を受け取りに行く途中、兄に会ったので家族の事を聞き、ついでに長脇差一本を貰った。それから毎日、西出丸で防備し、玄米飯を食べ毎夜味噌汁を飲んで暖を取った。九月上旬、同隊に入隊したが、同隊は合併一番隊となり、新たに水戸藩士、小笠原藩士と共に南御門を守備することになった。

九月十四日

未明から敵は大砲撃を加えてきた。昼夜間断なく四方八方、一六万四方一円に砲弾が雨霰と降り注いだ。同じ隊の志賀与三郎が、小田山から撃ち放たれた砲弾がお城の屋根を突き抜け爆発したときに腿をやられたのを見た。南御門を守るべく西出丸讃岐御門を出たとき、永岡清治が抜き身の槍を脇にして走ってきたので一緒に南町御門に出向いた。小田山の敵の砲撃は間断なく続き、わが兵の死傷が甚だしかった。砲撃に傷ついた人が介錯を頼むと叫んでいた。そうすると一人が砲弾の雨の中に飛び出していって、見事に首を切り落とし、その首を拾って戻ってきた。そうこうするうち城外を守備する兵に退却の命が出た。

ぼくらは命に従い大町通りを横に出て、五軒町から讃御岐門に出て五、六〇〇人の兵が一斉に入城しようとするとき、海老名総督が抜き身をひらめかせ「退く者は斬る」と入城を止めた。そのとき砲弾が堀に落ち水煙をあげた。今のは何だというと焼玉だといった。

五軒町を西に向かって走っているとき鎧武者を見た。柴某という人のほか二、三人の武者でその勇壮さは実に感嘆するものだった。

九月二十二日、降伏開城し、城を出た。
九月二十三日
ぼくたちは猪苗代に赴き岡部新助の家で謹慎となった。
母は雀村に避難していたが、そこで病死したと聞いた。父もそこで病に臥していると聞き、日向隊長の計らいで父の下へ行き看病することができた。そのあと、ぼくは東京竹橋御門外御築屋にて謹慎となった。ときに十六歳なり。

平成元年（一九八九）北海道旭川在住の酒井峰治の子孫酒井峰雄氏宅の仏壇から峰治が残した「戊辰戦争実歴談」が発見された。平成五年六月十二日、会津若松の白虎隊記念館にこの報がもたらされ、白虎士中二番隊出陣の新事実が知れた。

それまで飯盛山自刃の白虎士中二番隊については、生き残った飯沼貞吉の証言「平石本」・「中村本」・『河北新報』が唯一の手掛かりだった。

酒井の証言は飯沼の証言と重なるところもあるが篠田・飯沼グループや飯盛山自刃についての記述はまったくなく、酒井も潰走のなかで不動滝まで行っているが飯盛山に登っていない。八月二十二日、二番隊は戸ノ口原で三手に分かれ、後方にいた酒井は自刃十九士とは終始別行動だったと見え、酒井のグループの多くは鶴ヶ城に辿り着いている。

しかし、傷が癒えた飯沼貞吉が猪苗代の亀ヶ城謹慎所に出向き飯盛山自刃について隊士に語り、遠山、藤沢、庄田らと共に酒井も涙ながらに聞いたともあるが、逃避行で愛犬に出会ったことなどを精しく書きながら二十三日の戦闘状況や戦友の悲惨な最期について酒井が触れていないのは二番隊士として、戦友として、不自然でもある。

白虎士中二番隊の生死を分かったもの

新式七連発銃で出陣した二番隊

「母成峠敗れる」の早打ちが鶴ヶ城（若松城）に届いたのは慶応四年八月二十一日の深夜とも、二十二日午前五時だったともいわれている。まったく予想だにしない西軍の急襲だった。

次々と早打ちで寄せられる前線からの悲報に藩首脳は戦慄した。このままでは、西軍が城下に迫るのも時間の問題である。もう一刻も猶予《ゆうよ》がならなかった。

白虎隊に出動の命令があったのは午前七時ごろだった。

白虎士中二番隊、間瀬源七郎の姉みつがその朝のことを残している。

「戊辰の八月二十二日、朝五ッ半（午前七時）ごろのことでございます。家並み触れの急報で、十五歳以上六十歳までの男子はお城に詰めるよう指令が参りましたので、白虎士中二番隊の弟源七郎は、即刻洋服の軍装に着替え、鉄砲を持参してお城へ出かけました」

西軍急襲を受け二十二日午後、雨の中を老公容保《かたもり》が自ら出馬し、藩公喜徳《のぶのり》と共に白虎士中隊を従え滝沢本陣に向かった。「我が公、みずから馬を進めて志気を鼓舞せんと、鶴ヶ城本丸を出て滝沢村へ向かう。佐川官兵衛先駆たり、我が公の出陣を聞き、または日輪の馬印を見て馳せ来り従う者多し」（山川健次郎編『会津戊辰戦史』）

白虎士中隊は出陣のとき、旧来のヤーゲル銃ではなく、新たに手にした御備銃の騎銃を携行していたという。『志ぐれ草紙』（会津藩士小川渉）には「白虎は十五歳より十七歳にいたる者を編成したるものにて、そのうち士中と軽き者ありしが、年若ければ銃器は七連発の馬上砲を持たせたり」とあって、「馬上銃は短くかつ軽くして、白虎隊にすこぶる適当せり」と、酒井も新しい銃について満足げに記している。まだ背丈の低い少年が多く、大刀は腰に佩いて地に引き摺らないように下げ緒で背に負うているほどだったので、短い騎銃は隊士たちに歓迎された。中村彰彦氏は『白虎隊』のなかで、馬上銃とはマンソー騎銃のことだったとしている。白虎隊記念館にはマンソー騎銃、長さ一〇二センチ、重量三・七キロと、全長九六センチのスタール騎銃も保存されているが、このとき士中隊が携行した馬上銃は確定されていない。騎銃のなかでもスペンサー騎銃は山本八重子や井深梶之介も所持し、白虎隊の半隊頭原四郎吉も所持していた。国産奉行の河原善左衛門もスペンサー騎銃を携行していて、隊長クラスには支給していたとあり（『戊辰戦争全史』）、これらのことを考えるとスペンサー騎銃は弾薬と共に保有していたと考えられ、馬上銃が「御備銃」だったというのは、幹部用のスペンサー騎銃だったという意味ではないだろうか。スペンサー騎銃は七連発で、全長九四センチと最も短く、重量も三・八キロで、小柄な白虎隊士にも扱いやすい銃だった。銃の性能も有効射程距離がせいぜい一五〇メートル、命中率に至っては四〇〇メートルで五パーセントのヤーゲル銃に比べ、スペンサー騎銃は射程距離八〇〇メートル、命中率は五二パーセントと性能も格段上で、ヤーゲル銃とは比べものにもならなかった。

白虎隊も三の丸での訓練にはスペンサー騎銃を使っていたといわれていて（『会津白虎隊のすべて』）、馬上銃とはスペンサー騎銃のほうが妥当に思えるがどうだろう。

新式の馬上銃を得た白虎隊は、初陣に向かって意気揚々としていた。人と人が向き合って殺し合う戦場が如何に過酷で非情なものであるかとも知らずに、ただ、日頃の訓練の成果を「目にもの見せてくれんず」と張り切っていたはずである。十六、七歳で編制された白虎隊には、上士の子息の士中隊、中士の寄合組隊そして足軽隊があった。

このうち、士中隊は藩主の親衛隊、足軽隊は城中で後方支援、寄合組隊は一般兵士と共に初めから前線に出されていた。この日も、白虎士中隊は君公のそばにあった。

星亮一『白虎隊と二本松少年隊』によれば「白虎隊（士中隊）はいわば、儀杖兵のような存在であり、戦闘部隊と考えるのは過大評価しすぎだ」とあるように実戦部隊ではない。

白虎士中隊は二中隊あり、それぞれ隊長以下、小隊頭二名、半隊頭二名、一中隊隊士七名に弾薬や兵站を担う役夫十数名ほどがいて五十余名の部隊だった。仏式調練をうけた士中隊の最小単位は半隊である。戦場では、士中隊の戦法は正面から進撃する正と、側面から狙撃する奇の二隊に分かれて、半隊九名の四班が散兵して戦うことになる。半隊九名として、一名端数になるが、隊長付きで両隊の伝令の役を担っていたのだろう。

一八名が小隊で、小隊頭、半隊頭がそれぞれ九名の隊士を率いる。九名の隊士の中から嚮導が選ばれ、隊士のまとめにあたる。嚮導は五名で、篠田、西川、津田、城取、庄田の五人が嚮導で、隊長付きの筆頭嚮導が篠田だったのではないだろうか。

滝沢本陣は鶴ヶ城の東北三キロほどの滝沢村にあり、この村の裏にある堂ヶ作山の中腹を九十九折に峻険な坂が続く頂上が滝沢峠である。その滝沢峠からは豊かに広がる会津盆地が見渡せる。滝沢峠を越え九十九折りの街道を下ると金堀村をへて強清水《こわ》に至り、街道左手に広大な大野原を見渡す。戸ノ口原は大野原の先にあり、その突端の十六橋は参勤交代にも使われる重要街道として堅牢な石橋が架けられていた。

穏和で太平な徳川の三百年間、江戸の文化や産物、また、会津の文化や産物との架け橋であったこの橋が、今は会津を守る生命線になっていた。滝沢本陣に着いたばかりの容保の下へ、敵が十六橋に迫ったことが伝令からもたらされ、応援兵が求められた。だが滝沢本陣には白虎隊しかいなかった。容保は苦渋の末、二番隊を急ぎ向かわせた。

戸ノ口原における二番隊の二つの説

先鋒一九人は小隊頭水野祐之進、半隊頭佐藤駒之進が率いた。続いて半隊が後を追った。

慶応四年は閏年で四月が二回あり、八月二十二日は、現在の十月初旬に当たる。

山上はすでに晩秋の色模様で、峠は一面が黄色や赤に染まっていた。初めての出陣に白虎士中二番隊は高揚していたが、この日は台風余波もあり、冬を前にした氷雨と風が烈しく吹きつけ困難な行軍となった。二番隊先鋒が滝沢峠にかかったときには十六橋ではすでに戦闘が始まっていた。戸ノ口原の戦闘から飯盛山自刃に至る行動については、自刃後蘇生した飯沼貞吉の証言（平石弁蔵『会津戊辰戦争』（大正六年））が定説になっていた。

ところが平成五年（一九九三）、二番隊士の酒井峰治の手記『戊辰戦争実歴談』がもたらされ、白虎士中二番隊の真相の研究が進んだ。平石本には戸ノ口原の戦闘について、概要と飯沼貞吉の証言がある。まず、戸ノ口原の戦いについて、概要を次のように述べる。

「白虎の一隊意気軒昂《けんこう》大雨を冒《おか》して進み、敢死隊の右に連なりて西軍に対す。時に砲声殷々として夜陰を破り戦闘まさにたけなわなり。西軍益々増加し、その戦北は日橋側の左岸より南は赤井村方面に延長しければ東軍益々苦境に陥り白虎半隊頭佐藤駒之進奮戦して之に死す。死傷刻々相次ぐ、止む無く歩々抵抗を為しつつ、漸次退き強清水および赤井村の線に移りて隘路を挟撃せんとす。比隣部隊すでに退き、いまや白虎隊のみとなれり、しかれども未だ孤立せしを知らず。（注・ここまでが二十二日）

払暁に及び西軍に向かい戦いを挑みしがたちまちにして西軍の猛襲にあう。この隣部隊皆退き、隊長日向内記またすでに去ってあらずして、腹背皆敵なるを見て大いに驚き且つ戦い、且つ退き赤井新田に至り天尚明けず。ついに小隊頭水野祐之進、山内弘人、半隊頭原田克吉とまた相失す。白虎の残員わずか十有七人、傷を包むに暇なく、鮮血淋漓《りんり》銃を肩にし刀を杖につき、一団となりて崎嶇《きく》たる山路を潜行す」（二十三日）

とあり、飯沼の着陣の様子から証言が続く。

「秋の日は暮そめてかすかに戸ノ口村を望みうる附近に達した。

そこに敢死隊がいて、白虎隊に兵糧の用意がなかったので握り飯一個ずつもらって飢えをしのいだ。このとき日はまったく暮れていた。われらは敢死隊と別れ、なおも進んで、道路の南側の松林に覆われた小高き丘に停止した。このとき日向隊長が『われらに糧食の準備がないから敢死隊に相談してくるので一同ここで待て』と引き返した。

雨は益々降り続き隊長は帰らず。そこで嚮導篠田儀三郎が『隊長今に至るも帰らず、不肖篠田、今より隊長に代わって指揮す。左様心得るよう』といった。かくするうちに夜明け近くになり、霧は深く山の端をとじこめた。これより篠田の嚮導で戸ノ口村の近くまで微行した。然《しか》るにその付近には人馬の往来繁く、なんとなく不穏の形勢。一同警戒してよく見ると敵であるから、傍《かたわ》らの田んぼの湾曲する溝に身を潜めた。このとき敵との距離が二百米ばかり、『撃てー』と一斉に火蓋《ひぶた》を切ったが、所在を認めた敵が猛烈に突進し、その全線は我われを包囲する形になった。敵弾に傷つく者も出で、篠田が大声を上げて退却を命じた。露営地に戻って隊員一同の集合を待ったが戻ってこぬ者も少なくなかった。そこでたぶん戦死したものと思い歩々の抵抗をしながら退却した。

敢死隊はすでに退き、篠山方面の銃声も漸次西に移る様子。わが退路はまったく遮断されておるから本街道の南側に沿うて潜行し、さらに南に折れて山間渓谷に入った」(「平石本」一部略)

これが白虎士中二番隊の「戸ノ口原の戦いと逃避行」の定説になっている。

ところが飯沼談には別にもう一つ、明治二十五年の中村謙『白虎隊事蹟』があって、

「戸ノ口原に達し、わが藩兵三百人胸壁を築き戦い酣《たけなわ》にして大小砲声天地を動かし、白虎の隊士、機失うべからずと直に藩隊に合し、勇敢奮闘最も努めたれども、かくて夜半に入り戦い止み、白虎隊

は翌暁の開戦に先鋒たらんと隊長に請い陣将に許され、一隊大いに勇み本道より凡そ二十丁ばかり東方斜めに進み、小丘の麓に止まりて進撃の手配りをなす。

二十三日の未明霧深く、敵兵ついに戸ノ口を破り大野原に至るに会す。白虎隊勇を鼓して之にあたり進撃二丁、敵の大軍鯨波を発し、防戦すること数時、衆寡《しゅうか》敵せず退く、大風雨あり東方より注ぐ。敵軍これに乗じて兵を放ち、わが兵ついに敗る。隊長日向まず逃る。

白虎隊大に激し、嚮導の号令に従い屍を越え激しく敵軍に突入す。その距離一丁余り、池上外傷を負う。隊士は横溝に潜み、堤を楯に狙撃す。藩兵死傷すこぶる多く、ついに嚮導の号令により溝中を逃れ、斜形を成して走ること十丁ばかり、ようやく小丘の後ろに達し、残りし者十有九人。傷を手当てし兵糧を取り出し、ここに一夜を明かし近傍にいたる」

さらに明治四十四年、『河北新報』の連載記事「飯沼談話」によれば、

「戸ノ口から横へ折れて、約二十丁も進んだころ、日はまったく暮れた。折から雨も降ってきた。十時ごろ、日向隊長が敢死隊に用があると篠田に言って出ていった。隊長が帰ってこなかったので二十三日朝まだ暗闇の四時ごろ、篠田が指揮を執り、そこから十丁ほど前進すると敵の影が見えた。側に溝があったのでそこに潜み攻撃を始めた。三、四発撃ったところで敵の反撃が始まり物凄く、味方は死傷が相次ぎ、篠田が退却を命じた。

露営の場所まで来て点呼すると一六名しかいなかった。一隊の四分の一が撃ち漏らされていた。この兵力では如何ともならずとして城へ引き揚げることにした」

と記されている。

篠田が指揮を執った後は共通しているが、日向が離れた理由について「糧食を確保に行く」（「平石本」）・二十三日の戦闘中逃げた（「中村本」）・敢死隊に用がある（『河北新報』）」と分かれ、新資料では作戦会議としている。残った人数も十有七人、十有九人、一六人とあって判然としない。くわえて平石本と『河北新報』には着陣直後の戦闘の記述がなく、新資料でもない。平石本の概要では半隊頭の佐藤が戦死したことになっている。

一方、酒井峰治の『戊辰戦争実歴談』では、本陣を遅れて出立し、滝沢峠前で飯沼の隊と合した。**「舟石に達すれば、敵軍の大砲の声、耳に入る。依って舟石茶屋において丸《たま》込めをなし、携帯品を茶屋に預け、身軽装となる」**とあり、緊張がいやがうえにも高まった。

小銃が約四キロ、携行する弾薬が四キロ、腰の大小を足すと一〇キロほどになり、少年の身には辛いので不要な携行品をはずし、少しでも身軽にという配慮だった。

すぐに銃に弾込めをして、滝沢峠を駆け下った。峠を下った強清水には会津軍の本営がある。強清水の左下方には広大な大野原がひろがり、途中に小山が点在し、その先が戸ノ口原である。強清水の両側は山で、その下方と赤井谷地の間に新堀（鵜の浦用水路）が拓かれ、赤井新田に注ぐ。十月初めの会津の日の入りは五時過ぎである。晩秋の台風余波を受けた悪天候の日で、厚い雲が垂れ込み山肌を覆い、すでに辺りには漆黒の夕闇が忍び寄っていた。十六橋から退いた会津軍は、戸ノ口原と橋を望む赤井谷地西側の街道沿いの高地に散開して三段に強力な陣を敷き、西軍の侵攻を阻止せんとしていた。

「強清水を過ぎて約一丁半行きて左方の小山（菰槌山）に登り、ここに穴を掘り胸壁となす」

西軍はすでに十六橋を確保し、十丁（一〇九〇メートル）ほど戸ノ口原に迫っていた。『鎮将府日誌』『土州藩届書』によれば、「八月二十二日、第六次惣軍進発、路上防御の兵なく、直に猪苗代に達し候所、賊巳に城を焼退去す。進て十六橋を渡り、惣軍戸の口に達す、尤も前軍は大野原に散布し、賊と数百歩を隔て対陣仕候」とあり、両軍は七〇〇メートルほどの距離を置いて対峙した。

白虎隊の酒井も

「これより戸ノ口原に達するに、幕兵十五、六人、喇叭を吹いて敵軍に向かうあり。これにおいてその側の山に登り、身を匿《とく》して敵状を窺がう。すでにして胸壁を築き、陣をなし、その上に置いて一戦し、我が軍利あり。敵退き、さらに大砲引き来り戦う。進撃兵二、三十名馳せ来り、烈しく戦闘せり。乃ち午後四時ごろなり。又この山の続きにおいては、幕兵は十五、六人喇叭を吹いて敵軍に向かいつつあり。我が敢死隊若干名、銃あるいは槍を携えて進み来る。白虎隊はここをその敢死隊に譲り、赤井谷地に転じて敵を挟み撃たんとする。

敵は本道を尾して城下に達す。わが隊敵を砲撃するも利あらず。退軍の令により、時に八月二十三日（午前零時）大暴風雨を侵して新堀のところに至り身を潜む。二十三日朝、赤井新田を引き揚げ、江戸街道を経て穴切坂を下り、若松を指して西に向かう」

と、着陣早々の初陣と深夜の転進を語っているが、その後の潰走から飯盛山へ至る記述はない。

着陣した酒井は「**陣をなし、その上において一戦し**」とあり、飯沼も「戸ノ口原に達し、……機失うべからずと直に藩隊に合し、勇敢奮闘最も努めたれども、夜半に至り戦い止み」（「中村本」）と初めての実戦の模様を記している。ここまでは二隊は一緒だったようである。

時刻はすでに五時をまわり、辺りは夕闇が覆い西軍は一旦退いて、この緒戦は両軍対峙したまま日没とともに終わったようである。

酒井手記と飯沼談を比べると（太字は飯沼談）

一、戸ノ口原に達し、そのそばの山に登り、わが軍陣地で一戦す。**戸ノ口原に達し、わが藩兵に合し、一戦す。**

二、敢死隊がきたので、白虎隊は赤井谷地（南側）に転じて敵を挟み撃たんとす。**強清水および赤井村の線に移りて隘路を挟撃せんとす。**（「平石本」・概要）

三、深夜十二時、退軍の令で大暴風雨の中、赤井谷地から新堀に至り潜む。**翌暁の先鋒たらんとして本道を東方斜めに二十丁進んだ小丘のふもとに陣す。**（「中村本」）**払暁、隊長帰らず、教導篠田が指揮をとる。**（「平石本」）

四、二十三日夜明け、赤井新田を引き揚げ、江戸街道をへて穴切坂を下り若松へ向かう。**二十三日未明霧深く、大野原で交戦。横溝に潜んで激戦、衆寡敵せず退く。**（「中村本」）**且つ退き赤井新田に至り天尚明けず、小隊頭・半隊頭とまた逸す。**（「平石本」概要）**ようやく小丘の後ろに達し、残りし者十有九人（十六人ともあり）**（『河北新報』）

酒井の手記と平石本の概要は内容がほぼ一致しているようだが、『河北新報』や新資料では着陣の戦闘がない。また、（三）の項から行動が分かれているように見える。

酒井の手記と飯沼談はすべてが共通しているわけではないので、研究者によって二番隊同一行動説と分隊別行動説と意見が分かれている。例えば、同一行動説の富田国衛氏は、飯沼が攻撃した溝を戸ノ口堰とし、酒井の新堀と同じ場所としているが（『会津戊辰戦争　戸ノ口原の戦い』）、別行動説の前田宣裕氏は、新堀を鵜の浦水道としていて（『会津白虎隊のすべて』）、新堀の位置もまったく異なっている。

日向隊長の喪失と白虎隊の暴走

平石本は、隊長日向内記が一戦ののち丘の上に小隊を休ませると、「我らには糧食の準備がないから、敢死隊に何とか都合してもらってくるから一同ここに待ち居るよう」と命令があったとしている。このあと隊長の日向が露営地に戻らなかったとされたこの記事で、白虎士中二番隊の自刃の悲劇を招いたと、後々日向は非難されることになる。

しかし、隊長自ら糧食を求めに行くのは不自然である。新資料では、日向は本営へ作戦会議に出ている。また食糧については富田国衛氏が『会津戊辰戦争　戸ノ口原の戦い』の中で、この夜、会津軍に食糧はいき渡っていたと記していて、中村謙の『白虎隊事蹟』においても、飯沼が二十三日早朝の戦闘の後、兵糧を使ったと語っている。『会津戊辰戦史』にも軍奉行が部下を督して糧食を諸隊に供給すとあって、食糧がいき渡っていたのは確かである。

二十二日の夜、予想を上回る西軍の軍勢を知って、会津軍は劣勢を立て直すために、白河街道に山と谷地が迫る上強清水の狭隘な地まで退いて、西軍を挟撃する作戦にでた。

「会津軍は二十二日の夜間から、陣地守備隊の大幅な変更を行ったようである。午前零時から夜が明ける以前にかけて、上層部からの命令で整然と転進している。これは背後連絡線が確保されており、指揮命令系統が正常に機能していたことを示している。よく伝えられるように、『日向隊長が居らずに途方にくれた』というニュアンスとは大分違っている。当時の侍たちは、とくに日向の一連の行為を非難してはいない」（『会津白虎隊のすべて』）

酒井もこの夜の軍令で「退軍の令により、時に八月二十三日（午前零時）、大暴風雨を侵して新堀のところに至り身を潜む」と命令によって赤井谷地から新堀に退いたと記している。

飯沼は未明の戦闘ののち、明け方赤井新田に退いた（「平石本」）としているので飯沼グループにも命令は伝わっていたようだ。

作戦会議に行った日向らが会議を終えて戻るころ、西軍の攻撃が始まり、指揮者のいない前線の会津軍は混乱、西軍の猛攻に壊乱していったとすれば、その後、白虎隊士が壊乱の中で日向ら隊幹部に行きあうことがなかったことも理解できる。

郷土史家の宮崎十三八氏は『白虎隊十九士列伝』で、日向が戻らなかったのではなく「戸ノ口原では二〇名が暗夜雨中で隊長日向内記ら将校と離れ、敵襲を受けて止む無く退却、途中から篠田が指揮を執った」としている。

慶応四年八月二十三日、白虎士中二番隊は運命の朝を迎える。未明の四時ごろ嚮導の篠田儀三郎が「隊長今に至るも帰らず、不肖篠田、今より隊長に代わって指揮す。左様心得るよう」と、死の彷徨《ほうこう》へ踏み出した。ここにも疑問がある。「一旦命ぜられし事は死を以って遂行するというが白虎隊の精神なりき」という軍律に篠田は背いているのである。

「平石本」の概要には会津軍は「強清水および赤井村の線に移りて隘路を挟撃せんとす。比隣部隊すでに退き、いまや白虎隊のみとなれり、しかれども未だ孤立せしを知らず」とある。彼らが露営した陣地にそのままいたとしたら、強清水の会津軍陣地から二〇〇〇メートルほど前線へ突出していたことになるのだ。しかも、篠田はこのとき本営の指揮を仰ごうとせず、わずか二カ月たらずの軍事調練しか受けていない少年たちで無謀にも実戦へ乗り出そうとしていた。このとき戸ノ口原に防衛陣を張っていた会津軍は、

敢死隊—中隊頭・辰野勇以下の民兵、第二敢死隊—中隊頭・小原信之助以下の民兵

奇勝隊—中隊頭・坂内八三郎以下の僧侶部隊　誠志隊—中隊頭・樋口友衛以下の民兵

游軍寄合組隊—中隊頭・小池繁次郎以下の郷士隊

このほか砲兵三番隊にくわえて旧幕府陸軍脱走部隊の回転隊や誠忠隊がいたが、夜半、作戦変更を受け上強清水へ退いている。

本当の戦争を知って壊乱する二番隊

八月二十三日未明、西軍の大砲が一斉に火を噴いた。

やがて霧の合間から戸ノ口原一帯に雲霞《うんか》のように溢れる西軍兵が見えてきた。砲声が殷々と大地を揺るがし、息が苦しくなるほどに硝煙が一帯を覆い、その中に刀や銃剣がきらきらとひかり、兵士の怒号が飛び交い銃弾が雨霰と注いで、会津兵は身動きすらできなかった。至る所で炸裂《さくれつ》する砲弾に兵士が飛ばされ、肉片が辺り一面に飛び散った。

初めて知った戦争だった。この世の地獄とはまさにこの朝のことだった。

一時間ほどの戦闘で会津軍は大敗し総崩れとなった。、追撃してくる西軍の猛攻に兵は四散壊乱し

た。兵力の差、兵器の差を改めて思い知らされる戦争だった。

奇勝隊の隊長上田新八郎や旧幕府軍「誠忠隊」の隊長山中孝司が壮烈な戦死を遂げたのもこの朝の戦闘だった。互角に戦ったと思われた前日の戦闘と似ても似つかぬ阿鼻叫喚の光景に、白虎隊は圧倒されるばかりだったのではないかと思われる。

このとき斥候の原田隊は深入りしていたし、勝手に突出していた篠田の隊は広陵とした戦場に取り残され、二隊は一気にパニック状態になっていったのではないだろうか。

怒号を上げながら迫ってくる西軍兵が急に大きく見え、恐怖をつのらせて逃げることに精一杯だったに違いない。日頃、温室育ちの士中隊員であるだけに、突然窮地に陥るとどうしてよいかわからなかったのではないだろうか。

篠田は幼少から信義を重んじ、人との約束は一度もたがえたことがなかったと言われるほど愚直で堅い一方の少年だったといわれる。そのように愚直な篠田少年が、状況がめまぐるしく変転する戦場で臨機応変に対応できたとは到底思えない。しかも、初めての戦場である。戦闘経験も山中での行軍も野営も、何もかもが初めての十七歳なのである。

それまで少年たちは家を離れたことさえなかったのだ。士中一番隊の永岡清治は『旧夢会津白虎隊』のなかで、藩主喜徳に従って越後口に出陣して帰宅したときのことを、

「余の家に帰るや母、門に倚《よ》って待つ。既に戒衣《かいい》（軍服）を脱するや諸弟団楽膳をかこむ。白虎隊士は十中の九は初めて旅舎に淹留《えんりゅう》（宿泊）したることなれば奇談笑話限りなく、笑い興じて蚊《か》蟵《ちゅう》（蚊《か》帳《や》）に入る」

と記し、初めての出陣と外泊は、まるで修学旅行から帰った子供の興奮を思わせ、母子ともども戦争の過酷さや残酷さなど微塵も感じていないことがわかる。清治もこのときに実戦を経験したわけではなく、戦争そのものを理解していなかったのだ。

確かに会津藩は、京都守護職として幕末の激動を体験してきたが、それはあくまで任地に赴いた者の経験で、国許は、この八月二十一日まで三百年も太平で穏和な「時」を送ってきたのである。「戦争」は軍記物を読んだり、古老の話を聞いたりして知るくらいで、それは痛快な活劇談であり、人が殺し合い、屋敷が焼かれ、女子供が逃げ惑い一家離散となって流浪する残酷で悲惨な話ではなかった。それも三百年も昔の話であれば、話をしている古老でさえ体験したわけでもなく、古老もまたその父や祖父から聞き伝えたたわいもない冒険物語でしかなかった。戊辰戦争や白虎隊では、会津武士の勇猛果敢さばかりが喧伝されているが、三百年も平和だった江戸時代は「戦争」という二字さえ完全に死語になっていたのである。幕府は第一次征長戦出征の際、密かにフランスの軍事顧問を招いて、「戦争の仕方」を請うほどに、戦争は忘れ去られていた。このことを理解していなければ、幕末の騒乱から、当時の武士はすべて勇猛果敢な戦士だったと誤解してしまうことになる。

八月二十三日、士中二番隊の陣形は三段になっていて、未明に最前線に斥候に出ていた半隊頭原田克吉の一隊八名（嚮導・城取豊太郎、有賀織之助、井深茂太郎、笹原伝太郎、鈴木源吉、多賀谷彦四郎、遠山雄吾）は敵中深く入りすぎていた。

二段目には嚮導首席、篠田儀三郎が率い突出した飯沼グループ半隊一〇名（嚮導・津田捨蔵、安達藤三郎、飯沼貞吉、池上新太郎、伊東悌次郎、坂井峰治、津川喜代美、原鋭三郎、簗瀬武治）と、嚮導・西川勝太郎の半隊九名（伊東又八郎、篠沢虎之助、永瀬雄次、野村駒四郎、林八十治、藤沢啓次、間瀬源七郎、簗瀬勝三郎）がいて戸ノ口まで突出していた。

最後部の新堀には嚮導・庄田保鉄の酒井のグループ一一名（石田和助、石山虎之助、伊藤俊彦、酒井峰治、片峰裕之進、永野兵太郎、成瀬善四郎、宮原三四五郎、矢島八太郎、吉田銹之助）がいた（グループ人員は推測）。

篠田に率いられた小隊について平石本の飯沼の証言（一部略）では、「かくするうちに夜明け近くになり、霧は深く山の端をとじこめた。これより篠田の嚮導で戸ノ口村の近くまで微行した。

然るにその付近には人馬の往来繁く、なんとなく不穏の形勢。……（略）このとき敵との距離はおよそ二百米ばかり、『撃てーっ』と、一斉に火蓋を切って盛んに打ち出したが、敵は続々出でてその全線はわれを包囲する形になった。敵弾の来ること雨霰のごとく、見れば敵弾に傷つく者も出で、到底、防衛の見込みどころか危機刻々に迫っているので、嚮導篠田は大声を上げて退却を命じた。一同急遽その場を引き揚げ、露営地に戻った」とある。

前夜、戸ノ口原に留まった西軍は、二十三日未明から本格的な攻撃を加えてきた。

『会津戊辰戦史』には

「八月二十三日早朝、西軍の先鋒土州兵来たり戦いを挑む。

白虎隊、奇勝隊、敢死隊は十六橋を隔てて戦う。大垣兵もまた来り迫る。その鋒は甚だ鋭し、我が兵少しく退きて戸ノ口原の丘陵に拠る。戸ノ口原に向ひたる白虎二番士中隊は、初め三十七人なりしが、死傷相継ぎ、而して亦隊頭相失し、ここに於いて嚮導篠田儀三郎は代わって指揮し……」

とある。篠田のグループはこの戦闘で死傷が相次ぎ壊乱した。

飯沼が戦後絵師に描かせた戸ノ口原の戦闘では池上、伊東、津田が戦死したとしている。

未明に斥候に出ていた原田隊は街道筋を撤退したらしく、西軍の追撃を直接受け被害が多い。沓掛峠で有賀織之助と井深茂太郎が戦死し、鈴木源吉が不明となった。

酒井のグループでは石田和助と伊藤俊彦が敵弾に仆れた。

戸ノ口原の戦闘で仆れた者は八人に及んでいる。

西軍の猛攻に、強清水で挟撃しようとした会津軍は次々に敗れ、佐川官兵衛が指揮した強清水の本営も壊滅する。西軍はまるでこのとき会津軍の抵抗がなかったかのごとく記しているが、会津軍の実情は、応援の旧幕兵を除くと農町民や僧侶からなる兵であり、侍といってもまだ少年の白虎士中隊だった。実戦どころか戦争そのものが初体験なのである。

吉村昭の『史実を歩く』の中に、上野戦争の目撃談があって、

「彰義隊の隊士たちが山から駈けおりてきた。両軍が喚声をあげて抜刀し、走り寄ってむかいあった。しかし、両軍のものたちは、刀を突きだして『やあ、やあ』と声を挙げるだけで、一定の間隔を保ち、斬り込む者はいない。そのうち砲弾が近くに落ち、それに驚いた彼らは互いに引きあげていった。戦国時代には戦闘が日常化していたが、徳川時代になってからはそのようなことは絶えている。剣術の稽古を盛んにしていても、刀を抜いて闘うなどということは極めて稀で、官軍も彰義隊の者たちも、相手の刀に恐れを抱いて、ただ掛け声を上げるだけで近づくことはしなかったのである」

と記しているが、これが戊辰戦争の実情であろう。

京都以来、数々の修羅場をくぐりぬけ、このとき会津にいた新選組隊長斎藤一も、

「この真剣の斬り合いというものは、敵が斬り込んできたら、それをこう払っておいて、その隙に斬り込んでいくなどということはできるものではなく、夢中になって斬り合うのです」

と明治になって語り残している。斬人とは、相手を斬り殺すまで際限なく斬り合う、譬えようのない過酷な戦闘である。実戦の経験もない白虎隊が、いきなり斬り込みなど無理な話である。少年の狭量で意気がってはみたものの、実際の戦場の凄まじさに一挙に恐怖がつのり、泡を食って壊乱したというのが、篠田が率いた白虎隊の初陣の実情だろう。

この一戦で鼻をへし折られ、仲間を顧みることもできないほどに衝撃を受けて、潰走と迷走を重ね、絶望した彼らが飯盛山へ至ることになる。「露営地に戻って隊員一同の集合を待ったが戻ってこぬ者も少なくなかった。そこでたぶん戦死したものと思い、歩々の抵抗をしながら退却した」ここで西川が、「かかる小勢となりては遺憾ながら犬死に終わるかも知れぬ。むしろ今より帰城して君公を護衛し奉り、敵勢到らば城を枕に必死と戦い、潔く君の御馬前に討ち死にを遂ぐる方がよろしい」といい、お城を目指して江戸街道から山中に分け入った（篠沢虎之助は撤退中にはぐれて原田隊に加わっている）。

最後部の酒井グループ一一名は前線から二キロほど後退した新堀に潜んでいた。酒井のグループは、山内小隊長が統率する一八人で、そのうち半隊長原田が嚮導・城取ら七人と斥候に出ていて、残りは嚮導・庄田そして酒井らの一一人となる。

酒井グループの石田和助が胸壁の上に立ち「敵の来るを狙い撃ち」とあるので、退却する前線の兵

の援護射撃をしていたことがわかる。

そして、西軍が一丁ほどに迫り、立ち撃ちしていた石田和助も仆れた。「二十三日朝、赤井新田を引き揚げ、江戸街道を経て穴切坂を下り」と猛攻を支えきれなくなった防衛軍の退却が始まると廻戸から江戸街道を横切り山中に分け入って篠田・飯沼、西川グループに行き会う。美濃郡上藩からの会津支援兵「凌霜《りょうそう》隊」は、退却戦ほど恐ろしいものはないと記しているが、この朝の会津軍の退却はまさに混乱の極みで全軍潰走だった。

会津軍といっても正規兵ではなく元々農町民からの徴募兵である。一旦崩れると兵は四散し、殿《しんがり》で防御する部隊もなかった。白虎士二番隊も戦闘で負傷した者が次々にでて落伍する者もあり、潰走の途中で隊士は四散した。

『会津白虎隊のすべて』では、「**酒井のグループは命令によって第四線陣地まで下げられたのである。若年なので敢死隊と同様、戦闘能力が低いと判断されたのか、上級武士の子弟たちなので、より本営近くを守らせたものか、恐らくは両方の理由であろう**」としている。白虎士中二番隊員の志気の高さにかかわらず、前線の軍幹部からはその程度にしか見られていなかったようだ。戦士としてその活躍が激賞された白虎寄合組隊と異なり、意気だけは旺盛なエリートのひ弱さが見透かされていたのだろう。そのひ弱さが敗走の白虎隊にさらなる悲劇を生むことになる。

二番隊死出の彷徨

少年たちは、初めは帰城を目指していたはずだが、完璧な負け戦に判断力も冷静さも失ったかのように常にバラバラな行動で、点呼を取った形跡はないし、仲間同士行き会っても、すぐバラバラに散り、お互い助け合うこともなく、戦闘で傷を負った隊士や一足遅れた隊士など知らぬげに捨て置いて、それさえも気づいていないようである。

不思議なのは隊士三人で逃れていて、一人は名前も知らない者がいたと残していることが多いことである。白虎隊隊士でいても什《じゅう》仲間以外はよく知らなかったのだろうか。

二十三日、二番隊は三つのグループに分かれていたが、飯盛山に祀られた隊士は、篠田・西川隊だけでなく、酒井、原田のグループの隊士もいた。彼らが同じ場所をまるで磁石を失ったかのように彷徨し、何度も行き会い、また別れていたことが推測される。

このとき、彼らは極限状態にあったのか、全部で集まろうとか、他のグループを探そうとかした形跡も見られない。坂井峰治は簗瀬武治ともう一人と退却中に敵と遭遇した時、撃ち合いを始めた簗瀬を置いて逃げ出した。坂井と同名の酒井峰治のグループは新堀で夜を明かしたのち、払暁からの西軍の猛攻に敗走を重ね、その途中の山道で小隊長の山内に出会い、ついてくるようにいわれたが、酒井は山中で小隊長の山内や仲間とはぐれ、ひとり道を迷いながらも出会った農民の案内で生還した。庄田保鉄も退却中に農家でわらじを分けてもらい、履き替えている間に仲間を見失っている。

原田の斥候隊は深入りしすぎ必死に退却する際、沓掛峠で鈴木が不明になり、有賀と井深の二隊士はここで敵弾を受け戦死した。残った五人は江戸街道を下り赤井新田を抜け赤井山に入ったとき、遅れた多賀谷彦四郎が「甲長ー、甲長ー」（注・甲と乙に分かれていた）待ってくれと叫んだが、戻って援けることはなかった。このことについて早川喜代治『史実会津白虎隊』は、原田克吉の遺談として、

「わたくしども白虎士中二番隊の将校五名は、緊急招集令により登城して、軍事方から鉄砲を渡され、夕方、大野ヶ原の菰槌山《こもつち》に到着して、ここに胸壁を造り守りに入った。わたしは間もなく津田捨蔵を嚮導として数名で斥候に出た。辺りを歩き回り敵状を偵察した。元の場所に帰って間もなく、若松から出向いてきた他の部隊に場所を譲り、向かって右の山に移り固めた。二十三日未明、七名をつれ溝の中を辿り遠くに進む。

本隊から右へ進む。撃ち合う。敵に包囲の色、迂回して原街道に出て沓掛坂下に敵多数、赤井山に入り一人多賀谷落伍せり。進んである茸小屋に着く。

ここで研がない米五合の飯とマツタケをご馳走になる。愛宕山に登る。頂上より見て、もう駄目だと思い、死を決す。道具類を投げ出し、切腹しようとしたら、敢死隊のひとり小池辰吉という人が来て一同の切腹を止めた。われに返り一同慰めあい大いにやろうと決めた。入城後、日向内記に会い、部下を構わず立ち退き、けしからんと争うところを上役に止められた。赤井山で部下が『コウチョー、コウチョー』と後方から呼んだ声はいまもわたしの心に残っている」

と記している。原田が引き連れた斥候七人のうち撤退の途中、有賀、井深が敵弾に倒れ、鈴木が不明になり、多賀谷も置き去りにされている。

結局原田は七人のうち、城取、笹原、遠山、そして途中で加わった篠沢の四人しか連れ戻っていない。敗走のなかで部下を見やる余裕もなかったのだろうか。こうやって見ると、士中隊には子供のころから什仲間で育んできた仲間同士の助け合いなどどこにもみられない。

ただただ、何者かに憑《つ》かれたように死出の彷徨を飯盛山へ、飯盛山へと続けるのみだった。

飯盛山十九士自刃の謎

戦闘で隊士を失い傷ついた白虎隊二〇人が飯盛山に辿り着き眼前にしたのは黒煙を上げる鶴ヶ城だった。帰る城を失った白虎隊は絶望して城を仰ぎながら自刃した。蘇生した飯沼貞吉を除きあえなく散った少年十九士の墓には今日も手向けの線香が絶えることはない。

ところが会津藩敗戦直後に記録された「戦死者調書」によれば、飯盛山（当時は弁天山）での自刃隊士は一九人ではなく、左記のように篠田儀三郎以下六人とされている。

戦後、飯盛山で自刃隊士を葬った吉田伊惣治によれば、山頂に三人その下に三人の計六人だったと残していて、実は自刃隊士の数は今に至るも不明なのだという。

飯盛山自刃者は次のとおりで、下段は隊士が戦死した場所を記した「戦死者調書」である。

白虎二番士中隊自尽二〇名（グループは推定）　下段・戦死者調書写「柴太一郎記」

津川喜代美	飯盛山・篠田グループ	戸ノ口原で戦死
永瀬雄次	飯盛山・西川グループ	上人塚下堰畔で戦死
林八十治	飯盛山・西川グループ	滝沢村で戦死
池上新太郎	飯盛山・篠田グループ	戸ノ口原で戦死（滝沢弁天裏で戦死）
伊藤俊彦	飯盛山・酒井グループ	戸ノ口原で戦死
津田捨蔵	飯盛山・酒井グループ・嚮導	強清水東で戦死（戸ノ口原で戦死）

石田和助	飯盛山・酒井グループ	強清水東で戦死
伊東悌次郎	飯盛山・篠田グループ	戸ノ口原で戦死（金堀村で戦死）
有賀織之助	飯盛山・原田斥候隊	金堀村で戦死
井深茂太郎	飯盛山・篠田斥候隊	金堀村で戦死
鈴木源吉	飯盛山・原田斥候隊	滝沢坂下で戦死
篠田儀三郎	飯盛山・篠田グループ・嚮導	弁天山南一丁松の下で自刃
安達藤三郎	飯盛山・篠田グループ	弁天山南一丁松の下で自刃
飯沼貞吉	飯盛山・篠田グループ	弁天山南一丁松の下で自刃後蘇生
西川勝太郎	飯盛山・西川グループ・嚮導	弁天山南一丁松の下で自刃
野村駒四郎	飯盛山・西川グループ	弁天山南一丁松の下で自刃
間瀬源七郎	飯盛山・西川グループ	弁天山南一丁松の下で自刃
石山虎之助	飯盛山・酒井グループ	弁天山南一丁松の下で自刃
簗瀬勝三郎	飯盛山・西川グループ	院内村御廟で自尽
簗瀬武治	飯盛山・篠田グループ	九月十五日徳久村で戦死

自尽十九士が飯盛山に至る道程について、『会津白虎隊のすべて』で、佐藤一男氏は、

「飯盛山で自刃したのち蘇生した飯沼貞吉が、自刃のときの傷跡も痛ましく亀ヶ城謹慎所に現れ、遠山影守、藤沢啓次、庄田保鉄、酒井伊佐美に飯盛山自刃にいたるまでを語り、ひとつ聞くごとに驚き、悲しみ、そして涙を流した」と記している。

篠田・飯沼のグループは、戸ノ口原での戦闘の後、刀折れ、弾丸尽き、飢えと疲れで西南の方向を目指し、後退を続けた。穴切峠を過ぎて不動滝（白糸の滝）に近づくと、敵弾が一斉に乱れ飛んできたので、洞門に逃げる者と南丘に逃げ登る者とに分かれた。

洞門を抜け飯盛山の山頂に辿り着いた彼らが見た光景は無惨なものだった。

「数千の家屋は兵火にかかり、黒煙は天を焦がしていた。五層の天守閣も煙烟のなかにわずかに見えるのみであった。亦、銃砲や刀で切りあう音もあたかも手に取るようであった。悲壮な声が時々上がり、それは天地を震撼させた。ここにきて一同はお互いを顧みて、『いまや、城まさに陥らんとす、一死君国に殉ずるまさにこの秋にあり』と、城を拝み、屠腹《とふく》した。貞吉の蘇生によって少年白虎隊自尽のすべてが明らかにされ、会津の戦いのすべてが美談として永遠に語りつがれることになった」と結んでいる。

さらに自刃した者について、貞吉は一六名とし、十九士が祀られたのは、「白虎隊のうち飯盛山において自刃したる人員は十六名が正当である。小生が右の十六名の一人に御座候。十九名と称するは、飯盛山に達せざる途中において戦死したる者三名あり、これを含み十九名と世間にては申しおることと存知候」と断言している。

しかし、これでは貞吉が蘇生しているので自刃死は一八名となってしまう。

十九士自刃について左記のように述べているものもある。

敵の追撃は烈しい。洞門から出た一行に銃撃や砲声が聞こえる。流れ弾が飛び交う中、篠田らは必死に山を駆け上った。

一行が飯盛山に差し掛かったとき弁天神社で池上、伊東、津田の自刃遺体を見つけ、さらに山頂でひとり自決している石山を発見した。山から城下を見ると郭の辺りが黒煙に包まれている。どうやら城が落ちたようである。銃声はますます近くなり、敵が迫ってきた。呆然とたたずむ彼らの下に、酒井グループから一人はぐれた石田和助が辿り着いた。

石田も被弾し、銃を杖に漸く辿り着いたようだった。そして石田は城下に立ち上る黒煙を見て、最期を覚ったのか「**手傷苦しければ、お先に御免**」と皆が止める間もなくのどを突いて倒れた。一瞬の仲間の自刃に衝撃を受け、もはやこれまでと後の一五人が、石田に遅れじと自尽に至った。そして貞吉がその後蘇生した。

飯盛山自刃者をグループ別に推測すると、
篠田儀三郎の半隊：嚮導津田捨蔵、安達藤三郎、飯沼貞吉、池上新太郎、伊東悌次郎、津川喜代美、簗瀬武治、の八人。

西川勝太郎の半隊：永瀬雄次、野村駒四郎、林八十次、間瀬源七郎、簗瀬勝三郎の七人。

庄田保鉄（生存）の半隊から：伊藤俊彦、石田和助、石山虎之助の三人。

原田克吉（生存）の斥候隊、有賀織之助、井深茂太郎、鈴木源吉の三人。

戸ノ口原の戦場で三段に分かれていて、そのままそれぞれに敗走したわりには、各隊人数がほぼ平均しているのは不思議である。永瀬は、飯盛山自刃の十九士の一人として祀られ、林八十治と刺し違えたということになっているが、これは事実無根らしい。

永瀬は腰を撃たれ瀕死のまま路傍に一人捨て置かれていたという説がある。

その最期については、酒井グループの庄田保鉄が路傍で重傷の仲間から介錯を頼むといわれ、止むなく涙を呑んで介錯してやったと残していて、この隊員が永瀬雄治ではないかともいわれている。原田グループからひとりはぐれた多賀谷彦四郎が行きかかり、瀕死の永瀬から介錯を頼まれ、涙を呑んで介錯をしたという言い伝えも残っている。

このように飯盛山自刃の人数については謎が多い。

戦後、白虎隊の飯盛山自刃を知って間瀬家の姉たちは源七郎の屍を捜し求めた。山上にはズタズタにちぎれた衣服や袴、足袋などがうずたかく積まれていて、その中に自分たちが手作りした源七郎の衣服を見つけたという。

野村駒四郎の母と姉妹はここで姉の帯でつくった駒四郎の袴を見つけ、駒四郎の飯盛山自刃を確認したという。

井深茂太郎の遺族はその中から陣羽織の紋章で確認し、伊東悌次郎は身に着けていた木の名札が発見され、二人の自刃を知って弔った（『会津白虎隊のすべて』）。しかし、前述のように井深と伊東は戸ノ口原の戦闘で戦死したとも言われているので、これは謎である。

一方、戦後記録された「戦死者調書」によれば、飯盛山自刃は六人と記されている。

篠田のグループに至っては三人である。篠田は「**これから自分が指揮をする**」と意気がっては見たものの、率いた一九人の多くを失い、責任を感じ自刃に至ったのではなかろうか。行動を共にしたと思われる西川のグループにしろ弁天山に辿りついたのは三人であり、それぞれが戸ノ口原からの壊走の中で多くの隊士を失ったと思い絶望にいたったのだろう。飯盛山で二〇人が一斉に自刃に至ったという説よりこのほうが真相に思える。

戦場に忘れられた白虎寄合組隊（運命の日・慶応四年七月十八日）

高木八郎十六歳の証言（白虎寄合組隊一番隊）
――最強の白虎隊隊士が語る会津戦争

慶応四年三月、会津藩の軍制が変わって十六歳から十七歳までの者で白虎隊が編制された。上士の子弟の白虎士中隊、中士の白虎寄合組隊そして白虎足軽組隊だった。

ぼくは寄合組隊だった。寄合組は総員一六〇名を二分して、ぼくは白虎寄合組一番隊に配属された。それから仏式の軍事訓練が三の丸広場において始まった。

七月十二日
白虎寄合組隊に越後口関門警衛の命令が出た。
七月十五日

払暁、ぼくらは本三の丁の原早太隊長の屋敷に集合した。二番隊は太田小兵衛隊長の屋敷に集合した。会津の夏の朝は早い、払暁といっても早夜《はや》は明けていた。白虎寄合組隊の出陣を知って沿道は見送る人々でいっぱいだった。ぼくらはラッパ手の高らかな進軍ラッパにのって歩調を合わせて行進した。この夜は、河沼郡天谷村に宿陣した。

七月十六日

野沢駅泊まり。

七月十七日

一番隊が諏訪峠を越え赤谷口に着し、赤谷守備軍に合流した。

二番隊は阿賀野川を船で下り、下流の石間に陣した。

七月十八日

敵に接し、戦闘が始まった。若林八次郎が戦死した。

八月十四日

払暁、宝晶山の西軍へ攻撃が始まった。わが軍は奮戦し、西軍陣地を占領した。西軍は死傷者が多く、わが軍は追撃して、山の内の敵陣地を攻撃した。ところが西軍の大部隊が新発田領から来援し、わが軍が反対に苦境に陥り、赤谷口に退却した。西軍の追撃は止まず、わが軍は陣地を放棄して津川まで退いた。ぼくらは金毘羅堂の高地に胸壁を築いた。わが軍の各隊はぼくらの陣地の西側に陣し、また、阿賀野川の沿岸や堂並川をへだてて金城址に陣する隊もあった。そのとき石間口守備の部隊が来てともに散開した。わが軍は、この地を固守して敵の来襲を待った。

八月十五日
午前、西軍は大挙して川向こうの津の島村まで押し寄せてきた。わが軍は充分に敵をひきつけ、機を見て一斉に射撃した。敵は右往左往で散乱し、午後に至って退却していった。後には死傷者が数えきれないくらい残されていた。その後、西軍は諏訪峠の中ほどに大砲二門を据え付け、わが軍を砲撃してきた。この砲撃によって、一番隊藤森八太郎、高崎駒之助が戦死、樋口八太郎が負傷した。
八月二十四日
朝、東口（奥州街道）の西軍が石筵をへて猪苗代から若松城下を急襲し、城下が危機にさらされているという悲報があった。隊長は一番隊を召集すると引き揚げを命じた。
夕刻、ぼくらは津川の陣地を撤収した。
八月二十七日
船渡村に着し、村の高地の只見川舟場の上方に陣を構え、西軍の来襲に備えた。
八月二十八日
この日からまた戦闘が始まった。西軍は川向こうの高地に陣を築き、砲撃してきた。
八月二十九日
この日の戦闘で星八弥が敵弾を浴びて戦死した。
九月五日
城下を包囲していた敵の一団が後方に回って押し寄せてきたため、ぼくらの隊は挟撃せられた。

前後に敵を受け、混戦の中でぼくらは壊乱し、四散した。柳津村に向かった一団、田沢越えして喜多方の味方に合流した者もあったという。喜多方の部隊は熊倉の激戦で戦っている。ぼくは佐藤清七郎半隊長についていたがこのとき行動を共にしたのは一七人だった。それから窪村で一戦したが利あらず、喜多方に引き揚げた。この戦闘で岸彦三郎が戦死した。ぼくらは防戦しながら間道づたいに朝立村の山上に出た。ここで二番隊と一緒になった。山道を越え河沼郡鍛冶潟村に至り、さらに南下して中田村に宿した。

九月六日

下荒井村をへて大川を渡り、住吉川原を過ぎて入城した。このとき各方面からの帰還部隊が続々と入城していて、この日入城したのは四〇〇人だった。

入城するとぼくらは三の丸東土手の防備についた。

高木八郎の証言は、昭和元年刊の『新東北』に掲載された「会津白虎史」に八郎が寄稿した「会津白虎隊之覚書」によった。原文は九月四日から十四日に至る文が前後錯綜していて、ここでは整理して文章を順序立てている。証言は、個人の感情がうかがえる白虎士中隊の酒井峰治の証言に比べ淡々としていて、高木の胸中の葛藤はうかがいにくいが、わずか半日ほどの戸ノ口原の戦闘で壊乱した酒井の体験に比べ、七月十八日から戦場に出され、九月二十二日の会津藩降伏開城まで、夜は野に伏し戦闘に明け暮れ、明日の命も定かでない戦争の過酷さを精神的にも肉体的にもいやというほど叩き込まれた高木の体験談は、淡々としているがゆえに却って壮絶さを感じるのは筆者だけではないだろう。

高木が体験談を発表したこのころ、すでに会津白虎士中二番隊の飯盛山自刃は全国に知られ、軍部がその忠孝の精神を軍国日本の華として称えているときである。

高木の証言には、少年の身で御国のためにわが身を捨てて過酷な戦場を戦い抜いてきたその功績が忘れさられた白虎寄合組隊の無念ささえ感じられるのである。

白虎寄合組隊の無念

白虎士中二番隊の飯盛山での自刃に隠れ、会津戦争で最も犠牲者をだした白虎寄合組隊の悲劇が語られないのはどうしてだろうか。白虎寄合組隊は初めから会津戦争を戦い、多くの少年兵が戦死しているのである。ここにも会津の身分制度のいじましさが如実になっていないだろうか。福米沢悟氏は『白虎隊考』のなかで、「歴史に仮になどという言葉は通用しないのだが、もし仮に、集団自決をした白虎隊士の集団が、寄合組や足軽組たちの子弟であったならば、どうであったろうか。彼ら（上士）はこれらの組の子弟の集団自決に対して可哀相とは思うであろうが、顕彰を行ったり、その集団自決に対する責任者の追及などは、考えもしなかったであろう。恐らく寄合組や足軽組の子弟による集団自決の話を聞いたならば、彼らは一様に、なんとおろかな事をしたものだ。そんな事をするのならば、なぜ最期の最期まで戦い、一人でも多くの敵を殺さなかったのだと、死者に鞭打つ言動をしたに相違ないのである」と嘆いている。前述の中村彰彦氏は『白虎隊』の中で、「幕藩体制は身分制社会だから、会津藩が白虎寄合隊や白虎足軽隊より白虎士中隊を手厚く扱ったとしても、それはやむを得ない。しかし、その後の白虎隊研究も、このような流れを受け継いで士中隊に片寄りがちなのは、いささか残念である」としているが、同感である。

慶応四年七月十五日、白虎寄合組一番隊（九八人）と二番隊（六二人）に出陣の命令が下った。薩長を主体とする西軍が迫っている越後口の防衛だった。

鶴ヶ城北出丸に整列した寄合組隊は進軍ラッパの音も高らかに七日町を下り、越後街道を藩境へ向かった。町家の通りは出征を一目見ようとする黒山の人だかりで、緊張で頬を染めながら進軍する少年兵士に声援を送っていた。七月十七日、三日の行軍をへて白虎寄合組一番隊は越後街道八〇キロを行軍して、新発田藩に接する赤谷駅で先行部隊と合流し、着陣したのはこのような時期だった。二番隊は津川から阿賀野川を舟でくだり、会津領東蒲原郡石間村の関所に布陣した。だが、五月に始まった越後戦争は、新発田藩の裏切りで重大な局面を迎えていた。西軍は、不足していた武器弾薬などの補給や兵が増派され、地理に明るい新発田藩の嚮導で進撃が容易になってきたのである。

寄合組一番隊が守備についた赤谷は、その新発田藩領に接する最前線だった。

七月二十五日、長岡藩家老河井継之助は夜襲をかけ、奪われていた長岡城の奪還に成功した。しかし、この戦闘で自らも負傷し歩行不能となった。

七月二十八日、越後の展開を知って会津藩主松平容保が越後方面へ出陣した。

このとき容保は白虎士中一番隊を従えた。

八月一日、津川を目指した容保は野沢の本陣に入った。前日、二本松で戦況を一変させる大事件が起こっていたことを容保一行は知らなかった。七月二十九日（旧暦七月は二十九日まで）早朝、西軍が七千の大軍を率い二本松城を攻撃し、寡兵の二本松勢は玉砕、霞ヶ城が落城していたのである。西軍の侵攻を容易にしたのは、二十六日に西軍に寝返った三春藩の嚮導だった。このころ秋田藩の寝返りをはじめ、同盟軍から寝返りが相次ぎ列藩同盟は危機に瀕《ひん》していたことを会津藩はまだ知らなかった。同じ二十九日、河井が漸く奪還した長岡城が西軍に奪い返された。一方西軍に寝返った新発田藩は会津ののど元、新潟港へ進撃していた。会津への武器供給を断ち、西軍の海路からの上陸を容易にするためである。奥州街道からの守り二本松を押さえられ、越後の拠点、新潟を同時に失った会津に最大の危機が迫っていたことが野沢の本陣にいた容保にはまだ届いていなかった。

容保に従っていた白虎士中一番隊の永岡清治の回想録『旧夢会津白虎隊』によると、「本営の前庭を練兵場と定め、時々召集の命あり、隊中の旅舎を三箇所に分かち、毎夜、『靖献遺言』を輪講し、志気の涵養《かんよう》に培す。皆、書中の要所を傾聴し、『正気歌』『建寧《けんねい》の詩』のごときはこれを暗誦す」という具合に訓練や勉学に励んでいて、刻々と忍び寄る戦雲に気づかなかった。

士中一番隊が野沢の本陣で安穏としているころ、越後の最前線にいた白虎寄合組隊は実戦に入っていた。

寄合組隊の初陣と戦死

白虎隊で初めて実戦をしたのは石間村の関所の守備についていた寄合組二番隊である。

寄合組隊が配置された赤谷—石間を結ぶ南北の藩境は越後口から会津へ進撃する西軍を阻止する生命線だった。会津藩は、精鋭の朱雀士中四番隊、朱雀寄合組二番隊、砲兵隊、築城隊、結義隊、別楯寄合組隊など越後各地で戦っていた戦闘部隊を藩境の守備につかせていた。この中で、白虎寄合組二番隊は阿賀野川左岸にある戸数二〇戸あまりの左取村の西に胸壁を築き守っていた。戦闘が始まったのは八月十日の払暁だった。これから九月二十二日の降伏まで寄合組隊は戦争に明けくれる。

進撃してきた西軍は会津側の二倍あまり、武器の差から言えば五倍ほどに匹敵していた。

西軍のスナイドル銃の有効射程距離五〇〇メートル、命中率五二パーセントに比べ、会津軍が所持したゲーベル銃やヤーゲル銃は有効射程距離一〇〇メートル、命中率五パーセントほどでしかない。白虎士中二番隊の酒井峰治が残した『戊辰戦争実歴談』によると、**「常時、用ゆるところの砲はヤーゲルなるをもって、火門塞《ふさ》がりて弾を発するに苦しむ。皆言うヤーゲル砲（銃）は用をなさず」**という代物で、有効射程距離も短く、弾が敵まで飛ばない、的に当たらない、しかも発射ごとに銃身内部に残滓《ざんし》が付着し、やがてその残滓に塞がれて弾が飛び出さなくなるという代物だった。

会津側は西軍に比べ銃器が圧倒的に少ないうえに、数少ない銃器もあまり役に立たないものだった。このような貧弱な装備で敵を迎え撃つことになったが、それでも会津軍は奮戦している。

「村の上山へ登り応戦数刻、ときの砲兵、白虎の両隊、左取西胸壁を退き、村先にて防戦、七刻（午後四時）ごろ、予、山を下り砲兵隊を勉励せしめ、敵を追い返さんと、かつ進みかつ退き大いに奮戦す。歎ずべし、背水の地拠り難きをもって退陣せざるを得ず」

砲兵指揮官杉浦成忠が、その戦《いくさ》振りを『結草録』に残している。

一度は撃退した敵兵だったが、西軍が応援の兵を受け再来襲すると強力な銃撃にたまらず兵を退き、その後戦線は膠着《こうちゃく》し、十四日まで川を隔てて互いに砲撃の応酬に終始した。十五日になると赤谷口の会津軍が敗れ後退との連絡を受け、石間口にいた会津兵は東西からの挟撃を懸念して谷沢まで退いた。八月二十四日までは、津川一帯で戦闘が繰り返され両軍とも一進一退を繰り返していた。二番隊はこうして九月六日まで津川口から船渡で防衛戦に当たっていた。この左取の戦闘で初めて白虎隊に犠牲者が出た。

星勇八・十六歳　銃撃戦で被弾
小松八太郎・十六歳　戦闘で重傷を負いのち死亡
百瀬外次郎・十七歳　戦闘で重傷を追いのち死亡

一方、赤谷の守備についた白虎寄合組一番隊の初陣は八月十四日だった。

赤谷を守備する会津兵は上田伝次隊、遊撃隊三〇〇、力士隊五〇、地方士隊一〇、猟師隊五〇に白虎寄合組隊九八だった。赤谷守備隊は列藩同盟を寝返った新発田藩への攻撃を計画していた。この攻撃陣には白虎隊は赤谷の守備を言い渡されていて加わっていない。

少年たちの意気込みはともかく、兵力としては頼りないと思われていたらしい。

この日は夜半から雷雨となり、午前三時に本陣に集合した部隊もずぶぬれになっていた。

このとき赤谷に向かって進軍していた西軍も明け方の冷え込みに思わず焚き火を始めていた。この火を見つけた先行の会津遊撃隊は密かに西軍へ迫ると抜刀し突撃をかけた。

雨中の乱戦は会津側に利があったが、西軍は後方に退き、態勢を立て直すと得意の銃撃戦で攻勢にでた。接戦に強い会津軍も銃撃戦には弱かった。猟師隊の火縄銃はこの豪雨では用を成さず、間断なく放つ西軍の銃撃に対抗しようもなかった。圧倒的に火力の差が違うのである。会津遊撃隊組頭三宅小左衛門、力士隊組頭赤埴平八などの指揮官を失い豪雨の中を赤谷へ退いていった。この敗報を知り後方にいた寄合組一番隊が救援に出た。

『会津戊辰戦争』は一番隊の初陣を、「白虎隊は、榎平の敗報を聞き退いて本道に出づれば、西兵、八方山の傍より銃撃す。暫《しばら》く止まりて戦うといえども、遂に支えず火を綱木に放ち退く」と記している。

この初陣で白虎隊に戦死者が出た。佐々木新六郎・十六歳。

このあと一里半（六キロ）退いて新谷に防御戦を張ったこの部隊は翌日侵攻してきた西軍と激戦、新六郎の父、玄武寄合組の佐々木佐左衛門も戦死している。息子を看取った父は翌日息子の後を追うように戦死したことになる。戦争が烈しくなるにつれ会津軍にはこのような親子兄弟の死が相次ぐ悲劇が多く見られるようになっていった。

赤谷を奪われた会津軍は津川まで退いた。ここまでは優位に兵を進めてきた西軍も、阿賀野川河岸の狭隘《きょうあい》な渓谷を縫う街道では苦戦を強いられた。地理に優る会津軍は狭隘な街道に伏兵を置きゲリラ戦に出て西軍を悩ました。それでも火力と兵力で圧倒する西軍は、じりじりと会津兵を圧しながら八月二十日ごろ津川に至っている。だが、渡河ができなかった。会津兵が舟を押さえていたのである。ところが西軍の進撃を食い止めていた会津軍に激震が走った。八月二十一日、母成峠が敗れ、白河の西軍が大挙して城下に迫っているというのである。加えて海道組からは、「今日（二十三日）正午頃より、若松の方位に当たりて雷雲の覆うがごときを見るは、即ち敵兵城下に侵入し、市街兵火に罹《かか》りしならん」と一刻も猶予ならない驚愕するような悲報が届いたのである。陣将上田学太輔は苦渋の末、城下防衛のために越後口防衛隊全軍へ撤退を発した。攻撃より退却のほうが難しい。この撤退戦で多くの白虎隊員が戦死している。とくに津川で一番隊と二番隊が合流し共に戦っていて、西軍が放つ砲撃にやられて亡くなった少年たちも多い。

白虎一番寄合組隊（中士）・九八名　戦死一四名

高橋重郎	東蒲原郡八木山	慶応四年八月二十四日	戦死
保志清治	東蒲原郡八木山	慶応四年八月二十五日	戦死
三沢辰太郎	河沼郡船渡	慶応四年八月二十九日	戦史
遠藤嘉龍二	耶麻郡熊倉	慶応四年九月十一日	戦死
池田勇太郎	北会津郡門田村一ノ堰	慶応四年九月十五日	戦死
樋口勇次郎	北会津郡門田村一ノ堰	慶応四年九月十五日	戦死
佐々木新六郎	北会津郡門田村一ノ堰	月日不詳	戦死
江川次郎八	北会津郡門田村面川	慶応四年九月十五日	戦死
木村次郎	北会津郡門田村面川	慶応四年九月十五日	戦死
好川滝三郎	北会津郡門田村面川	慶応四年九月十五日	戦死
鈴木五郎	北会津郡大戸村雨屋	慶応四年十一月	戦死
岸彦三郎	河沼郡高等村岸	慶応四年九月五日	戦死

若林八次郎　北会津郡門田村一ノ堰　慶応四年九月十五日　戦死
黒河内八十記　河沼郡船渡　月日不詳　戦死

白虎寄合組二番隊（中士）・六二名　戦死七名

星　勇八　東蒲原郡左取　慶応四年八月十日　戦死
百瀬外次郎　東蒲原郡左取　慶応四年八月十日　戦死
小松八太郎　東蒲原郡石間　慶応四年八月十二日　戦死
鈴木平助　河沼郡朝立　慶応四年九月一日　戦死
山本太郎　河沼郡朝立　月日不詳　戦死
青山重之進　若松・小田垣　慶応四年九月十四日　戦死
安恵助三郎　若松・小田垣　慶応四年九月十四日　戦死

戦死者のほとんどが八月二十四日から九月十五日に集中し、津川から若松城下への退却戦での戦死だということがわかる。いかにこの戦争が烈しく、また退却が困難であったかを思わせる。

一番、二番の合併白虎寄合組隊は九月五日ごろまで船渡にいたが、若松からは殷々とした砲声が聞こえ、焦らずにいられなかった。船渡から越後街道を若松城下へ至るには、鐘撞堂峠―塔寺―坂下―高久―若松と続く。既に母成峠から滝沢峠をへて若松城下に入っていた西軍は、鶴ヶ城の包囲作戦を敢行するために越後街道からの山県有朋が率いる西軍、日光口からの援兵を待っていた。日光口は会津の山川軍に押さえられ、西軍の来襲の気配はなかった。
西方、越後口方面からは時折遠雷のような砲声が殷々と聞こえてくるが、山県軍は一向に到着しなかった。斥候を出すと山県軍は船渡で会津軍に釘付けにされているという。

さらに、津川にいた上田部隊の北上を知って、西軍は鶴ヶ城包囲の兵の一部を坂下から船渡に向わせた。津川から追撃する西軍と船渡にいる部隊を挟撃するつもりである。

帰城を急ぐ上田隊の先鋒は若松から一里（四キロ）ほどの高久に至っていたが、ここで家老萱野権兵衛の部隊と遭遇した。しかし、萱野は、「城中はすでに各方面より引き揚げた兵でひとまず足りる。それゆえ津川口防衛軍は、その敵を会津平野に入れざるよう極力防戦すべし」と厳命した。只見川を防衛線として渡河を許すなという命令である。

このとき、越後口各地から集結した会津部隊は、朱雀士中四番隊、朱雀寄合組二番隊、清龍士中三番隊、結義隊、純義隊に白虎寄合組隊が加わり、兵力一〇〇〇を超える大部隊である。白虎寄合組二番隊も石間村の守備についたころと異なり、幾多の戦場をへて今では立派な戦力に成長していた。上田はこれらの部隊を率い只見川沿岸に戻り、西軍の渡河を制止するため北は山都から南は三島まで十数キロに渡る防衛線を引いた。

その中で山県軍が進撃してくる越後街道の船渡が越後口戦最後の天王山となった。

このころ、若松では母成峠から侵攻してきた西軍に加え、奥州街道からの西軍が若松城下に侵攻し、着々と包囲網を築き、会津兵は籠城戦に入っていた。一般に籠城戦では攻め手側は籠城側の三倍の兵力を要するといわれている。まして難攻不落といわれた鶴ヶ城である。兵の増派を急いだが、さすがに天下の名城といわれた堅城鶴ヶ城は容易に落ちなかった。

鶴ヶ城に危機が迫っていたこのとき、越後口の会津軍は西軍の渡河を許すまいと上田学太輔、諏訪伊助、上田八郎右衛門を陣将に、防衛線を死守していた。その中で白虎寄合組隊は、旧幕軍の純義隊、会津の遊義隊と共に西軍主力が渡河してくると思われる越後街道船渡の防衛を命じられた。八月二十七日から始まった船渡決戦の膠着に業を煮やした西軍は、砲撃戦で会津軍を船渡に留めるとともに、兵の一部を迂回させ阿賀野川・野尻の対岸の柴崎に渡河して山を越え、会津北盆地を制して南進して若松に至る作戦を敢行した。

このとき、この方面の会津防衛軍には町野主水の朱雀士中四番隊、西郷刑部の朱雀寄合二番組隊、母成峠を撤収してきた大鳥圭介の伝習隊がいた。ところが母成峠の敗因が西軍の城下侵攻を許したと怒る会津兵は、大鳥軍への食料や弾薬など兵站を拒否、連戦で兵力を消耗していた大鳥軍が憤然として戦線を離脱するという最悪な事件が起きていた。

船度の戦闘は川を挟んで砲撃戦が十日に及んだ。ところが若松から進撃してきた西軍に背後から攻撃されるに及んで、挟撃を恐れた船渡防衛軍は涙を呑んで防衛陣地を放棄しなければならなかった。

この撤退戦のさなか白虎寄合組隊は二手に分かれている。

寄合組一番隊の半隊長佐藤清七郎が率いる隊と二番隊中隊長太田小兵衛率いる隊が他の会津部隊四百余とともに朝立村から中田、住吉河原をへて城下へ向かい、運良く入城して三の丸東土手の守備についている。この佐藤・大田隊は三の丸から城外へ出撃し、西軍と接戦を繰り広げ、一番隊の半隊長佐藤清七郎、二番隊の青山重之進十七歳、安恵助三郎十六歳がこの突撃で戦死した。寄合組一番隊中隊頭原早太が率いる残りの一番隊は上田部隊と行動を共にして喜多方へ向かった。

歴戦の寄合組隊は、のちに白虎最強の部隊と賞されるようになる。

九月七日ごろから船渡を撤退してきた白虎寄合組一番隊、旧幕軍の純義隊が熊倉に馳せ参じ、十日には高久から萱野権兵衛、上田学太輔の部隊が駆けつけたが、それでも兵は六〇〇人ほどにしかならなかった。平地戦で不利な戦いを強いられた会津軍は喜多方の東の台地・熊倉に防衛線を張り、西軍を迎え撃った。相次ぐ連勝に意気揚々とする西軍が北山道と熊倉道の二道を東進してきたとき、待ち構えていた会津軍の火砲が一斉に火を噴いた。

仰天して喜多方方面へ退散する西軍に会津兵が一斉に抜刀して斬りかかった。

追い詰められた越後口会津軍が愁眉を飾った会心の勝利だった。喜多方を制した会津軍だったが、米沢口から土佐藩兵を主力とする新たな新政府軍が南下中との情報を得た萱野・上田兵団は熊倉戦での勝利を胸に塩川を発し、大川を渡って対岸の一ノ堰に対陣した。

一方、若松城下では船渡を制した山県の西軍が城下に入り、包囲軍に加わっていた。

鶴ヶ城はすでに東西及び北部を固められていて、山県軍の到着で南側の包囲態勢が整った。南側を押さえられれば鶴ヶ城は東西南北を完全に包囲されることになる。攻めあぐねた西軍は九月に入ると攻撃を砲撃に切り替えた。もうひと月もすれば会津は降雪に覆われる。降雪が一丈にもなる会津では兵も砲も雪に覆われ身動きすら困難になる。南国育ちの西軍は雪を知らないので降雪を恐れた。降雪の前に決着をつけなければならなかった。

九月十四日、西軍は鶴ヶ城を望む山に大砲を並べると一斉に砲撃を始めた。

一昼夜にして二五〇〇発を超えたというから凄まじい。約三〇秒に一発の割合で砲弾が昼夜を問わず襲うのだから、城内ではそれこそ身動きもできなかったのではないだろうか。

北・東西から五〇門の砲による一斉砲撃は、籠城する会津側を北・東西にひきつけ、南側市街を制圧する作戦だった。作戦には南から入ってきた日光口からの西軍が当たり、城の南西側、融通寺口・花畑口小田垣口などを制圧、続いて城への会津軍の兵站ルートを断つため、城南の郊外に布陣した会津軍の掃討に打って出た。これを知った会津軍の萱野・上田兵団は鶴ヶ城への兵站ルートを回復すべく背水の陣で決戦を挑んだ。

諸将から激賞され上士に昇進した白虎寄合組隊

九月十五日、若松西郊を流れる阿賀野川の東岸一ノ堰村で西軍と激突した。

西軍は砂土原兵と小倉兵の九州勢だったが、寡兵とみて薩長兵にくわえ宇都宮兵を投入、大軍が激突する会津戦争有数の白兵戦となった。この一戦では会津側が大勝利を得たが健闘した白虎隊にも犠牲者が出た。隊長の中隊長原早太、若林八次郎十六歳、鈴木五郎十六歳、樋口勇次郎十六歳、好川滝三郎十六歳、池田勇太郎十七歳である。

隊長をこの戦いで失った一番隊の隊長は中隊長代役の望月辰太郎が受けついだ。

戦闘に敗れ一旦兵を退いた西軍が翌朝、新手を率い攻撃をかけてきた。望月率いる白虎寄合組一番隊も前線に進撃した。前日の戦いで弾薬を費やした隊もあって兵站が弱い会津軍は苦戦したが、死力を尽くして西軍を押し返し、この平原会戦でも大勝利を収めた。

とくに白虎隊の活躍は目覚ましく、『会津戊辰戦史』にもその奮闘が記されている。

「陣将諏訪は望月に令して大川河原に出て戦わしむ。白虎隊は弾丸雨のごとく下るを事ともせず、皆敏捷《びんしょう》に行動してよく射撃し、望月以下の将校もまた決死して戦う。

望月以為らく、雨屋村薬師寺近傍より射撃せしむるにしかずと、山路を登り中腹に至りて瞰望《かんぼう》すれば、西兵、雨屋村の前方に進み頻りに射撃す。白虎隊半隊頭原四郎八（早太）、七連発の後装銃を執って俯撃《ふげき》し兵もまた連発す。この地遮蔽《しゃへい》物なく弾丸脚下に達す。我が兵望見し喊声《かんせい》を発して益々猛撃しまた数人斃《たお》す。朱雀寄合二番隊・大沢結義隊もまた山上に上りて白虎隊を援く。西軍遂に敗走す」

「しかし、大勝利を勝ち取った会津兵も抵抗はそこまでであった。兵力も減耗し刀折れ矢尽き、終わりを飾った勝利を胸に十七日夕方、大川を隔てた雨屋の対岸・福永に粛々《しゅくしゅく》と撤退した」

と相次ぐ激戦に疲弊した会津兵のさまを『会津白虎隊のすべて』に永畑敬之助氏が描いている。

大勝利の陰で犠牲も大きかった。

この戦闘で白虎寄合組一番隊は、木村次郎十七歳、江川次郎八 十七歳を失っている。それにしても、この二カ月前の赤谷での初陣では、「白虎隊は、榎平の敗報を聞き、退いて本道に出づれば、西兵、八方山の傍らより銃撃す。暫く止まりて戦うといえども、遂に支えず赤谷に退く」というありさまだったので白虎寄合組隊の逞しい成長ぶりがまぶしいばかりである。七月十八日に赤谷の守備についたころは戦士としては頼りなく、補助兵ほどにしか認められていなかった白虎寄合組一番隊だったが、わずか二カ月の間に、津川口、船渡、熊倉村、一ノ堰と転戦しながら西軍との戦争を重ね、多くの隊士の戦死を乗り越えて、今では大人の兵士も一目置くほどの戦士に成長していた。原早太の後を

引き継いだ望月辰太郎もその指揮が認められ、

「白虎隊今日の戦功は、その指揮宜しきを得たるによる」

と、陣将上田学太輔、諏訪伊助から諸将がいならぶ戦勝祝いの場で激賞されたと『会津戊辰戦史』に記されている。

九月十八日、白虎寄合組一番隊八四人はこの軍功によって、近習一ノ寄合席に昇進を受け上士となり、白虎士中二番隊と改称される栄誉を受けた。

これは、従前の白虎士中一番隊、二番隊がすでに合併隊となっており、合併隊を一番隊と呼び、上士に昇進した寄合組隊を士中二番隊に昇格させたのである。

慶応四年九月二十二日の会津藩降伏開城、五日前のことだった。敗戦の悲劇に終始する会津戦争の中で、最後まで戦士として戦い勝利を収め、会津戦史に燦然と輝く白虎寄合組隊の功績こそ、もっと顕彰されるべきではないだろうか。

白虎士中隊と白虎寄合組隊とはどう違うのだろう

会津藩のエリート士中隊と一般兵士の寄合組隊

戊辰戦争百三十年を記念して編纂された『会津白虎隊のすべて』という著書の中で、襲田健氏の「会津藩の教育と白虎隊」は、「慶応四年（一八六八）八月二十三日、飯盛山で集団自決を遂げた白虎隊士中二番隊士はいずれも、幼いころから会津藩を背負って立つべき人材として厳しく訓育された上級藩士の子弟である」と記している。つまり、士中隊は会津藩と軍のエリートであり、白虎隊でも寄合組隊は少年でも一般兵士扱いで、初めから使い捨てだったことがわかる。幼時から学ぶ学校も違っていて、士中隊は上士が学ぶ日新館、寄合組隊は中士以下が学ぶ南・北館学校だった。住む場所も異なり、両者にはまったく交流がない。中士以下の南・北館の生徒は上士の日新館の生徒に出会えば、道を譲ったり、土下座で挨拶せねばならないほど身分の差があった。だが、これは封建制のこの時代、どの藩でもあったことで会津藩が特別だったわけではない。のちに明治政府の英国大使などを歴任した会津藩出身の林権助は『わが七十年を語る』のなかで「日新館と云ふのは、非常に規律の立った学校だった」と述懐している。その厳しい学校教育に加え、会津藩の子弟教育には「什の掟」があり、六歳ごろから十七歳ごろまで什仲間で過ごし、長幼の規律を厳しく叩き込まれた。その「什の掟」が左記である。

一、年長者の言うことを聴かねばなりませぬ
二、年長者にはお辞儀をしなければなりませぬ
三、虚言を言うことはなりませぬ
四、卑怯な振舞いをしてはなりませぬ
五、弱いものをいぢめてはなりませぬ
六、戸外でものを食べてはなりませぬ

七、戸外で婦人と話してはなりませぬ
八、ならぬことはならぬものです

とくに最後の「ならぬことはならぬものです」という掟が、会津藩士を律した教えとして有名であり、会津藩の悲劇を生んだ習いとして指摘されている。

だが、これは本当に守られていたのだろうか。

白虎士中二番隊の死の彷徨について、資料を見聞するたびに思うことである。

例えば、ヤーゲル銃の性能の悪さに閉口した士中二番隊の面々が、武具役人に「別銃」の貸与を願い出たとき、武具役人は「他には御備銃在るのみ、これを渡すは不可なり」と言ったところ、「無用の銃を携えて戦に赴けと令する者何人ぞ、宜しく殺戮《さつりく》して余らも自殺せん」と武具役人を脅して「別銃」を受け取ることに成功したと隊士の酒井峰治が残している。恐らく武具役人は上士の彼らより身分が低く、脅せば言い分が通ると思ったのだろう。ここでは「弱い者をいじめ」「ならぬことをなし」ている。

『会津白虎隊のすべて』では、「我々は士中であり、主君の護衛として出陣するのだという気負いが感じ取れるが、立場が逆であったら手討ちにされかねない」と指摘している。

薩摩藩の「慶応出軍戦状」に、八月二十三日「払暁、賊潜《ひそか》に戸ノ原近く寄来、三番隊並長士の兵と合し接戦、賊敗走、逃《にげ》るを追ふ」とあるが、これは、嚮導の篠田儀三郎が日向隊長の命令を無視して勝手に出撃し、敵に打撃を与えるどころか反撃にあい敗走したもので、その敗走の果てが飯盛山だった。ここでも軍規に違反して「ならぬものをなし」ている。白虎士中二番隊は、意気がりだけ強く手に負えない生意気盛りの少年たちだったらしく、武士としての謙虚さなどひとかけらもなかったようだ。

白虎士中二番隊三七名を率いる隊長は七〇〇石の日向内記で、日光口守備で今市戦を旧幕兵と共に戦ったつわものだった。小隊長は水野祐之進、山内弘人、半隊長は佐藤駒之進、原田克吉で、少年隊とはいえ次代を担うエリートたちであり、ベテランを嚮導に配したといえる。二十二日夜、戸ノ口原で野営の際、食料の携行がなかった士中隊は中隊長日向内記から、食料を調達してくるまで待機するよう命じられたが、内記の戻りが遅いと勝手に動き始める。これが悲劇の原因となる。『会津白虎隊のすべて』は、この行動を責めている。

「日向隊長が居らず途方にくれた……というが、封建秩序のなかに育った人々にとっては、席次でいえば家老の次に位置するほど、身分の高い士中隊の隊長が、一般隊士と野営しなかったからといっても、こうして命令が届く限り不自然と感じなかったはずである。

この当時、明治からの帝国陸軍のように『中隊長率先』と言った思想はない。むしろ席次の高い者が安全な場所にいるこそ『封建制度』を象徴する行為であろう」

隊長が一昼夜ほど戻らなくとも不自然ではないとするのである。

だが、隊の嚮導の篠田儀三郎十七歳が、「腰ぬけ隊長何の狗《いぬ》や、われは嚮導の首席なるをもって、代わりて隊長の任務をとらん」といって日向隊長の命に背いた。

くわえて実戦経験もない少年が戦場で勝手な行動をすることがどういう意味かわかっていなかっ

たらしいのだ。ところで、篠田儀三郎といえば、友人と蛍狩りに行こうと約束し、その夜は豪雨になり、蛍狩りなど到底できる夜ではなかったが、約束は約束だと律儀に守ってずぶぬれになりながら友人の家を訪れたという逸話が残るほど、愚直に約束や言いつけを守ることで知られていたはずである。その彼が安易に隊長の命令をくつがえしているが、これは一体どうしたことであろうか。愚直とされた篠田が、隊長の命令を無視してとった行動こそ責められるべきなのだ。また、そののち彷徨の途中、追いついてきた山内弘人小隊長に、「敵は衆にして、我は寡兵なれば、いたずらに犬死なさんより我に従い、一旦敵を避け後図をなすべし」と軽挙を戒《いまし》められると、隊士の石山虎之助が、「小隊長にして猶《ゆう》よく腰を抜かさるるか」となじったというのである。ここでも「年長者の言うことを聴かねばなりませぬ」という「什の掟」が守られていない。それでも山内は怒りを抑えて、「勝敗の機を見ずして進みて死するは、小児の了見に過ぎず。宜しく予が指揮に従いて来るべし」と諭したが、彼らは「ならぬことはならぬものです」という「什の掟」を犯して、山内を無視して従おうとせずに勝手に行動して道に迷い、死への道を辿ることになった。

彼らは長幼の規律どころか、軍隊にとって一番重要な命令に従うことも無視している。さらに、野村駒四郎など、山内の指揮に従わず、それどころか山内のウィンチェスター銃を奪い取って撃ちまくったというが、戦闘中とはいえ、傍若無人な行いとしかいえない。

野村自身は新式馬上銃を投げ捨て身軽になって潰走していたのだろう。農兵の遠藤平太は川に落とした銃を「鉄砲は兵士の命である、捜せ」といわれ、父親と共に川に潜って捜している。これは訓練中のことだが、教官の幕府陸軍の沼間は身分を隔てず兵士として扱ったが、白虎士中隊士は、寄合組隊士、足軽隊士とは身分が違い一緒に訓練できないと反発したというのである。戸ノ口原でも身分下の敢死隊との合同防備を拒否するほど驕慢だった。

星亮一氏はその著書で会津藩は軍制改革にあたっても「身分や格式にうるさかった。薩摩や長州と決定的に違う部分である」と障害になったことを指摘している。

白虎士中隊士が会津藩の危機を真に理解し、国を守るために真剣に兵務に励んでいたとはとても思われないことばかりで、士中二番隊士には幼時から身に叩き込んでいたはずの「ならぬことはならぬ」という会津藩の家訓がどこにもうかがえないのである。

籠城で初めて実戦を経験した士中一番隊

慶応四年八月二十三日朝、若松城下に早鐘が響いた。

滝沢本陣から戻り隊長春日和泉の屋敷に控えていた一番隊に、滝沢に至りて老公を迎え守りて帰城すべしとの命令が下った。このときすでに戸ノ口原で大敗した会津軍と共に二番隊が敗走していることを知らなった。一同直ちに出動し、甲賀町通りを北進したところ本五ノ丁で、疾駆してくる容保一行に出会った。道脇に控える一番隊に老公は、「敵が数百歩の後ろに迫っている。我に従うことはないので、甲賀町郭門に拠って死守せよ」と叫んで駆け去った。前方を見るとみるみるうちに兵が溢《あふ》れ、時をおかずに銃撃の音が聞こえた。

あっと思う間もなく辺りに被弾がしきりになった。駆け抜けた容保も愛馬が被弾し、転げ落ち、その後は銃撃を避けながら徒歩で帰城するありさまだった。

この朝、容保は強清水の会津軍を激励するつもりだったが、滝沢本陣を出たところで滝沢峠から敗走してくる会津軍に出会い、そのまま馬首を返して城内に引き揚げることになった。すでに敵弾が頭上を掠めるほどに切迫していて、城下に入ったころは西軍の追撃をようやくかわしたところだった。いきなり戦場と化した町並みに、あわてて散開した白虎隊が直ちに応射したが、五、六発も射撃しないうちに敵は甲賀町郭門を破って突入し、直ぐ隣の六日町郭門からも敵が侵入してきた。こうなると戦うより逃げるのに必死だった。

このとき一番隊は、春日隊長以下、小隊長中村・柴、半隊長簗瀬・生田、隊士三七人に弾薬など兵站を担う役夫を入れ、五十余名の部隊だった。一番隊は西軍の追撃を避け、六日町から鳥居町へ移行中、後方から銃撃を受け、佐久間直記、西村四郎の二人を失った。

とっさに通りの両側に分かれた一番隊は、春日隊長、柴小隊長、簗瀬半隊長の一隊と中村小隊長、生田半隊長の隊に分かれ退却した。春日隊長の一隊は直ぐに三の丸へ帰城できたが、北側の八角神社に逃れた中村隊一三名は、途中で半隊長の生田ともはぐれ、帰城も叶わないまま慶山をへて愛宕山に至った。山頂から見下ろすと、すでに城下のあちこちから黒煙や火炎が立ち上り、お城の落城も間近に思えた。ほんの一刻前までは美しい甍の波が続き、穏やかな朝が始まったばかりだった。戦争の非情な現実を知って一同呆然として崩れるように座り込むと、そのうち誰からとなくもはやこれまでと自刃することになったという。飯盛山自刃を髣髴《ほうふつ》とさせる状況である。だが、一行に追いついた春日隊長の若党に諌められ、自刃を思い止まった。まるで敢死隊員に諭された二番隊の原田隊の所業である。

非常時とはいえ、彼らが日頃さげすんでいた身分下の若党に軽率な行動をたしなめられるなど上士としての威厳も何もなかった。

その後は敵を避け迂回して山を下り、二日後の二十五日に無事帰城を果した。

このように白虎士中一番隊も二番隊も、戦士としてなにほどの働きをすることもなかった。先に記した二本松少年隊の幼い少年兵や新選組の少年兵など、十三、四歳の少年が一人で食べ物もない山中を何日も彷徨して、母成峠の戦闘にも参戦していたことに比べると、すでに大人として遇される身でありながら、白虎士中隊の行き当たりばったりな行動が当時の武士たちに認められなかったことはうなずける。

白虎士中一番隊（上士）戦死三名

佐久間直記　城中鳥居町　慶応四年八月二十三日　被弾
西村四郎　城中鳥居町　慶応四年八月二十三日　被弾

こののち白虎士中隊は、戸ノ口原から生還した二番隊と一番隊が合併して、合併一番隊となったが、合併隊に犠牲者は出ていない（酒井峰治も帰城後、同隊に復帰）。

坂井源吾　城中　慶応四年九月十五日　被弾

坂井源吾は九月十四日から始まった西軍の総攻撃で被弾した。「この日、**西軍数万孤城を包囲し、一斉に速射した。石榴弾は楼櫓殿閣に当たって破裂し、轟然天地を振動し、ほとんど人語を弁ぜず。死傷算無く城中火屢々起り、天守閣破壊して登ること能わざるにいたる**」という。三日間にわたって一日二五〇〇発の砲弾が撃ち込まれたときだった。

白虎隊の陰に隠された会津の無名の少年兵

井深梶之助十五歳の証言（戊辰の正月、父に内緒で出陣）

戊辰の年、ぼくは数えの十五で、藩の政治のことなどや事情はまったく知らなかった。この春、軍制が変わり、十六歳から十七歳の少年たちの白虎隊ができた。このとき背が高かった少年たちのなかには年齢をごまかして入隊できた者もあったが、元来背が低かったぼくは入隊できなかった。実は、ぼくの父宅衛門は日新館の教授で、正月三日、君命で日新館生徒からなる諸生隊（第二遊撃隊）八〇名を率いて越後へ出張していった（この日、鳥羽伏見で戦争があったことなど知る由もない）。ぼくは父に、随行をお願いしたが聞き入れられなかった。ところが、その後、親類の中沢さまが、また一隊を率いて越後に出張されることになり、願い出て許された。ぼくは急ぎ旅装を整えると、叔父の井深恒五郎が新選組局長の近藤勇さまから贈られた六連発銃を手に大得意で出発しました。

出張先は越後蒲原郡酒屋というところで、会津の陣屋があり、そこで父に会いました。父は苦い顔をしていましたが、追い返すわけにもいかなかったとみえて、何もいいませんでした。まだ戦争が始まる前で、阿賀野川の河原で毎日、調練をやっていました。

ぼくは調練に加わらなかったので、ときには父について加茂、三嶋、弥彦山などの偵察に廻ったりしました。

三月七日

敵が信濃国境に迫ったという情報があり、遊撃隊は小千谷へ進軍しました。

敵はまだ差し迫っていませんでしたので、小池武八師範の号令で信濃川の河原で調練が続いていました。父の任務は探索方のまとめ役で、敵地に放った探索方の情報を聞き取り、長岡藩やその他の諸藩の使節に応対し、わが藩の公用人と諸藩との交渉連絡の打ち合わせなど、毎日多忙のようだった。藩からは北原半助さま、長岡藩から花輪某氏が頻繁《ひんぱん》に来ていました。兎角《とかく》するうちに、いよいよ敵が高田方面と三国峠方面に襲来してきたという報告があり、父は本隊を挙げて小出島まで進軍することにしました。

閏四月二十六日

いよいよ戦争です。それぞれ覚悟の用意をしました。父の荷物は具足櫃《ひつ》などと一緒に西脇家に托し、武器だけを持って出陣しました。ぼくは大小を腰に佩き、連発銃を肩に進軍しました。兵のなかには三バンドの剣付きゲーベル銃に槍まで持っている者もいましたが、行軍中に重くなったといって、銃は人足に担がせ、槍を手にしている人もありました。

夕方、町外れの橋を渡って小出島の町に着き、陣屋に入りました。この夜、父は遅くまで地図を開いて組頭の茂原半兵衛さまらと軍議を凝らしていたようです。

四月二十七日

未明に呼び起こされ、それ開戦だというので、ぼくは飛び起きると急いで軍備を整え、父について敵軍に対する防御陣地の町の入り口に向かいました。そこには四斤野砲が備え付けられていましたが、砲兵がいません。そうしている間に前方から、一人の背の高い兵士が抜刀したまま肩から鮮血を流しながら、「敵はそこへ来た、そこへ来た」と叫びながら走ってきました。入江唯一郎さまでした。

それっというちにも敵が打ち出す弾丸が飛来し、その硝煙も見えるようになりました。

ぼくたちは町の入り口の土手に散開して応戦しました。敵兵は見えませんでしたが、ぼくは連発銃で敵の撃ち出す硝煙をめがけて応戦しました。自分の手持ちの弾丸を撃ちつくしたくらい激戦でしたが、その時間はどのくらいだったか覚えていません。

このとき敵にも大砲がなく、ただ小銃の撃ち合いになりました。しかし、町野さまの隊が向かった佐梨川の方向からは盛んに大砲の音がしていました。撃ち合っている間に、いつの間にか敵は迂回して、わが軍の左側から攻撃を始め、また町に侵入して民家に火を放ったので、ぼくらは包囲されそうになりました。ふと気づくと父とはぐれ、父がどこにいるのかわからなくなりましたが、偶然、組頭の池上さまが負傷して槍にもたれているのに出会いました。前線からは五、六人ばかりずつ兵たちが、敵が側面から撃ち出す弾を避けながら引き揚げてきました。そのとき側面から敵兵の一人が白刃をかざして襲ってきました。ただ敵はなんと考えたのか往来を直進せずに、町家の陰から現れ、その町家と往来の境にある生け垣の間を突進してきました。そこには山崎尚三郎さまが槍を手にしていて、突進して来た敵に立ち向かい「イヤー」と叫びました。まるで話に聞く昔の戦場の一騎打ちのような場面でした。ぼくは生け垣の外に立っていたので、二人が相結ばんとする刹那《せつな》、思わずズドンと放ったら、敵はグニャッと倒れてしまいました。昔の戦場なら、山崎さまがすばやく止めを刺して首級をあげるところでしょうが、側面からは敵弾がヒューヒュー飛んで来る。火勢はますます盛んになって退却する活路も危ういというときで、負傷者を援けながら退いていくのがやっとでした。

このときのことで鮮やかに眼底に残っているのは、秋月新九郎さまが左腕を負傷して、路傍の小川で口に水を含んでは傷口を洗っていた光景です。

それにしてもぼくはこの朝、叩き起こされ、朝飯も食わずに戦闘となり、それから引き揚げてきたのでくたびれ果てて歩けなくなってしまった。それで人足に頼んで、もっこで担がれて六十里越えのふもとまでようやく辿り着いたときは日暮れだった。

負け戦の悲惨さは言うに言われず、敗残兵には統制も命令もいきとどかず、いわゆる「風声鶴《かく》唳《れい》に驚く」というやつで、兵はみな臆病神にとりつかれていて、敵の追撃を恐れ暗闇のなか先を争って山坂を登り始めました。

ぼくも追われるように無我夢中になって手探りで登っていきましたが、そのうち暗闇の中で疲れ果て、途中で倒れてそのまま眠り込んでしまいました。

四月二十八日

朝、目覚めてみると上天気で、辺りは静かで誰もいなかった。それでも疲れた脚を引き摺りながら峠の方へ登っていくと、路傍のあちらこちらに眠り込んだ兵を見た。

それにしても空腹でどうしようもないと思っていると、握り飯をかじりながら峠を降りてくる兵士に出会った。そこで平身低頭して握り飯を半分わけてもらいやっと人心地がついた。握り飯には梅干しが一粒入っていただけだったが、へその緒を切って以来、こんなおいしいものを食べたことはないと思ったほどだった。おかげで元気を取り戻し、六十里越えを越えて、ふもとの村まで着いたところで、父に再会することができました。

父はぼくと戦場ではぐれ、その後、姿を見ないので戦死も覚悟したということでした。

五月一日

組頭の茂原半兵衛さまが戦況報告のために若松まで戻られることになり、ぼくは家に戻るように父から言われ、父と別れて家に戻りました。

家に帰ってみるとわずか三カ月ばかりの間に若松の状態はすっかり変わっていました。日新館はまったく休講の状態で、講釈所は病室に変じ、越後やその他から収容された負傷兵でいっぱいでした。ぼくは父の隊の傷病者を父に代わって慰問しました。

城内の三の丸では仏式訓練をやっていましたが、十八歳以上の者はすでに国境防備に出陣していて、十六、七歳の白虎隊は別に編制されていたので、十五歳以下で訓練に出る者がいず、一小隊を編制することもできませんでした。そこで縄訓練という方法で、二人が縄の両端を持ち、その間に一〇名くらいの兵がいるものと思って、進退したものでした。

そういうわけで発火演習や実弾訓練はなく、ぼくは友達と連れ立って小田山や滝沢村の射的場に行って実弾射撃をしたものでした。
こんな具合にしている間に、盛夏のときは過ぎさり、残暑というよりむしろ秋風の吹き始めるころとなりました。その間にも聞こえてくるのは味方に不利な情報ばかりで、城下の人心は兢々《きょうきょう》として、何事にも手がつかないありさまでした。

八月二十一日

近所の高橋新吾、河野保太郎と一緒に大野原の初茸狩りに行きました。滝沢峠の茶屋で一休みしていると、白河方面から帰ってきた旅人らしい者がいたので、白河の状況を聞いてみると、その旅人が言うには、味方は大敗北で敵軍はずんずんこっちへ向かっている、君たちも一刻も早く家に帰ったほうがよいぞということでした。
三人ともびっくりしました。それからほとんど駆け足で家に戻ると敵襲を告げました。母はこのときのことを「お前は熊息で（息を切って）帰ってきた」と申します。ふだんなら滅多のことを申すでないと叱られたと思いますが、このころ味方の不利はすでに伝わっており、この日家族は何事も手につかず、ただただ、不安な夜を過ごしました。

八月二十二日

明け方、家並みの御触れが参りました。十五歳以上六十歳以下の男子はみなそれぞれ武装を整え、直ちに御三の丸へ登城せよという命令でした。ぼくの家は大家族でしたが、父はすでに越後に出陣し、叔父の恒五郎は白河に、やはり叔父の為治は二本松に、爺さまたちは弾薬製作方につめていて、十五歳以上の男子といえばぼくだけだった。

父の出陣以来、ぼくの今日あることを予想して母が洋装の軍服を注文していたが、それが届いていなかったので、何度も督促してようやく届いた軍服を着て、軍帽を被りましたが髷《まげ》が邪魔でうまく被れません。そこでままよとばかりに髷を切ってしまいました。

洋服の上に帯を巻き、大小を佩いて、母や弟妹に出陣を告げ、小銃は仲間《ちゅうげん》に持たせ、ぼくは小型の鎌槍を手にして御三の丸へ急ぎました。

御三の丸では召集で集まった十数名の人たちが何することなく呆然としていました。誰も指揮する人もなく、暫《しばら》く待っていると、宰相さまが出馬するのでお供せよということで滝沢口に向かいました。この夜は不安な一夜で、ぼくらは一睡もすることができなかった。

八月二十三日

夜半すぎから遠雷のような大砲の音が響き渡り、だんだんと大きくなってきた。

敵はすでに近くまで迫っていると覚悟している間に夜が明けた。丁度その瞬間です。

宰相さまの御陣営の前で気をつけの喇叭がけたたましく鳴り響きました。ぼくらが急いで戸外に出たときには、宰相さまや桑名公も乗馬されていて、御馬の周りをご家来衆が警衛していました。ところが、滝沢峠の方角を見ると次々と負傷者やその他の兵たちが五月雨のように降りてくるのが見えました。その後を敵の兵が乱射しながら追撃しています。

壊乱する兵たちを見て一人の将校が抜刀して往来に立ち、「一歩たりともここから退いてはならぬ」と叫んでいましたが、もう土崩《どほう》瓦解の状態で、誰も聞く者も立ち止まる者もありませんでした。潰走していく兵を見て、ぼくは一瞬小出島の敗戦を思い出しました。

その間も弾丸がひゅうひゅうと頭上を掠《かす》めます。そこでついに御引き揚げに決したようで、宰相さまは馬首を西に転じ、若松へ向かって走り出しました。

ぼくらもその後をついて走りました。若松に着くと退却してくる軍勢を見て敵の襲来と思ったのか木戸が閉められましたが、宰相さまとわかってまた開けられる、という一幕もありました。誰もが混乱していました。甲賀町の御門で、お供の中から宰相さまに、ここで踏みとどまって敵を迎え撃つべきだという声がありました。いやお城に入るべきだという声もあり、暫時《ざんじ》議論になりましたが、そのとき、旧幕府陸軍指図役の方が「ここは決して君公が留まって防御せられる場所ではない」と一喝して、宰相さまの馬のくつわをとって、ズンズン進まれましたので、事なきを得ました。実に危機一髪とはこのごとき場合かと思いました。ぼくらが丁度五ノ丁、角屋敷の三宅邸まで来たとき、お城のほうから白虎隊が喇叭を吹き鳴らしながら堂々と歩調をそろえてやってきて、ぼくらと入れ替わりに防御につきました。入城すると役目を解かれ、何することなく呆然としていました。その間にも天守や角矢倉を狙った敵弾が猛烈になり、その一弾が矢倉に命中して、中にあった弾薬が爆発して、その中で守りについていた兵が吹き飛んだのが見えました。

それを見て洋装の身分の高いらしい将校が、もはや落城も間近だといいながら、もうわしには不要だからといって、ぼくに銀時計をくれ、そばにいた友人に双眼鏡をくれました。

午後、城南天神橋口で悲壮極まる突撃戦があったそうですが、ぼくは北大手口にいたので知らなかった。ここでは敵が甲賀町門内の通りに両側の家々から持ち出した畳で胸壁をつくり、そこに大砲を据えつけて城内に向かってしきりに撃ち出してきました。

また、歩兵は次第に前進して本一丁の川の付近まで進出して一斉に射撃してきました。

ぼくらは必死に城壁の狭間から応戦しましたが、城の前面にある西郷家老と簗瀬さまの屋敷に敵が潜んで撃ち出してくるので、焼き払うことになり、日新館道雪派弓術師範の樋口さまが火矢を屋敷に放ちました。そのうち郭のあちらこちらから火を発し、次第に広がって火は炎々天に張り、その間も砲声四方に響き、その光景はなんとも名状し難い凄絶なものでした。このような混乱の中で城中に避難していた親子が、もはや敵が城中に侵入したと思って落城だと思ったのか幼いわが子を刺して、自らも命を絶ちました。

とかくするうちに二十三日は大騒擾《そうじょう》のうちに暮れました。

井深梶之助は数えで十五歳といったが、満十三歳十カ月だった。それも少年の無謀さで、父の深慮を知らずに戦場に出て、初めて人が殺しあう戦場の過酷さを実体験することになった。その体験があったせいだろう、若松での行動には無謀さがない。

父、宅衛門の隊には農兵の宗川虎松十六歳もいて、会津藩預かり領になった水原へ、正月に着陣している。虎松が二月十六日に水原から両親に送った絵入りの手紙が残っている。

農兵の少年兵は士分より先に前線に出征していたようだ（『水原町史』）。

北越戦争では会津藩農兵の遠藤平太十六歳や旧幕府陸軍部隊衝鋒隊の内田萬次郎十五歳、そして越後征討軍の長州干城隊の岡卯三郎十三歳など少年兵が参戦していて、それぞれの立場から証言を残している。幸い彼らはこの戦争を生き残ることができたが、この無益な戦争でいかに多くの無名の少年たちが犠牲になったかを考えると暗澹となる。

梶之助は小出島の敗戦で潰走中に空腹のあまり倒れ伏したが、その梶之助を思いやって弁当を届けようと敵弾の下をくぐりながら捜し回った十七歳の少女がいた。お多以《たい》さんという少女は雪崩《なだれ》で亡くなった弟によく似た梶之助を不憫に思いかわいがっていたという。

ちなみに四月二十七日の小出島の戦闘で梶之助が見かけた負傷して槍にもたれていた池上は秋篠宮の御妃紀子さまの先祖になる。

八月二十三日、西軍の若松城下電撃侵攻で高級武士がもはやこれまでと覚悟して身につけていた銀時計や双眼鏡を分け与えたというが、会津藩にも早くから外国知識を取り入れた者たちがいたらしい。梶之助も出陣にあたって洋装の軍服に着替え、仏式の軍帽まで注文していたというので、このころには城下にも洋服をつくれる職人がいたことになる。

会津藩は古習に固執し、国許では因循《いんじゅん》固陋《ころう》が藩を覆っていたと伝えられているが、開明近代化の時代の波はいやおうなく押し寄せていたということだろう。

梶之助の証言は昭和八年、明治学院名誉総理のときに温故会で発表され、『会津会雑誌』（第四十四号）に掲載されたもので、梶之助八十一歳のときだが、最後に「六十有七年前のことを記憶のままに叙述したものゆえ、あるいは記憶違いがないと申しかねます」とあくまで謙虚である。

村松武太郎十五歳の証言（中軍護衛隊）

お菓子が山のようにあってうれしかった籠城の一夜

八月二十二日

石筵敗戦という報を聞いて少年たちはみな三の丸に集まった。

これは最初から三の丸に集まったわけではなく、それぞれいったん北出丸に集まったものの、いつも練兵場となっていた三の丸に誰となく集まったものだった。

このとき男で家に居た者は戦場で負傷し、家で治療していた者だけで、武家の家庭には男は居なかった。ぼくは母のいいつけで銃を肩にして登城した。

母は、「父上は自分の持ち場を破られたということなので、もはや生きて戻られることはありますまい。あなたも侍ならば人に遅れず戦死なさい、もし敵弾で負傷したなら潔く自刃なさい。決して生け捕られるような恥だけはさらしてはなりません」と、厳しく諭された。

それから母からいただいた一分銀で一二両三分を胴財布に納めて、おばばさまに別れの挨拶をしてお城に向かった。

このときお城に集まった少年たちは大抵ぼくのように母親からいわれて集まったんだと思う。

入城した者は十五歳だが白虎隊に入隊できなかった者たちで、十四歳や十三歳の者もいた。全員の名前までは覚えていないがおおよそ四〇人ほどだったと覚えている。

ところが集まったものの指揮官もいないので、老職に迫って伊波志津摩さまの下につくことになったが、手分けして探しても伊波さまが見つからなかった。そうこうするうち早時刻は三時を過ぎて、このままここでいたずらに時を過ごすより前線へ向かおうということになり、一人の異議なく、戸ノ口原に向かった。

滝沢ご本営の前で家老の佐川官兵衛さまに出会い、帰城するよう命じられたが、敢えて反論せず「先進の士、われらに教ふ、武士は進ありて退くなかれと。いまこの危急存亡の秋にあたり、一死もって君恩に報いむことを期し、同志とともに戦場に向かわむ。このときに至り仮に老職の命といえども奉ずるにあたわず」と言うと、これは聞いた佐川さまはことばつまり、涙をうかべ、「君らの思いはよくわかった。君公の命を伺い指揮すべし」といって、ぼくたちを暫時待たせたが、やがて戻ってくると、

「君公のご命令なり、城に帰りて留守居家老の命を受けるべし」

といわれた。君公の命令ならばいたしかたなく、ぼくらは命を奉じて城に戻った。ときは夜に入り、天主台の下で前国老の西郷頼母さまに出会った。

西郷さまは、「君らどこに行きしや」と尋ねられた。

そこで「戦地に行こうとしましたが、佐川さまの命で帰城しました」というと、西郷さまは、感涙して「残念なりしならむ。わしがこれから連れて参ろう」と言われた。ぼくらが「西郷さまは留守居家老でございますか」というと「さにあらず」と言われた。

それならば君命に背くことになりますからと断って、こんどは家老の梶原兵馬さまに命を請う

と、いま城中に守備兵がいないので、君たちは城を守ってくれと言われた。

夜は、お城に泊まることになって、夕食は賄い方より握り飯を賜ったが、そのほかにお菓子が食べきれないほど山のようにあった。夜は五十匁ろうそくを灯して徹夜で過ごした。

八月二十三日

この朝は賄い方から朝飯がなかったので、一同腹が「減っては、戦はできぬ」と、いったん帰宅して朝食をとり、また入城しようということになって、みんな急いで帰宅した。

ところが、いったん帰宅したために再度入城できた者は少なかった。

これは帰宅した後、敵の攻撃が始まり入城できなかった者が多かったからだった。

ぼくは午前十時に西出丸に入り、夕方までここで防戦した。その後は三の丸に出て、横山吉四郎十五歳、樋口敬三十五歳らとともに小野田雄五郎さまの隊に入って、夜半河原町の敵に夜襲をかけた。この夜、小室金吾左衛門隊に配属された石山九八郎十五歳が五軒町に夜襲をかけた後、戻ってこずに哀れ戦死したかと思われていたが、九月二十三日降伏開城の際、薩藩士に護送されてきたのには、みんな驚くやら感激やらで、ことばがなかった。

（高木盛之輔述『中軍護衛隊』）


戦争より、日頃めったに食べられない「お菓子が山のようにあった」ことが、籠城の想い出という武太郎。これは武太郎が同じく札幌に住んでいた石山九八郎と、お互いの記憶をつなぎ合わせながら記したものだという。大正四年三月十七日附となっている。

若武者町野久吉十五歳の無惨な戦死

慶応四年四月十二日、会津藩の新領越後魚沼郡小出島陣屋の守備隊長、弱冠二十一歳の町野源之助は兵一〇〇人を率いて国境の三国峠に出陣していた。戦争はすぐそこに迫っていた。

閏四月二十四日、峠は濃い霧に覆われていた。

濃霧を突いて来襲してきた西軍は前橋・高崎・沼田・安中・佐野・伊勢崎・吉井・七日町など上州の藩兵一二〇〇人だった。佐野藩兵の砲撃を合図にしたかのように戦闘が始まった。

交戦数刻、勝敗がつかないまま時が過ぎ、血気にはやる源之助の弟町野久吉十五歳は、蒲生氏里から伝わる名槍を手に獅子奮迅、十八人を突き伏せた。

久吉はなおも敵陣に突き進み、敵の指揮官八木始に突進した。

亀岡奉辰陸軍少将は、このとき前橋藩の砲兵指図役として八木の近くにいた。

「久吉は八木に向かって突きかかってきたが、あと数歩のところで前後から銃撃を受け斃れた。背中に三弾も受けていたにもかかわらず屈せず、八木が近づき刀を振るって首をはねようとした刹那、久吉がなお身を起こして槍を高くかかげた。その勇気、気力は称賛にするにあまりある」

事件はこの後おきた。久吉が斃れ死ぬや、西軍兵や郷村兵が争って久吉に躍りかかり、久吉の肉をそぎとって喰らった。残された死体には胴にも四肢にもほとんど肉が残っていなかったという。これは勇者の肉を喰らうと勇者になれるという信仰らしかったが、狂気が覆う戦場とはいえ、あまりにもおぞましすぎる犯行だった。（『小出町歴史資料集』明治維新／小出町教育委員会編）

久吉の首は永井村にさらされ、その後、駒里に埋められた。(久吉は十六歳とも十七歳ともある)戊辰戦争では少年兵の首級を肴に酒盛りをしたなど、残忍な蛮行が至る所で見られた。

久吉らの埋葬個所はその後不明になっていたが源之助の子息の町野武馬氏が永井村の村民の協力を得て発掘し、遺骨は昭和五年三月二十三日、白虎隊が眠る飯盛山の墓地に改葬された。

この後二十六日の小出戦争には井深梶之助も父の宅右衛門隊にいて戦ったが、多勢に無勢で負け戦となったものの、前述のように梶之助は運よく逃げおおせている。

久吉の槍は後に西軍(長州)の山県有朋が町野源之助に返そうとしたが、源之助は「戦場で奪われたものを武士たる者が畳の上で返してもらうわけにはいかない」と受け取らなかったという。

明治政府は、戊辰戦争の西軍戦死者の墓所を「官軍墓地」として、賊軍となった奥羽諸藩にその管理を行わせた。その一方で、東軍(奥羽越軍、会津、庄内)の戦死者を祀ることを許さなかった。

「ときに官命は彼の戦死者一切に対して何らの処置もなすべからず、もしこれを敢えて為す者あらば厳罰すというようにてありき、されば誰ありて、これが埋葬をなす者はなく、屍体はみな狐、狸、トビ、鳥、カラスの意に任せ、あるいは腐敗するの惨状を極めざるなり」

そのため東軍戦死者の遺骸は市街に野山に放置され、野ざらしにされたままになった。

少年兵の遺骸も例外ではなかった。

白虎隊の遺体も実は埋葬が許されず半年余放置されていたのである。それどころか、戦後、戦死者を埋葬していたところ、その墓を掘り返させ、掘り出した遺体を再度放置させてもいる。

遺族はそのありさまを眼前にしながら、ただただ無念の涙をのむばかりだった。

戊辰戦争を戦った奥羽列藩同盟諸藩も「朝敵」とされた会津も庄内も、天皇、薩長軍と何のいさかいも怨恨もあったわけではない。奥羽では京都の政治騒乱も知らない藩が大半だった。

戊辰戦争に参戦してきた西軍の諸藩兵にしろ、戦争の名分や奥羽越に対する憎しみなどなかったはずで、ただ功名心や勝ち組に乗るために参戦しただけであったに違いない。が、戦場で対峙し、戦争の中で殺しあううちに憎しみが醸成され、いつしかそれが猛然となり「戦争の狂気」が彼らを支配するようになってきたのであろう。その狂気が、倒した敵の腹を断ち、その肝を取り出し、鮮血の滴るその肉を争って貪り食うなど常人では考えられないことを戦場でやってのけたのである。

戊辰戦争は普通の人が突然戦場に送られ、戦争をした特異な戦争だった。そして普通の人がいかにして短期間に、狂気に染まっていくかを実証した戦争でもあった。

徳川幕府の治世は三百年の和平を誇った。現代人が考えられないほどの長い歳月を平和に平穏に送ってきた。これはその前、百年の戦乱がうち続いた戦国時代の深い反省から、永遠の和平を願い、徳川家康をはじめとした諸侯が争いを対話で解決していく政治の仕組みが生み出した賜物だった。

そのことを知る十五代将軍徳川慶喜は自ら幕府の幕を引いてまで平和的な政権交代を図ったが、維新と自ら嘯いた者たちはただ自らの野心を達成するために祖先が苦心した平和の絆を踏みにじり、その後は自らの権力擁護のために日本を軍国化して、国民を弾圧し、この国を奈落に引きずり込んでいった事はまぎれもなく歴史が証明している。歴史を振り返り、二度とその過ちに陥らないように歴史を我々が学ぶことの第一に、この「徳川時代の平和の守り方」があるのではなかろうか。

遠藤平太十六歳の証言（親子で志願し、越後戦線で辛酸をなめた農兵）

慶応四年三月十二日

ぼくは萱野右兵衛さまの隊の兵として出陣した。越後水原陣屋の防備だった。

萱野隊は甲士組七〇人、寄合組九〇人、銃隊九〇人、合わせて三〇〇人の部隊だった。ぼくは寄合組で、ぼくの本郷村から父虎之助につき従って三六人が志願した。

越後には会津藩の飛び領があり、その防衛のために一瀬要人さまを総督とする二〇〇〇ほどの軍勢が入り、越後の国境防備を固めていた。

五月一日

高田城下方面の戦争、わが軍不利と急報がもたらされ、いよいよ出陣となった。

ぼくらは沿道の声援のなか三旒《さんる》の軍旗を押し立て威風堂々水原陣屋を出立しました。

五月八日

五日から降りだした暴風雨は止まず、長岡城下へ信濃川を渡ろうとしましたが、流れが烈しく舟が出せませんでした。

五月九日

風雨止み、水かさも引いたのでようやく信濃川を渡河することができました。長岡城下は水に浸かり市中は舟で通行するありさまで、ぼくらは小千谷に向かうことになりました。

五月十日

長岡を出て小栗山村で休息していると浦柄村方面で砲声がしきりにした。すわ開戦と浦柄村へ向かい、初めて戦争となった。敵は村の直上の松木山から撃ちおろしてくるので難儀したが、これを討ち破り、長州兵一人を生け捕った。

五月十一日

このころ雨天続きのなか昼夜野に伏し、山に寝みという野営が続き、足袋《たび》もわらじも履き通しだったので、足の指と指の間がむれて腐乱し痛みが激しく難儀しました。

五月十三日、朝日山の戦い

朝霧が晴れ始め、四方を見るとふもとから蓑傘《みのかさ》姿の人足体の者たちが登ってきました。どうやら敵兵らしく撃ちかけると、軍旗をかかげ五、六間まで吶喊《とっかん》してきたので、ここを破られては一大事と必死に防戦した。西側から登ってきた兵が太刀を打ち振り胸壁まで迫ってきたのを片桐さまの組の銃卒柳下竹次郎が胸壁を躍り越え、打ちあって斬り倒し首級を挙げました。吶喊してきた敵兵はこれを見て総崩れになって敗走していった。（注・ここで山県有朋の盟友、奇兵隊参謀時山直八が戦死した）わが隊もすかさず追撃しようとしましたが、弾薬を撃ち尽くしていて、各自の持ち弾を集めたが一人当たり四発あてにしかならず追撃はできなかった。そこに衝鋒隊の歩兵が敵兵の生き胆を切り取ってきて「まだ脈があるゆえ、ご覧ぜられよ」とヒッコ、ヒッコ動いているのをみせた。

「いずれに用するや」と聞くと「食するなり」と飲み込んでしまった。しかし「この者、夕景にいたり発狂しければ激しく戒め」と長岡に送り帰されたと聞いて驚きました。

五月十四日、朝日山で野営

朝から晴れ、異様な臭いとうるさいハエに起きてみると、枕元に昨日、柳下さんが討ち果たした敵兵の腐りかけた首が転がっていた。夜、隊長の使いで長岡藩陣営に行く途中、首が転がっているのを見つけ、供の人足に「そこにきれいな石がある、大儀だろうが持ち帰ろう」というと、それを拾った人足が首だと知って「ギャー」と叫んで一〇間も飛び退いたので大笑いした。この夜、わが隊は寺沢村に転営になり、久方ぶりで風呂を浴びた。

五月十五日

寺沢から小千谷に向かう途中、北の方角に砲声を聞いた。しかも「火焔《かえん》天を焦がし、黒煙空を覆う」というありさまになった。地方《じかた》の人足に聞くと「長岡の城なるべし」という。

一同茫然として、この日の戦闘は意気が上がらず敵に圧されるままに退きました。

そこへ長岡から落城を知らせる早馬があり、事実とわかり一同落胆しましたが、退路を阻まれた以上、山越えして栃尾まで行き、八十里越えで会津に退くことに決しました。

五月二十日

夕刻、蘭木村（小千谷）を退き、山中の道なき道を栃尾に向かいましたが霖雨《りんう》降り止まず、泥濘《でいねい》に滑り、真っ暗闇の中を夜通し歩いてようやく栃尾郷の和泉村に着きました。

庄屋を訪ね朝飯を頼んだが、「西軍の命で会津方のご依頼には応じ難し」といいます。激した兵たちが「失礼の申し分なり、斬り捨ててくれん」というと、庄屋は逃げ出した。

ぼくは敗残の身のみじめさを初めて知って無念さがこみ上げた。寒さと空腹でいらつく隊の前に、奥座敷から薙刀を手にした婦人が現れました。聞くと長岡藩家老河井継之助さまの姉及び妻女と侍女で、未明の兵の出現に敵にあらずやと思い、庄屋に虚言を命じたのだといいます。もし敵だと知れば、斬り死にするつもりだったと聞いて、兵士から笑いが広がった。会津兵だとわかったので、庄屋も戻って朝飯にありつくことができました。

五月二十二日

ここで米沢藩の援軍到着を知って、加茂の同盟軍本営に向かうことになった。

五月二十四日

三条に着いたところで与板への進撃を命じられ、反転して与板に向かうことになりました。

五月二十七日

わが軍には桑名・村上・水戸・上山が加わり七〇〇の部隊となって意気が上がりました。

五月二十八日

払暁より進撃、敵の襲来遅しと待ちうけたれば、わが軍も土手あるいは樹木を盾に前進、射撃数時、敵の堅城を落とし、急遽追迫せり。

六月二日

島崎村の戦闘でわが軍は快勝しました。敵の死傷は二〇〇人余に及んだとききます。

戦況視察の帰り道、小川でタニシを見つけたので、二、三の者と取って返し、この日、夕食に供したところ、みなさまから「旨い、旨い」と喜んでいただきました。

六月六日

このころ戦争がなく、陣営に行商に来るおばさんに頼んで釣り道具を手に入れ、近くの川に釣りに行き、みんな尺余の鯉やフナを釣りあげましたが、ぼくは二、三寸の小魚ばかりで、みんなにからかわれ閉口しました。

六月二十一日

朝から風雨激しく、出立が夜になりました。ぼくは萱野隊長から伝令を命令され、一人夜行しました。戦地なので灯火は使えません。漆黒の闇の中を駆けましたが、道の両側は田んぼや小堀で何度も足を踏み外し、泥だらけになり進んだところで突然転落しました。

大洪水で土手道が決壊していたのがわからなかったのです。あっという間に信濃川の奔《ほん》流に押し流されそうになりました。必死で辺りを探ると崩壊した土手の塊《かたまり》があり、その塊にしがみつき「助けてくれー」と叫びました。

そのとき大砲隊の佐原勇弥さんの声がして、ようやく助け出されました。土手に這い上がって御礼を言っているところにぼくの隊の者たちが駆けつけました。父はぼくが川に流されたと聞いて「数日間の戦争往来せしも無難にて、水原へ帰陣に際し川へ転落し、命を失うとは誠に情けなきことなり」と落胆したそうですが、ぼくの無事を知って「欣喜雀躍《きんきじゃくやく》、狂わんばかりに天佑なりと敬神せり」、ひとえに水天宮のお加護なりと感謝しました。

隊長も喜んでくれましたが、ぼくが鉄砲を川に落としたことを知ると、「鉄砲は兵士の命である、捜して来い」と厳命され、ぼくは父と共に川に潜って捜すことになりました。

幸い雨が小降りになり水かさは引きましたが、捜すのは至難です。父が近くの金ヶ崎村の住職に頼んで、この辺の川に詳しい土地の者に頼んで潜ってもらい、なんとか捜し当てることができました。（注・父虎之助の日記には「此夜遠藤平太誤て信濃川へ落、金一両出し鉄砲為取候」とある）こうしてようやく翌二十二日、水原へ出立しました。

六月二十四日

水原へ凱旋《がいせん》のことなれば、整列厳かに威風堂々として新津町を出発せり。水原の入り口には郡奉行清水作右衛門氏をはじめ陣屋に居残りたる諸奉行、諸役人、及び水原町町役人並びに水原七人衆、いずれも羽織袴にて、一斉に整列して歓迎せり。

こうして平太の第一回の出征は戦勝のうちに終わった。平太は会津藩が徴募した農兵だった。しかし、越後水原の防衛に向かった平太の出陣が七月十五日に出陣した白虎寄合組隊より四カ月も早いことは考えさせられる。平太の証言は、戦争の悲惨さ、非情さだけでなく、狂気が日常化して次第に人間性が失われ、普通の人が切り取られた生首を見てもまったく異常とも思わなくなってゆく過酷な「戦争」を語っていて慄然となる。

平太の二度目の出征は新発田藩の裏切りによるものだった。今度は負け戦だった。

七月二十五日、越後で戦勝ののち会津軍の本隊が休養のため帰国した間隙を狙って新発田藩の手引きで西軍が新潟へ上陸した。新発田藩の裏切りで退路を閉ざされそうになった米沢軍が撤退し、同盟軍は瓦解同然となり、新潟はガラ空きとなっていた。水原にいた兵は一五〇人ほどでしかなく、平太たちは大軍で寄せる敵に圧され、敗走を余儀なくされた。

堂々の凱旋から一カ月後のことだった。

負け戦になると、沿道の村民は手のひらを返すように食事の提供を拒否し、会津軍の死者は川へ投げ捨てられた。平太は過酷な戦争に加え、人の無情さを知って暗澹《あんたん》となった。

この戦闘で平太の父虎之助は傷を負い、父をかばいながら会津に退いた。

八月二十一日に奥羽街道寄りの国境母成峠が敗れたという報があり、城下には不安が漂った。翌二十二日には、白虎隊も非常召集を受け、お城に詰めている。

しかし、父の看病で軍事病院にいた平太にはなすすべもなかった。

「八月二十三日、未明に滝沢山に殺到し、大小砲を打ち放つ音、山林に響き渡り、吶喊声定かに聞こえ物凄《ものすご》し。警鐘を聞くや市民一時に疾駆《しっく》せしかば、大山崩れ落ち来たるごとく、その騒擾《そうじょう》名状すべからず」。突然の敵襲に城下は恐慌に陥った。

予想だにしない西軍の急襲をうけ、家老西郷頼母の家族をはじめ、郭内の上士の婦女子二三三人が、会津藩の終焉を覚って次々に一家自決するという悲劇が起きたのがこの朝だった。

敵の来襲を知ると病床の父は「速やかにわが首を斬り、寸刻も早くここを立ち退くべし」と厳命したが、平太にはできなかった。父を背負い出た街路は「連日の霖雨《りんう》でぬかるみ腿に充つ、くわうるに裸足のこととなれば、困苦甚《はなは》だし、過般、長岡落城の節、城下の市民、婦女子ら霖雨中を雨具もなく濡れ、次第に疾駆するありさまは哀傷の極みなりしも、いまはわが身の上なりしは、惨痛の次第なり」と負け戦の悲哀を体いっぱいに感じていた。

平太は重傷の父を背負い矢弾が飛び交う中を裸足のまま郊外に逃げた。

「われには十六歳の少年にして四十一歳の大の男を背負い行くことゆえ、その重きこと甚だしく、十歩にしては休み、二十歩にしては憩い、くわえて裸足の痛苦忍び難し」という惨状になっていった。残った病院（日新館）では、立ち退きの際火を放ったため、入院患者はお城を前にして「手足の多少なりとも自由なる者は腹這いだし、あるいは膝行出でしも力及ばず自刃し、またはお堀へ投身せし死体累々なりと。そのほか、身体自由ならざる者はみな焼死せしとは酸鼻に堪えざる次第なり」というむごたらしいものになった。

この日は西軍による無差別な市街戦が城下のいたるところで行われ、避難する多くの士民が戦闘に巻き込まれた。籠城しようとお城に向かう家族、郊外に逃れようとする老人や子供連れの家族も西軍が放つ大砲や銃撃の餌食となっていった。

籠城の会津藩が降伏開城したのは一カ月後の九月二十二日だった。

実戦を知らない白虎士中一番隊の永岡清治は『旧夢会津白虎隊』を終えるにあたって、「今日矛《ほこ》を投ずるは、わが君臣、薩長に下るにあらず、王師に恭順するなり」と書いたが、過酷な戦線にあって会津戦争の真実を知る遠藤平太は「会津藩戊辰戦争従軍記」を残して、「全国に雷鳴轟かせし豪快なる会津武士の魂も、勇気弛《ゆる》み折れ、矢玉尽き、ついに軍門に降るを請うの止む無きにいたれり」と、まったく降伏だったと書いた。

そして「かくのごとく悲痛凄惨の憂《う》き目を見しは、先見の明なく、無知短歳《たんさい》（短慮）のいたすところにして感慨無量の次第なり。噫々《ああ》、天なるかな」と、和睦の機会は何度もあったのに、ただただ武士の意地と驕慢さでその機会を逸し、その上、籠城の準備も家族や町人などの避難も考えなかった藩首脳の無策とおろかさを痛烈に批判して終えている。

会津に家老なし

いったいに会津藩の首脳は戊辰戦争を藩存亡の危機だと考えていなかった節がある。

会津藩首脳には、藩の危機や戦争の現実がまったく見えていなかったらしい。

「会津は天下の強藩なり。その山々聳《そび》え囲み、恰《あたか》も絶壁の如くして、其の入口わずか相通じ、険阻歩するに堪えざるの地なり。故に官兵寧《むし》ろ進んで是を討たんより、速やかに和議して治平を計るに如くべからず」という世評に驕《おご》り、現実を直視できなかった。

万が一に備えて籠城の準備もしなかった。それどころか進言した者を叱り飛ばし、降格さえした。

奥羽越列藩同盟がなると、それだけで百万の味方を得たように安心して、藩首脳も防備の心構えがおろそかになり、旧幕府脱走兵など支援の部隊をないがしろにもした。

緊急な軍備や金食い虫の旧幕兵など無用との雰囲気だったというのだ。会津は財政に苦しみ戦備が整わなかったとも言うが、長岡藩の家老河井継之助など江戸を去るにあたり、不要な家宝を売り払い、資金をつくって最新の銃器を購入し、戦乱に備えた。

会津救援部隊として馳せた大鳥圭介は、開戦間もない五月中旬、日光口守備の山川大蔵と共に藩首脳に、兵不足を補うために「農兵徴募」を進言した。しかし「やはり因循姑息、しかのみならず奥羽**同盟の事成りしを以て、全体の人心大に弛緩せし形ありて、建議せし件々も急には行われず」**というありさまだった。さらに、籠城の鶴ヶ城が風前の灯だった九月上旬、大鳥は、猪苗代を奪回して水路を確保し、西軍への背面攻撃をもくろんだが、会津藩は感謝するどころか母成峠敗戦の失策をあげつらい、弾薬・兵糧など兵站の供給を停止し、大鳥軍との関係を絶っている。和解に努めた旧幕臣の衝鋒隊長古屋佐久左衛門にも、「頑迷にも会津藩は愚論を述べて前議を翻さなかった」どころか、古屋にも疑いの目をむけ、憤然とした両隊は会津を去ることになった。

石井孝『戊辰戦争』は、「因循姑息と評せられたような、改革を嫌う会津藩の保守主義が、その危急のときにあたって、旧幕臣をも引き離してしまった」と指摘している。

あと一月ほどの籠城を持ちこたえれば、会津は降雪の時期を迎え、戦況は好転していたはずである。会津藩より小さい庄内藩は連戦連勝、さらに小藩の長岡藩でもゲリラ戦で三カ月も持ちこたえている。城外でゲリラ戦を行う佐川官兵衛は西軍を悩ましていたし、大鳥や古屋の部隊がゲリラ戦で後方攪乱《かくらん》すれば、兵力に優る西軍といえども一挙に鶴ヶ城に迫ることはできなかったはずである。

母成峠を電撃攻略した西軍の板垣も、「奥羽は寒さが厳しく、雪を知らない西南の兵では厳寒の季節に作戦をするのは不利である。降雪の時期に入れば年内に会津を攻略することは困難になり、明春に作戦を延期せざるを得ない。そうなると兵は戦意を喪失し戦争に厭《あ》き、帰順している藩の動向さえ不明になる。くわえて、その間に会津の防備は今より強固なものになり、征討の可能性さえ不透明になる」と恐れていた。しかし、会津藩首脳は最後まで因循に終始し、多くの犠牲を出しながらただ手をこまねいて降伏に至った。

墓碑さえない少年兵

――過酷な戦場に駆り出されたのは寄合組や足軽などの少年兵だった――

古川深松の自刃は無惨だった。柴五三郎の『辰のまぼろし』によると、

「古川深松は足軽白虎隊にて、八月二十三日城中に馳せ入らんと滝沢組町より博労町にでれば、味方と思しき人影もなくて前後ことごとく敵なりければ、これまでなりと刀を抜き、間近に打ち向かいたるも手甲を射られて働き得ずとて、自在院に馳せ入りて自害したり」

十四歳の深松は一目で少年兵と知れたはずだが、西軍は容赦しなかった。

中村彰彦氏は『白虎隊』で、

「おそらく古川少年は、初め滝沢本陣危うしと見て同所へ駆けつけた。そして容保が既に甲賀町へ向かったと知ってその後を追ううち、新政府軍の滔々《とうとう》たる流れに取り囲まれてしまった。また、古川少年が十四歳だったということは、かれもまた飯沼貞吉同様に白虎隊への入隊に憧れ、年齢を偽って夢をかなえたことを示している。それにしても、夢の実現が死に直結したとはなんということか」

と慨嘆している。

戊辰戦争の少年兵といえば会津白虎隊に代表されるが、会津には白虎隊以外の少年兵もいた。しかも、すでに元服を終え一人前の大人として出陣した白虎隊と異なり、元服前の前髪が初々しい十四歳の少年兵もいた。会津戦争で戦死した少年兵で名前が判明している者が一一二名いて、このうち白虎

隊以外の少年が六二名となっている。

だが、今日まで、その勲功が大きく伝えられ、顕彰されたことはないようだ。どこまでも悲劇の主人公であらねばならない会津藩にあって、戦場で逞《たくま》しく戦って果てた彼らの功績は却って評価できなかったのだろうか。

氏名	年齢	所属	住所	戦死年月日（慶応）
鈴木音治	14	三宅隊足軽	越後北蒲原郡赤谷村	4.8.14
佐藤勝之助	14	幼少寄合組	若松甲賀町	4.823
高橋数馬	14		若松甲賀町	4.823
中森恒次	14		若松郭内	4.823
大竹善吾	15	三代口小人	白河町	4.5.1
伊藤新太郎	15		白河郡小田川	4.6.12
高橋喜助	15		白河　赤髭山	4.6.12
小山源之助	15	桜井隊足軽	二本松町	4.7.29
野村六郎	15	猪苗代隊	将軍山·母成峠	4.8.21
沖津勝蔵	15	幼少寄合組	城中	4.8.23
竹内清次郎	15		若松博労町	4.8.23
田崎八代太郎	15		下野那須郡三斗小屋	4.8.23
阿部小次郎	15		北会津郡門田村一ノ堰	4.11.15
相沢喜代治	14	幼少組	城中北門	4.8.23
片峰小次郎	14	護衛	城中	4.9.14
原甲斐八郎	14	幼少組	城中	4.9. ?
雪下豊治	14	幼少組	城中	月日不詳
井上辰己	15	幼少組		4.8.23
井深金吾	15		城中	4.8.25
南摩節	15		城中	4.9. ?
本郷留之助	15		城中	4.9.9
増子久五郎	15		城中	月日不詳

最初の鈴木音治以下一三名の戦死した場所がバラバラなのに比べ、相沢喜代治以下の九名の戦死した場所は、すべて城内となっている。戦死はいずれも籠城中の流れ弾による被弾と考えてよいだろう。もちろん、被弾による「死」であっても尊い命が奪われたことには代わりはない。だが、城中の死者はすべて上士の子弟であるということに問題がある。

上士の子弟は安全な城内に留め、戦場には出さなかったのである。前にあげた一三名は中士や下士の子弟で、大人の戦士と共に戦場に駆り出され、しかも圧倒的に戦死者が多いのは八月二十三日以前の戦いである。

足軽白虎隊（下士）・七二名　戦死六名

森新太郎	大平口	慶応四年六月十三日	戦死
古川深松	博労町自在院	慶応四年八月二十三日	自刃
小浅安次郎	城中	慶応四年八月二十三日	被弾
高橋富太郎	城中	慶応四年八月二十九日	被弾
椎野垣四郎	城中	慶応四年九月	被弾
鈴木久五郎	北会津郡門田村御山	慶応四年十月十二日	戦死

このうち白虎隊では、六月十三日に白河大平口で戦死した白虎足軽隊の森新太郎が、白虎隊の最初の犠牲者となった。白河戦ではこのほかにも多くの会津の少年兵が戦死している。

なかには、白虎隊では鉄砲の丈に身長が満たないとして採用しなかった十五歳の少年もいて、白虎隊以外に多くの少年兵が会津部隊に志願していたことになる。五月一日に白河町の町人渡辺泰次郎が目撃した西軍による少年兵斬殺も白虎隊以外の少年兵だったようだ。

慶応4年5月1日

氏名	年齢	戦死場所
大竹善吾	15	白河町で戦死
斎藤源吾	16	白河町で戦死
沼田宇之吉	16	白河町で戦死
古川豊吉	16	白河町で戦死
上野栄太郎	17	白河町で戦死
木藤八次郎	17	白河町で戦死
弓木巳之吉	17	白河町で戦死
根本新次郎	17	白河町で負傷、のち没
三浦柴四郎	17	白河町で負傷、日新館病院で没

慶応4年6月12日

氏名	年齢	戦死場所
伊藤新太郎	15	白河郡小田川で戦死
高橋喜助	15	白河口赤髭山で戦死

徳川三百年の太平で「もののふの心」を忘れた武士たち

五月一日の白河の緒戦は奥羽列藩同盟と会津連合軍の瓦解の真因となったともいわれる大敗を喫した日である。二五〇〇の同盟軍がわずか八〇〇の白河城守備の西軍に徹底的に打ちのめされている。もっとも同盟軍はこれが関ヶ原以来、初めての戦争だった。

ここで日本一の強兵といわれた会津兵の無様な実態があきらかになった。戦意はともかく旧式な装備もさりながら、戦略も戦術もない稚拙な戦闘だった。

このときの同盟軍の戦死者は七〇〇とも言われた。約三分の一の兵を失ったのである。

「そのときの敵兵の敗状というものは哀れ千万であったから後で一〇〇人あての穴を掘って埋めたが、それが六ッもあった。その後もわたしどもが白河に長い間いるうちには、敵が来る、来る。日に三遍あても押し寄せてきた。白河はまったく孤立して後へも退かれぬ、前へも出られぬというわけで、毎日々々三、四回も撃つから弾丸がなくなった。それでも都合のよかったのは、時々ひどい夕立がきて、流すような雨が降る。そのために向こうの火縄筒が用に立たなかったことだった」

西軍は寡兵《かへい》で、四方を同盟軍に囲まれ孤立していたが、それでも持ちこたえたのは武器の差や戦術の差だったという。くわえて同盟軍は戦闘兵が少なかった。武将一人に、具櫃《ぐひつ》持ち、槍持ち、鉄砲持ちが付随していたのである。しかも銃器は主に足軽など下士が持ち、武士の多くは古来の槍と刀でしかなかった。

二本松藩など戦闘が銃砲戦主体だと気づいて銃器を入手したのは落城前の七月だった。

戊辰戦争には東軍、西軍いずれも多くの藩が参戦しているが、武士が、しかも上士や門閥など藩首脳、そして藩主が戦場に出陣した藩は皆無である。三百年前の戦国時代、藩主自ら馬を駆って戦場に向かったことがうそのように、藩主はもちろん門閥や上士が戦場に赴くことはなかった。戊辰戦争で落城した宇都宮、棚倉、平、泉、湯長谷、二本松、天童、長岡藩にしろ、藩主はいち早く退いていて戦場に出ることはなかった。

戊辰戦争を引き起こした薩摩や長州でさえ、藩主や門閥《もんばつ》は戦場に出ていない。

武士が戦士だったのは徳川幕府も三代家光のころまでである。幕末の武家は、出征をどうやって回避するかに必死だった。そのため農町民や地方、浮浪などから臨時に徴募して、藩兵としてとりたて出兵させた藩が多く、武士はそのくらい因循姑息で堕落していた。

奥羽列藩同盟でも、仙台兵は敵の砲声を聞くとそれだけで五里も逃げた「ドン五里兵」と、その怯懦《きょうだ》ぶりが揶揄《やゆ》されたが、当時の武士はこのような輩が多かった。

落城して守備兵が玉砕した二本松でも、「当時、太平久しくして各藩士風癈頽《ほだい》し、敢然干戈《かんか》（武器）を取りて弾雨の間に相見るの勇無かりこと之なり。互いに相告げて曰く、薩長二藩の尻馬にのって何の怨《うら》みも無き会津と戦ひ、二つと無き命を失ふことは実に馬鹿の骨頂といわざるべからず。飽くまで、総督府の命令を尊奉するが如く見せ掛け、いずれにも戦争は真平御免なり」と、あまりもの士道の堕落ぶりを藩史も嘆いている。

武士の退廃は「幕末奢侈《しゃし》の余弊を蒙《こうむ》り、指揮の破頽《はたい》せるは各藩共通の事実なり」というありさまで、会津の兵も戦場では戦わずして逃げ回る者も多かった。二十三日は一日で、五一六人が戦死し、城下の家族三四九人が自決した会津藩最大の悲劇の日だが、一方で、密かに西軍を手引きして鶴ヶ城に潜入させた裏切り者もいたし、玉砕を回避しようと二百石から三百石の上士、二〇〇人ほどが家族を引き連れて逃げ出している。なかには五百石の高禄の者もいたという。西軍の包囲網が狭まり砲撃が烈しくなってくると、夜間、闇にまぎれてお城から密かに子弟を逃がす者も多かった。

九月に入って西軍の小田山からの城中への砲撃が始まると、城内の守備兵たちは、「兵士たちは極度の恐怖心に捉われ、少しのことで喧嘩口論し、槍で突き刺される者もでる始末であった」（星亮一篇『荒川勝茂明治日誌』）。

城内では喧嘩による同士討ちや気が触れて自殺した者も二、三いた。

このとき美濃郡上藩の会津支援兵「凌霜隊」も、籠城の会津兵について、「味方にては発射せず番兵するゆへ、追々勇気衰えたるは、会公の御運の尽きなり」と酷評している。

籠城の会津の兵士たちは応戦するどころか、雨霰と撃ち込まれる敵弾に怯え、逃げ隠れ回っていたというのである。このとき会津支援に来ていた幕府奥医師の松本良順も、

「官軍四境に迫るといえどもなお勝算なきにあらず、しかれども藩士は、将校互いに功を争い嫉妬はなはだしく、ために勢力一致を欠き、完全なる計策の行われるべきにあらず、慨嘆のいたりなりし。そもそも会津藩士は幼年より学校において文武の教えを受け、老臣より軽卒にいたるまで、みな伯仲の才あれども、思想偏狭にして、各自その功を貪るより、一致するあたわず。この際に至り、到底国家を維持すべき目途なし。しかれどもその勇猛にして死を恐れざるは一般みな斉し、惜しむべし。けだし会津藩の士にして有為の者の多くは京師にあり、春来鳥羽伏見に戦死せし故に、こんにち国中共に語るべき者少数にいたれり。やや知識ある者は下位にありて事を処するに権なし」（『松本順自伝』、注・松本良順は明治に入り松本順と改名した）

と、国家の存亡の瀬戸際にあっても藩士は戦功を争い、周到な戦略の下に挙藩一致して反攻することがなかったこと、多くの有為な上士を鳥羽伏見の戦いで失ったが、下士には軍人や指導者として優れた者がいた、しかし、最後に至るまで身分に固執して有為な下士がいても登用することなく、作戦や指揮能力のない無能な門閥や因循姑息な上士が崩壊に輪をかけ、西軍に向かう気概がなかったことを嘆いている。

山川隊の入城を援けた少年彼岸獅子舞（運命の日・慶応四年八月二十六日）

村祭りの彼岸獅子舞隊に扮して入城した山川隊

八月二十三日、西軍の若松城下急襲を知った国境警備の会津軍は若松城下へ急行した。日光口の警衛で田島にいた山川大蔵も二〇〇人余を率いて大内峠を越え、若松から一里ほどの下小松村に着いたころ日も暮れ、一泊することになった。山川は直ちに斥候をだしたが、城下はすでに西軍によって十重二十重に包囲されていた。

二〇〇人余の兵を一兵も失わずに入城させるにはどうしたらよいか、山川が思いついたのは奇想天外な策だった。会津の春を知らせる彼岸獅子舞にことよせて入城しようと謀ったのだった。なかでも下小松村の彼岸獅子舞は頭に獅子を仰ぎ、緋色の上衣に黒袴という目を引く衣装で見る者を圧倒する。獅子を先頭に、部隊はお囃子《はやし》や踊り子に扮して城下に侵入しようとしたのである。そのためには兵だけでは怪しまれる。

山川は、村長の大竹重左衛門と斎藤孫左衛門にこの計画を諮った。二人は苦渋した。屈強な大人ならまだしも、敵を欺《あざむ》くためには幼い子供も行列に必要だというのである。

二人は決心しかねて急ぎ村人を集め、村人に諮った。ところが村人の多くから「松平三百年の恩顧に報いるのはこのときぞ」と声があがり、山川を感激させた。

山川はなんとしても子供の安全を守ることを村人に誓った。

彼岸獅子舞の長《おさ》には高野茂吉三十歳がなり、急遽兵隊たちの扮装も夜通しで整えた。

八月二十六日、出発を前に村人と水杯を交わし、夜明け前に大川を渡ると飯寺の西に勢ぞろいして、少年獅子とお囃子隊を先頭に、獅子舞や幟旗をひらめかせながら陽気なお囃子にのって行進した。

突然現れた祭り囃子の一行に、西軍は銃を構えるのも忘れてあっけにとられていた。それどころか祭り囃子の笛太鼓に故郷の祭りを思い出したのか手拍子をとる者さえいた。祭り囃子は城中にも聞こえ、何事かと身を乗り出す城兵も多かった。

一瞬、戦場には硝煙も銃声も消えていた。黒金御門に近づいたころ、山川は城兵に合図して、開門を迫った。城兵が気づき開門すると山川隊は一気に城中へ駆け込んだ。西軍兵が気づいたときには獅子舞に続いてお囃子隊も山川隊も城中に消えていた。

明治四年、下小松彼岸獅子舞の功績をたたえ、容保は太夫獅子に会津葵の紋を下した。

御弓　藤田興二郎十一歳　太鼓　大竹小太郎十四歳
太夫獅子　蓮沼千太郎十二歳　太鼓　高田長太郎十五歳
雄獅子　大竹巳之吉十二際　太鼓　藤田長太郎十七歳
雌獅子　中島善太郎十四歳　太鼓　渡辺藤吉　十八歳

会津戦争の少女たち

油断を衝かれ、若松を襲われた会津藩の失態（慶応四年八月二十二日）

間瀬みつの証言（会津藩用人・間瀬新兵衛三百五十石の次女）

慶応四年八月二十二日

朝五つ半（午前七時）ごろのことでございます。

家並み触れの急報で、敵軍が猪苗代に迫ったので、十五歳から六十歳までの男子はお城に詰めるよう指令が参りましたので、白虎士中二番隊の弟源七郎は洋服の軍装に着替え、鉄砲をもってお城へいきました。この日は昼過ぎから雨になりました。そして終夜、猪苗代方面の空が赤々と染まり、砲声が途絶えることはありませんでした。

八月二十三日

朝飯は夜明け前にすませました。早朝、槍持ちの覚内《かくない》が城から戻ったので様子を聞くと、戸ノ口原で烈しく撃ち合いになったそうですが、味方はまことに優勢で敵兵を追いまくっているとの風説を聞きましたので喜んでいました。しかし、朝六つ半（午前六時）火事鐘がじゃんじゃん鳴りました。直ちに仕度をして女家族ばかりで御三の丸へ出向きました。

途中風雨止まず、実に困難なことでございました。各人が背中に風呂敷包みを背負い、大小刀を腰に差し、垂れかごに必要な雑品を入れ、わたしと妹ののぶとで担いで参りました。御三の丸入り口でそれを人に頼みまして、わたしは自宅へ戻りましたが、わたしより先に自宅へ戻って御三の丸へ品物を運ぼうとしていた妹のつやと、六日町り通り角の上田邸前で出会いました。わたしは急いで本二ノ丁へ曲がりましたら、鉄砲の弾が耳元をかすめました。それより自宅の中に入り、風呂敷包みを持ち出しましたが、鉄砲の弾があまり烈しく飛んできますので、仕方なく二つの風呂敷のうち一つは裏門に置いてきました。

戦争というものは、今日は無事であっても明日はどうなるか待つことはできぬ命でございますから何の欲望もございません。ただ死にゆくのを待つばかりですから。

これは、間瀬みつが籠城中に毎日欠かさなかった日記『戊辰後雑記』による。

みつはこのとき子供ではなかったが、西軍の電撃的な会津侵攻の様子をよく伝えているので記した。弟は飯盛山自刃の白虎隊随一の美少年といわれた間瀬源七郎十七歳である。

「白木綿の筒袖をうちにし、紺羅紗のマンテルを外套にし、紫縮緬の義経袴を着し、鷹匠足袋に草履《ぞうり》を穿ち、蠟色鞘の大小刀を佩び、黒皮に梅鉢の紋章を記した弾薬胴乱を腰にし、茶筅髷《ちゃせんまげ》を結び、韮山笠《にらやま》をいただき」という浮世絵にでもでてきそうな源七郎のいでたちは四人の姉たちが丹誠込めた晴れ姿だった。

しかし、二十二日朝、颯爽《さっそう》と出陣した源七郎が、翌日、みつが早鐘の合図で矢弾の中を入城した鶴ヶ城から指呼の間にある飯盛山で、無惨にも自刃していようなど知る由もなかった。

想定外の母成峠への西軍の来襲

慶応四年八月二十一日払暁、西軍の急襲に会津と奥州の国境、母成峠が敗れた。

翌二十二日未明、母成峠からの西軍の来襲を知り急ぎ登城した藩首脳は、まったく予期していなかったといってよい母成峠からの西軍の若松侵攻に混乱した。

母成峠は、「会津周囲二十道あれど、皆峻険にして守るに可なり、但此一道曠々《こうこう》たる山野にして、彼我其兵を同うせざれば断じて守る可らざるなり」という要害の地だった。

母成峠は、会津側はなだらかな丘陵地だが、二本松側は峻険な峠で昔から難攻不落の天然の要害とされていた。そのため防備は手薄だった。

歴史を辿れば、その昔、仙台の伊達政宗が芦名氏を攻めたときも、防備の手薄な母成峠を越えて急襲し、攻撃に成功していた。板垣も参謀伊地知正治もその故事を知っていたのか、その困難な電撃作戦に挑んだ。

二十日の夜は、「中山口より侵攻すると声言して東軍をその方面に力を傾けさしめ、その虚に乗じて母成峠を攻略し、一気に城下まで進軍するに決した。薩長、大垣の別軍は本宮より中山峠に進み、薩長・土・大垣・大村の本隊三千の大軍を母成峠攻めに集中せしめる」

会津は、西軍は白河街道から来ると見て守兵の主力を御霊櫃峠と中山峠においていた。

母成峠の守備には会津兵と旧幕軍伝習隊、合わせて七〇〇ほどが当たっていた。

慶応四年八月二十一日払暁、濃霧の母成峠に砲声が轟いた。母成峠は、今日でも樹木が少ないが、そのころは樹木がなく、まったく草原といってもよいほどで、山上に陣を敷く会津側も霧が晴れると下方から丸見えだった。西軍は会津側陣地を徹底的に砲撃で叩いた。

山上と地上との戦闘では山上から撃ちおろすほうが有利だといわれるが、身を隠すところもない母成峠では、山上が有利ともいえなかった。その上、一部の隊が地元民の案内で会津兵の背後にまわり急襲した。

会津側は挟撃を受け苦戦に陥った。わずか二カ月前に徴募した農町民兵は一旦崩れると態勢の立直しようがなかった。この戦闘で、猪苗代隊の少年兵士柿田政太郎十六歳、兼子雄吾十六歳、野村六郎十五歳が戦死している。

二本松落城後、逃れてきた少年兵水野進十四歳もここにいて戦っている。

西軍はこのときとばかりに兵を進めた。峠を制すればあとは猪苗代までなだらかな丘陵である。磐梯山は明治二十一年(一八八八)七月十五日、小磐梯山の大噴火で山体が崩れ、山容は変わっているが、噴火前の会津側は山麓の猪苗代湖までゆるやかな裾野が広がっていた。母成峠を破った西軍は怒濤のごとく猪苗代湖畔へ駆け下った。

板垣は、会津は母成峠を抜かれたと知ると猪苗代城を焼き、十六橋を破壊して西軍の進撃を食い止める作戦にでることを予測していた。そのため、西軍先鋒に何が何でも十六橋を押さえることを厳命していた。峠を破った後は、兵を休めず突っ走れと叱咤した。

薩摩の川村景明（のちの陸軍元帥）が猪苗代まで一気に侵攻したときのことを『平石本』で述懐している。

「猪苗代に入りて休息せしが、一同疲労困憊《こんぱい》せしをもって、何れも今夜は当地に宿営するものと速断し、競うて鶏や肴や野菜類などを徴発し、宿営の準備ほとんど整いたるに、川村（純義、のちの陸軍大将）来たりて、この状を見るや大喝一声、このときばかりは余もまったく頭から馬鹿ごなしに怒鳴りあげられた。一同吃驚して呆然たるばかりであった。当時、川村の決心は全然われらと反対で、これより東軍を索《もと》めてこれに尾し、一気呵成《かせい》に十六橋を奪取せんとするにあった。今よりこれを考うれば、戦術上至当の決心である」

会津も母成峠が敗れたことを知ると十六橋の破壊を一刻も急いだ。だが、このとき十六橋の破壊作業をしていたのは僧侶からなる奇勝隊だった。元々僧侶であるから戦闘経験などまったくあるはずがない。

前方から遠雷のように轟く砲声と鯨波《とき》の声を聞くと恐れをなして十六橋の破壊作業を放棄して、戦うそぶりも見せずに壊乱し逃亡した。

二十三日朝、戸ノ口守備の会津軍を蹴散《けち》らし暴風雨の中、西軍が若松城下に侵攻したのは午前七時すぎだった。母成峠からの若松城下奇襲を敢行した板垣退助も、まさか、わずか三〇〇〇ほどの兵に、会津側もろくも敗れさるとは信じられなかったと驚嘆した。

一家自刃の阿鼻叫喚《あびきょうかん》（運命の日・慶応四年八月二十三日）

西郷瀑布子十三歳の辞世（会津藩家老西郷頼母の次女）

手をとりて共に行きなば迷わじよ　いざたどらまし死出の山道

会津終焉《しゅうえん》を覚って自刃した二一三三人の家族

瀑布子《たきこ》の辞世の下の句を詠んだのは姉の細布子《たいこ》十六歳である。

台風余波で荒れ狂うこの朝、郭の家々も狂乱の渦中にあった。家老の西郷頼母家は戦火が迫った場合、早くから一家自刃を覚悟していたらしい。頼母は白河戦争惨敗の責任を問われ閉門となり、藩主の容保と対立して冬坂（注・地名）にいた。その後退国（出国）して討ち手が放たれたともいう。夫が藩から罷免《ひめん》された身では残された家族は入城もならず、妻の千恵子はここが最期と一家自決を選んだ。『会津戊辰戦争』には、千恵子は家族と水杯で別れを告げると、まず三女田鶴子《たず》八歳を刺し、四女常磐四歳が「止めて、かかさま止めて」と泣き叫ぶのを「汝も武士の子なるぞ」と諭して刺し、さらに可愛い盛りのわずか二歳の季子を刺して、返す刀で自らを刺して倒れたとある。長女の細布子と次女の瀑布子は互いに相刺して果てた。それを見送り夫の妹や親族も共に死を選び、この日、西郷邸で二十余人が果てた。

和田勇蔵の留守宅では、妻のみわ子が「女といえども恥辱を受くべきにあらず」と残った女たちを諭し、円座して決別の杯を酌み、長男の妻が三歳の長女こま子を刺し、家に火を放って自決した。中野慎之丞の留守宅では妻のやす子が義父大次郎、義母やお子、長女しん子十五歳、次男省吾十三歳を介錯し、家に火を放って、自らの喉を懐剣で刺して血を噴きながら次女みつ子九歳、三女たけ子三歳を抱いて井戸に身を投げた。

高木豊次郎の妻すて子は、入城しようと思ったが、早、西軍が迫りできなかった。自決を覚悟したすて子は長女しん子十四歳にいいふくめ、これを刺し、その刀をつかんだ二歳のはつ子の指が鮮血と共に切れ落ちるのにかまわずはつ子を刺し、返す刀で自決した。

国産奉行河原善左衛門の妻あさ子は義母の菊子、長女国子八歳とお城に入ろうとした。ところがすでに廓内も敵兵が侵入し、通りは銃弾が飛び交っていた。義母の菊子は「もはや城に入ることはかなわず」と喉を突いた。それをみた国子は黙って座ると両手を合わせた。幼い娘の覚悟を知った母のあさ子は気も狂わんばかりになって娘の首をはねた。

この朝、一家で入城した山川咲子も、わずか八歳でいつでも死ぬ覚悟ができていたという。柴五郎の家では「早朝、下僕の一人、大声にて、お知らせ申す、お知らせ申すと呼ばわりつつ、縁を走りて、余らの集まれる部屋に馳せ来る。そのとき余の傍らにありたる七歳の末妹サツ、咄嗟に懐中より短刀を取り出して鞘をはらえり、母、驚き腕をとりて制し、『そのおりには警鐘が鳴るはずなり、早まるなかれ』とさとす」という逸話が残っているほど会津藩の「武士道とは死ぬことと見つけたり」

の教えは家庭でも徹底していたという。

平石弁蔵『会津戊辰戦争』は、このときの状況について、

「八月二十二日の夜、戸の口原の砲声轟々《ごうごう》として城下に達するや、市民避難の準備に忙しく徹宵一睡だにせず。而して西軍いかに勇敢なりといえども、若松に入るにはなお一両日の余裕あるべしと思いたるに、砲声刻々に近づき、悲報しきりに到るを以って、市民の恐怖ひとかたならず。翌朝二十三日、天明と共に西軍滝沢坂頭に殺到せしをもって、剣光砲火頭上に閃くがごとく、亦耳をつんざくが如し。

東軍みな血にまみれ、刀を杖つき陸続として退き来たり、道路の雑踏亦はなはだし。

これに対し、西軍の追撃疾風の如く、ついに若松に入りて市街に乱射す。

ここに於いて市民大いに驚き、朝飯を喫する暇なく、多く食膳を並べたるまま、老を助け、子を抱え、多くの西方の山野に逃る。ゆえに、数万の市民一時に、先を争いたるを以って肩摩《けんま》轂撃《こくげき》甚だしく、通りは人をもって山となし、仆るる者亦立つあたわざる者、死傷する者など陸続相継ぎ、而して市民の流れ弾に中り街路に絶息する者、呻吟する者はなはだ多く、亦これを援けて逃げ後れたる者、或いは狙撃に遭い、或いは流れ弾に斃《たお》るる者その数知らず。この急激なる襲来により、父母兄弟相失し、一家各地に離散し、死生を知らざる者、亦多し」

と一瞬にして若松は阿鼻叫喚のありさまになったとしている。

食事途中で飛びだしたというから、まるで地震にあったときを思わせる事態である。

藩の布告では敵が迫った場合、お城に入城するよう達しがあったが、台風と突然の敵の来襲、お城

に向かおうとしても通りは西軍が放つ銃弾が飛び交い、鶴ヶ城を囲むお堀内の郭内にある上士の屋敷町では、城下を敵に襲われては絶体絶命に陥ったと思い、最早これまでと絶望に覆われた家族が多かったようだ。

この朝、滝沢峠から撤退してきた荒川類右衛門は「屋敷、屋敷の裏を通り、山崎邸の門より甲賀町をうかがい見るに、老人、婦女子地にまみれ、血に染み、泣き叫ぶ声哀れなり」とこのときの惨劇のさまを『明治日誌』に残した。自決した彼女らは、西軍が城下に来襲したのを知って、藩境の会津軍はすべて全滅したものと誤解したのではないだろうか。

多くの自決が、まだ勝敗も決しない、西軍が侵攻した初日の二十三日朝に集中していることがそのことを証明しているようだ。

藩の精鋭が壊滅していたわけではない、越後口も日光口も西軍の侵攻を持ちこたえていた。そのことを知らされていれば、一家自刃など思いもよらなかったのではないだろうか。

この朝、早鐘を聞くと会津の終焉を覚ったかのように一家自刃を選んだ郭の留守家族は二三三人にのぼったと『戊辰の役会津殉難婦人の事跡』にある。

星亮一『女たちの会津戦争』によると、戦後、会津藩が調べた婦人の殉難者は上士の家族が中心であり、土佐藩資料に「明神森には女ばかり二十人ばかり倒れ、あるいは我が子を殺し、自害いたしたり」とあるように、中士や下士の家族や戦場に近い農村の女性の犠牲者はいかばかりであったか知る由もないという。合掌。

悲壮会津娘子軍・涙橋の戦い（運命の日・慶応四年八月二十五日）

中野優子十六歳の証言（薙刀を手に西軍に挑んだ少女）

戦場に突然現れた華麗な娘子軍の奮戦に敵味方の軍兵も驚嘆

江戸和田倉の藩邸から照姫様のお供をして母幸子、姉竹子ともども会津に帰ってまいりましたのは慶応三年（一八六七）のことでございました。このころは世の中が騒がしくなり風雲急を告げてきましたが、まだ江戸よりの道中はきらびやかに行列を作り、それはそれは美しゅうございました。慶応四年に入りますと、お父様はお城に出て、詰めきりでおられましたし、お兄様の豊記は白河口に朱雀隊員として出陣致しておりました。

わたしどもも藩中の女子の方々二十余名と「いざというときには、わたしたちも御主君の馬前で討ち死にする覚悟で国のために戦いましょう」と励ましあっておりました。

八月二十三日

早朝、西軍三〇〇〇は板垣退助、伊地知正治に率いられて戸ノ口原で会津軍を破って、大挙滝沢峠を下り、城下に押し寄せてまいりました。割場の鐘が朝霧の中に鳴り響きますと、母幸子が姉とわたしを呼び「いよいよこの身を国にささげるときがまいりました」と、かねて用意の衣服を取り出し、わたしは淡浅黄ちりめんの袷に大口のえび茶色の義経袴をつけ、白羽二重のたすきを綾どり、姉竹子は紫ちりめん矢絣の袷に濃浅黄色の義経袴をつけておられました。お姉さまは大変お美しく、細面のきりっとしまったお顔つきで、女のわたしどもでさえ惚れ惚れとするほどでございました。

三人は緑なす黒髪を惜しげもなく三寸に切りつめ、大柄の薙刀を小脇に抱えて照姫様守護のため、砲声響き渡る中を西出丸の堀端まで参り、人々に照姫様の安否を伺いますと、姫は坂下駅《ばんげ》に立ち退かれたというので、坂下駅に向かって走りました。

八月二十四日

途中で衝鋒隊の方々に会い、姫は無事入城されたと聞かされ、衝鋒隊とともに参戦入城し、交戦致そうと思い、会津藩陣将萱野権兵衛様に従軍のお願いをしたのですが、萱野様は「諸姉の誠忠まことにありがたいが、会津藩は力尽きてついに婦女子まで戦わしめたと、後々、嘲笑《ちょうしょう》されるのは遺憾《いかん》である」として、初めはお許しが出なかったのですが、わたしは竹子お姉様ともども「この期に及んで敵を見ながら一戦も交えず逃げたとあっては、会津女子末代までの恥でございます。どうしてもお許しがいただけないのなら、この場で死んでご先祖様にお詫び申し上げますから介錯《かいしゃく》をお願いいたします」と、懐剣を胸にあてがい懇請《こんせい》致しますと大変頑固な萱野様も承諾され、わたしたちは、古屋様の指揮下に入ることになりました。

八月二十五日

朝、娘子軍は、砲声轟々《ごうごう》と鳴り敵の撃つ雨霰のごとき飛弾の中、柳橋（涙橋）を渡り、長州・大垣の敵を衝き入城しようとしましたが、西軍は薩長土藩が応援に加わり、柳橋に土塁を築き、発砲してまいりました。

わたしども娘子軍は竹子お姉様の「これより敵人数百歩、みな、この地を死に場所と思い、斬り込めー」と、薙刀を振るって真っ先に敵陣に斬り込みました。

わたしもお姉様に続いて喊声《かんせい》をあげながら斬り込みました。敵兵とぶつかるまでは怖かったのですが、不思議と敵兵の間に斬って入ったときは恐ろしさが消えておりました。

薙刀を振るって最初に出会った敵兵の胴を払ったとき、生まれて初めて人を斬ったという実感が全身を貫きました。もう後は大変な混戦状態で、わたしども娘子軍は「今日の初陣、にっくき薩長土軍にひと泡吹かせや、後ろを見せては会津女子末代までの恥、主君や先祖に顔向けならじ」と励ましあい、乱戦の中薙刀を振り、わたしも三人の敵を斬りました。

しかし、西軍は多勢にて「娘子とは面白や、生け捕れい、生け捕れい」と連呼しながら、わたしどものほうに斬り込んできました。わたしどもは互いに「生け捕られるな、恥辱を受くるなっ」と絶叫しながら戦いました。このわたしどもの武者振りに敵味方ともただ驚嘆いたしたそうでございますが、そのときは、わたしどもはただ夢中で薙刀の刃がこぼれるまで奮戦いたしました。西軍の撃った弾が竹子お姉様の胸を貫き、わたしの隣でお姉さまが倒られました。そのときお姉様もわたしも敵兵の返り血を浴び、顔も衣服も真っ赤になっておりましたが、お姉様の胸より噴き出る鮮血は辺りの草を真っ赤に染めておりました。母とわたしは駆け寄って抱き起こし、後退しようとしましたが、お姉様は苦しげにわたしに「もうこれまで、介錯してたもれ」。

わたしがなおも姉の身体を引き摺って後退しようとしますと「ならぬ、介錯を」。

わたしは泣きながらお姉様の首に刀を振りました。気持ちが動転していたためと敵が迫っていたために、最初の一刀で落とせず、三度刀を振り下ろしたことを覚えています。

しかし、敵の追撃が激しく、お姉様の首級を手にするひまもなく、わたしどもは涙ながらに後退いたしました。わたしは母や娘子軍の方々とともに一方を切り開き、高久に退いて、萱野様に詳しく戦況を報告したところ、並みいる会津藩の将兵みな号泣して、竹子お姉様の死を悼《いた》んで聞き入っておられました。

わたしは、あの優しく立派なお姉様が亡くなられたのが悲しくて、泣きながら萱野さまに弔い合戦を明日させてくださいますよう頼みましたが、萱野様は、そなたの気持ちもわからぬではないが婦女子は入城し、今後の戦いに備えるようにと、諭されました。

八月二十八日

夜の闇を利用して、戦死した敵味方の死体を踏み越えて、敵陣の間を潜り抜け、西出丸の北の割場に着き、西追手門より入城いたしました。

わたしはお母様とともども主君容保公父子の前に案内され、藩公から婦女子ながら天晴なる奮戦ぶり、会津婦女子の鑑《かがみ》であると御手ずから功賞と感状を与えられました。

その後、御殿に行き、照姫様にお会いしますと、涙を流して竹子お姉様の死を憐れんでいただきました。

中野優子の証言は、曾孫の須田修吉氏が一九七九年、『歴史読本』「子孫が語る幕末維新人物一〇〇」に寄稿されたもので、子孫に代々伝えられてきたものだという。

引用は原文に日付を加えている。十六歳の優子が白刃を振るって初めて人を斬り、乱戦のなか全身が返り血で真っ赤になったという凄絶な語りは、体験した者でしか語れない臨場感がある。十六歳といっても、これは数え年で、実年齢は十五歳、現在なら中学生である。まだ少女の、このようなおやかな女子までが戦わなければならなかった、会津藩の悲劇の象徴ともいえる戦争だった。

「もののふの猛き心にくらぶれば　数にもいらぬわが身ながらも」

涙橋の戦いに散った竹子が薙刀に結びつけていた辞世のうたが、あわれさを誘っている。

涙橋は元々柳橋というのだが、この橋の下流に刑場があり、この橋のたもとで今生の泣き別れをしたことから涙橋といわれていたが、今では竹子の死を悼んで涙橋と言われているようだ。八月二十三日お城に入りそびれた竹子たち娘子軍は坂下に向かい、衝鋒隊の古屋佐久左衛門の指揮下に入った。八月二十五日、衝鋒隊とともに坂下《ばんげ》から越後街道をへて入城しようとした竹子たちは、湯川を挟んで涙橋の手前で西軍と戦闘となった。

この戦闘で竹子は敵弾を浴び無念の戦死を遂げた。戦乱の中、優子が持ち帰ることができなかった竹子の首級は、共にいた農兵が持ち帰り、坂下の寺に埋葬していた。

のちに竹子の戦死を知った会津武士たちはその死を惜しんで男泣きしたという。

竹子が倒れた場所には、薙刀を手にして一歩もお城に入ることを許さぬ覚悟で西軍を阻もうとする竹子の可憐な像があり、今も竹子を偲んで訪れる人が絶えない。

優子の証言は『会津戊辰戦争』にもあり、著者の平石弁蔵の取材に答えていて、

「わたしどもの戦場はよくわかりません。実際、あのときは子供心にも少しは殺気立っていました。ただ、にっくき敵兵と思う一念のみで、敵にばかり気を取られ、どこにどんな地物があって、どんな地形であったかなどということは少しも念頭に残っておりません。

ただ、柳土手に敵が多数おって盛んに鉄砲を撃ち、味方もこれに向かってしきりに撃ちあいましたが中々らちあかんので、一同まっしぐらに斬り込んだことは覚えております」

と一身を捨て無我夢中で出撃した涙橋の激戦を語っている。

『維新戦役実歴談』に、「会津はなかなか婦人が凄くて、草履《ぞうり》を履き薙刀を持った女兵が番小屋に夜襲をかけてきたことが二、三度あった。会津の女は立派だと思った」と記されている。籠城で銃後を守るだけでなく、自ら武器を手に城外に打って出る女性も多かった。

優子は昭和八年（一九三三）、八十歳まで長生し、娘子軍と会津の悲劇を語り伝えた。

籠城戦を戦った少女たち（慶応四年八月二十三日―九月二十二日）

鶴ヶ城の過酷な籠城の日々と降伏の無念

山川咲子（大山捨松）八歳の証言（会津藩家老山川尚江の末娘）
――西軍来襲に籠城で戦った会津藩家老の家族

わたしは一八六〇年会津に生まれました。父も祖父もさらに何代も前から山川家は「サムライ」の家柄でした。わたしは混乱の真っ只中に生まれたといってもよいかもしれません。と申しますのは、日本では一八六〇年代の初めにいろいろな問題が起こり、維新戦争へ広がっていったのですから。わたしどもの会津藩主は、将軍と、当時「ミカド」と呼ばれていた天皇との争いで、最後まで官軍側に降伏しませんでした。

藩主の城は若松にありました。当時わたしは八歳でした。会津戦争が終わりに近づくころには、サムライの家族はほとんど城に籠城いたしました。家族というのは女子供のことで、男たちはみな戦いに出ていました。戦いは、わたしどものすぐ近くで起きていましたので、絶えず外部と連絡を取りながら、女子供たちも精一杯男たちを助けて働きました。

仕事の種類によって隊を編制し、米を洗って炊き出しをする者、家の中の仕事をする者、前線にいる兵士たちのために弾薬を作るもの、幼かったわたしに割り当てられた仕事は、蔵から鉛の玉を運び出し、弾薬筒に詰められたものを他の蔵に運び込むことでした。

そのころになると、最後の抵抗をするため、十五歳以上の男子はみな戦いに出ており、十二歳から十五歳までの少年たちも隊を編制して、官軍を相手に戦ったのです。

多分、この少年たちについては、今まで一度も英語で書かれたことはありませんので、ご存じの外国の方はほとんどおられないと思います。会津戦争が終結しましたとき、幕軍側の藩主はみな官軍側に降伏しましたが、この少年たちは、降伏の屈辱を受けるよりも切腹による死を選んだのです。切腹というのは、当時、サムライがみな身につけていた短刀でお腹を切り開き自害することです。この刀は、ちょうど狩りのときに使うナイフに似ています。長さは九インチ半ほどで、先が尖っており、剃刀の刃のようによく切れます。

切腹による死はひどい苦痛を伴うものです。刀をお腹の左側に柄まで深く差し込み、右側に向けて鋭く切り、最後に少し上に持ち上げるように刀を使うのです。

切腹は最も名誉ある死と考えられており、自分の過去を清算するための誰もが認めた儀式で、長い間サムライたちによって行われてきました。切腹によって、不名誉なことや過去の汚点が洗い流されるのです。わたしには、当時十四歳になる姉（山川操）がおりました。姉に与えられた仕事は弾薬筒作りでしたが、しかし、姉は、女だてらにサムライになりたいといつも言っていましたので、その仕事はあまりにも単純すぎたのです。

ある朝、どこで見つけ出したのか、姉はちぐはぐな鎧兜《よろいかぶと》に身を固め、まるで男の子のようないでたちで出てきたのです。長かった髪を短く切り落とし、可愛らしい口元をきりっと一文字に結び、本当に立派なサムライのようでした。姉は戦いに行くつもりだったのです。「母上、わたしも立派な武士として戦場へ行かせてください」と懇願しましたが、母が固く禁じたため、止むなく思いとどまったのです。

城中の生活に話を戻しましょう。

包囲戦も最後となったころ、敵軍はお城の周りに大砲を据えつけました。

そこから毎日のように、大砲の弾がわたしたちの頭の上をかすめ、お城の中に落ちてきました。その弾を拾い集めて積み上げておくのもわたしの仕事のひとつでした。母、姉、義姉、そしてわたしはいつでも死ぬ覚悟はできておりました。怪我をして不自由になるよりも、死を望んでいました。ですから、わたしたちはいつも母と約束をしておりました。

もしも、わたしたちの中で誰か重傷を負ったときには、武士の道に倣ってわたしたちの首を切り落としてくださいと。ある日、わたしたちが大急ぎで食事をしていると、砲弾が部屋の中に落ちてきて破裂したのです。義姉は胸を、わたしは首をやられてしまいました。

わたしの傷はたいしたことはなく、一週間ばかり床についただけで自分の仕事に戻ることができましたが、義姉の場合は、そうはいきませんでした。助からないことはもう目に見えていましたので、使いの者を前線まで走らせて、兄にすぐ城へ戻り、義姉と最後の別れをするように伝えました。早くこの苦しみから救ってくださいと、苦しい息の下から頼む義姉の声を聞くことは、とても耐えがたいことでした。

「母上、母上、どうかわたしを殺してください。あなたの勇気はどこへ行ってしまったのですか。侍の妻であることをお忘れですか。わたしたちの約束をお忘れですか。早く、わたしを殺してください。お願いです」。でも気の毒に、母はあまりの酷《ひど》さにすっかり勇気を失ってしまったのです。約束を守るだけの強さは母になかったのです。

可哀相に、義姉は拷問のような苦しみを味わいながら、兄が到着する二、三時間前に息を引き取ったのでした。会津戦争最後の三十日間、敵はわたしたちの城のすぐそばまで攻めてきており、城の南東に大砲を置き、そこから弾を精力的に撃ち込んできました。

わが軍はもう百計尽き果て、最後の手段をとることになりました。城の東方に夜間の突撃をするのです。真夜中、すっかり寝静まった敵陣を襲い、敵を追い散らし、双方に多数の死者や怪我人を出しましたが、わが軍は無事に城へ戻りました。

しかし、翌朝には、敵軍は再び反撃を開始し、わたしたちの損害は酷く、もう絶体絶命の立場まで追い込まれてしまいました。それでも降伏する決心がつきかねていたのです。そこでわたしたちはまだ充分余裕があると敵に思わせるために、一体何をしたと思いますか。女の子たちは、祝日などに揚げる凧を揚げるように言われたのです。

男の子も一緒に加わり、食料もすっかり底をつき、飢えのため止むなく降伏するまで、揚げ続けたのです。(一九〇四・Twentieth Century Homes 訳文より)

この文は明治三十七年（一九〇四）山川咲子（大山捨松）がアメリカの雑誌に投書した記事の和訳文（久野明子『鹿鳴館の貴婦人大山捨松』）である。

少年少女も巻き添えにして国民同士が争った戊辰戦争の非道とむごさを訴えるこの投書は、やはり国民が南北に分かれて戦ったアメリカ国民に広く共感を呼んだ。それにしても籠城のとき八歳だった咲子の記憶の鮮明さには驚かされる。

忘れようにも忘れられないほどのあまりにも凄惨で非情な記憶だったからであろうか。

咲子の父は早く亡くなっていて、長男の大蔵が家老として日光口に出陣していた。

八月二十三日、西軍の侵攻の早鐘を聞くと、母唐衣、姉の双葉、三和、操、妹の常盤と大蔵の妻とせとともに入城し籠城戦を戦った。敗戦後、斗南に追いやられた山川一家だったが、咲子は生活の困窮を案じた長兄大蔵の配慮で箱館の教会に預けられ、明治四年、四人の女の子と共に政府派遣留学生としてアメリカに向かう。しかし、十年余の留学を終え、帰国した咲子が活躍できる場は当時の日本にはなく、咲子（捨松）は会津の仇敵だった薩摩の将軍大山弥助と恩讐《おんしゅう》を超えて結ばれ、妻となり、夫を援け明治の外交に尽くした。

永井たつた十四歳の証言（見事に自刃できるか心配だった少女）

八月二十三日

わたしは袴を穿き、長刀を持ち城に入りました。父上は永井民弥という人で、一八〇石をもらっていました。母は西郷十郎右門の次女で豊といいました。

九月一日

山川操さまと一緒に怪我人への食事と玉（弾）の製作を手伝いました。籠城も日がたつと包帯もだんだん不足し、傷口には機糸《はたいと》をあて、晒し木綿を切って使うありさまになりました。

九月十四日

この日から敵の総攻撃が始まったのか砲声が激しくなり、二昼夜にわたり焼玉が飛んできました。お城の屋根に火がつき、そのたびごとにみんなで火を消したものでした。

もうこうなると、今敗れるか今かと一同心も心ならず、絶望の淵にありました。

もはやこれまでと申すときは、お上におかせられてもご生害あそばされるとのことで、ご介錯人も定まっていました。そして終わりにはお城に火をつけることになり、唐丸籠にかんなくずやいろいろ焚き付けを用意しました。わたしは父上に「一番早く死ぬるところはどこでしょう」と聞きますと、父は「お前など一人で自害できるものか」と怒られました。

そして「その折には父が介錯するゆえ、心配するに及ばず」と申されました。

九月十七日

このころ、もはや城は敗れた、遅れはとらじと、心を鬼にして我が子ののどを突いた母もありましたが、それを異常とも悲惨とも思わない状況でした。そのうちチブス患者が出ました。それでも看護を続けましたが、病気で死ぬも弾にあたって死ぬも、もとより生きる心がないので別に気にもしなかったのです。わたしも激しく発熱したので、医者に診てもらいましたが、何の薬もないので手当てもされませんでした。

九月二十二日

この日は一生忘れることはないでしょう。この朝、突然降参となり、城を明け渡すと聞いて一同無念やるかたなく悲嘆にくれ、わたしも大声を上げて泣いてしまいました。

その後、白地に「降参」と書いた旗を立て、官軍が鉄砲で固めたなかを殿様がわずかな供を連れて落ち延びて行かれました。わたしも女とはいえ武士の家に生まれたからは大小を片時も放さずと教えられましたから、父たちが大小を取り上げられ、無腰のまま引き立てられて行くのを見るのは、これ以上もない無念とやるせなさを感じたものでした。

酒井たか十四歳の証言（郊外に避難していたが父の命を守って籠城へ）

八月二十三日

わたしの家は石塚観音の西の新町でした。この日、家並み触れがあり、わたしたちは、かねてより父からどんなことがあってもお城に入れ、入れぬなら自殺せよといわれていましたので、この朝わたしと母とみ子五十三歳は仲間を伴ってお城に向かいましたが、城への道は人であふれ入れませんでした。そのうち城門が閉められ、行き場を失った人の流れが西に向かうので、わたしも母もそのまま人の波に流され西の方へ行きました。

それからせんかたなく上飯寺村の譜代遠藤作衛門方に逃れて潜んでいました。

八月二十八日

村の若い衆が餅をついて殿様に献上にいったという話を聞き、父の命もあり、わたしたちも決死の覚悟で入城することにいたしました。川原町橋の東には屍骸はありませんでしたが道路には血がぬらぬら流れていました。米代二ノ丁で三太刀斬られた屍骸が膨れ上がっているのを見ました。お城までの途中の何もかにもが悲惨なありさまでした。

それでも途中、わが家に寄って、落ちていた栗の実を拾っていきました。

それからようやく北出丸の西門より太鼓門を通って本丸に入ることができました。

九月十四日

総攻撃の日で、今日は危ないから婦女子は働かなくともよいとお達しがありました。

それで包帯洗いも看病も休み、御座の間から三間か四間離れた小さい部屋に終日いましたが、そこへ砲弾片が飛んできて、母の後頭部に当たり、髪まじりの脳みそが部屋いっぱいに飛び散りました。その破片は高木の奥様の前頭部をもぎとり、大河原源八さまの八歳の娘御の胸にも当たりました。母と高木の奥様は即死でしたが、大河原様の娘さんはしばらく苦しんでいましたがどうすることもできませんでした。

わたしは母の死を目の前にしても苦しいとも悲しいとも思わず、ただ、わたしも死に際を立派にしなければならないとばかり念じていました。この日はお城のあちらこちらでこんな光景が見られました。負傷者が増えるにつれ、包帯がなくなり、大書院の縁の下に捨てていた血や膿《うみ》のついた包帯を大たらいに水を汲んで、足で踏んで洗うのには難渋しました。

母の死を眼前にしても、悲しみも泣き叫びもせずに、ただ、傍観していただけだったという酒井たか。毎日毎日どこかで目にする人の死は、もうあたり前になっていて、城内のあちらこちらどころか廊下にさえ屍が転がっていて、籠城とはそのように過酷で異常な日々だった。しかし、血がぬらぬらと流れ、ふくれあがった死体がある中を決死の覚悟で入城中、思いついてわが家に立ち寄って栗の実を拾う現実的な面を見せるなど、女の逞しさも垣間見せる。この証言は昭和十二年、たか八十六歳のとき、『会津史談』に発表されたものだが、その記憶は昨日のできごとのように鮮明で生々しい。

戦場に立った男たちの陰で、女たちが必死に支えていたことがわかる記録である。

それにしても、このとき十四歳のたかも、たつたも「立派な死」だけを考えていたと残していることには、会津の女性の壮絶な心構えに胸が締め付けられるばかりである。

鈴木光子七歳の証言

お城に行くのがうれしくてポックリを履いて行った少女

八月二十三日

明け方五つごろ（朝八時前）割り場の鐘が鳴りだしました。

外はもう大変な騒ぎで、男も女も荷物を背負ってあっちへこっちへと逃げ回り、子どもたちは泣き叫んでいました。突然の外の騒ぎに気づいたおばばさまが「それ戦よ」と叫ぶ前に、かかさまと伯母さまはすでにかねてからの籠城の支度にとりかかっていました。

わたしは城に上がることがうれしくて、うれしくて、一番大事にしていたポックリを履いて出て、皆さまに笑われました。（ポックリは舞妓が履いている朱塗りの高下駄）

幼い光子は敵の襲来で戦争が始まるために籠城することなど露知らず、お城に行くということを聞いてうれしくて一番好きだったポックリを履いて出たのである。

父の重光は八月二十一日に戦支度で登城し、家に残っていたのは母と祖母と叔母だった。

母は父から「入城の合図は三度。一番鐘で入城の支度、二番鐘で出立、三番鐘の前に城に入れ」といわれていた。この日、籠城した女性の服装は死に装束の白と、女の最後を精いっぱい着飾って登城した者とに分かれた。「思い出すだけでも涙の種です」というポックリだが、光子の家族は華やかな晴れ着で登城し、それが光子をこのうえなく晴れがましい気持ちにさせたのだろう。

しかし、出遅れた光子の家族は入城できずに人波に流されて西へ西へと落ち伸びていくことになった。身重だった母美和子との逃避行とその後の戦後のくらしはこれほどなく痛ましい。

父の鈴木丹後重光はこのとき二十八歳、軍事奉行二五〇石で戦死している。

光子の話は光子の長男の鈴木威が光子の傘寿の祝いに、昭和十六年（一九四一）に自家出版したものので、著者は戊辰戦争研究会京都集会で隣り合わせた子孫の鈴木氏から、光子の話を聞くことができた。混乱の中ポックリを履いて行ったとは、いかにも幼い少女らしいほほえましい逸話だが、苦難が次々に打ち続く一家の悲惨な逃避行の中で唯一心なごませられる話でもある。

神尾栄子十一歳、春子九歳の証言

幼い姉妹だけのたった二人の逃避行

八月二十三日

会津若松城下外れの田園路を小雨の降るのに傘もささず、とぼとぼと歩いていく二人の姉妹があった。一人は春子九歳、一人は姉の栄子十一歳である。この日、西軍の城下侵入によって藩士の家族は城内に避難することになっていた。ところが二人の母はしっかりした人であったから、万一、西軍がこの家に入ってきて、家の中が取り乱していては恥になると考えて家の中を片付け始めた。姉妹は早く早くとせきたてたが、片付けはなかなかすすまない。とうとう二人は先に行って、三の丸で母と待ち合わせることにして家を出た。二人がお城へ来てみるとお城の門はすでに閉じられていた。そして、その前には同じようにお城には入れなかった人たちが大勢集まっていた。

やがてその人たちは歩きだした。姉妹は母との約束を忘れてしまって一緒について歩き出した。そうして歩いているうちに、皆にはぐれて二人きりになってしまった。どこへ行くあてもなく二人は雨の中をとぼとぼと歩いて行った。

この話は山際春子（神尾春子）が晩年、親戚の娘に請われて会津戦争の体験を話したものを娘が一万字ほどにまとめ、伝えられたものだという。文章は優しく書かれているが、この朝の登城は台風余波の大風と雨の中で、すでに西軍が郭外に迫り、郭の筋々にあふれた人々を容赦なく銃弾が襲い、両側の屋敷からは火の手が上がり、通りは悲鳴と怒号が飛び交い阿鼻叫喚のありさまだった。姉妹はこの混乱の中で、人の波に木の葉のように押し流されていったのである。

二人はその後、神尾家の仲間の治郎兵衛と偶然出会い、治郎兵衛の実家で保護され、母とも再会することになるのだが、城下が戦場となった会津戦争では、このように戦乱ではぐれ、また、戦闘に巻き込まれ命を落とした子どもたちも多かった。

姉妹の父は神尾鉄之丞英俊といい御聞番一八〇石、黒紐上席で代々江戸詰めであり、このとき江戸に残り、戦争工作や武器調達にあたっていて、会津には母子しかいなかった。

山本八重（新島八重）の見た籠城中の少年少女たち

「二十五日、わたしが夜襲に出撃するために太鼓門の方へ出ようとして玄関を降りますと、十一、二歳の男の子が十三、四人、かわいらしい武装をして訓練しておりましたが、わたしの姿を見て「お八重さま、戦争をするなら連れて行ってくんなんしょ」と、一度に馳せ寄ってすがりつきました。わたしは、ああ、こんな子どもまで、わが君のために命を捨てようとしているのかと、思わず涙がこぼれました。開城の少し前に、太田小兵衛（白虎寄合隊三〇〇石）という人の三男の三郎という七歳の子どもが、母親と共に切腹いたしましたが、まことに立派な死にざまでございました。またある婦人は祖母と三人で入城していましたが「いざという場合には、義母と娘の介錯は自分がするが、もしやそのために死に損なうたら、わたしの介錯をしてもらいたい」と頼んでおりました。（新島八重『婦人世界』記事・明治四十二年）

八重は落城して開城の前夜、城壁に次の歌をかんざしで書き残している。

「あすの夜はいづくの誰眺むらむ　なれし御城に残す月影」

戦後を逞しく生き抜いたのも女たちだった

籠城ひと月、会津藩は降伏をした。

九月二十二日、鶴ヶ城の城壁に婦人たちが涙とともに血と汗に染まった端切れを縫い合わせた白旗を掲げた。籠城で生き残った者は藩士とその家族四九五六人に及んだ。

そのうち婦女子は六五五四人、老幼者五七五人、傷病者二八四人だった。

戦後、藩士は会津降人として各地に抑留されていたが、その留守を守ったのも女たちだった。会津藩の処分が決まると津軽の北僻《ほくへき》の下北へ流された。

流された藩士とその家族二万余人に戦後も安住の地はなかった。

斗南と名づけた藩地は表高三万石といわれたが、実収は七千石しかない不毛の土地だった。この過酷な地に追いやられ、生死の淵をさまよう辛酸を舐めさせられた。口を注ぐ食料もなく、生きるために食べられる物なら何でも口にして、地元の者たちから「ゲダカ」と蔑まれながら必死に生きぬいた。咲子やたつたと同じくこの斗南で育ち、のちに賊軍出身でただひとり明治陸軍の大将となった柴五郎が晩年に残した血を吐くような書が痛ましい。表題に「ある明治人の記録」と記されたこの書は、「幾たびか筆とれども、胸塞《ふさ》がり、涙先だちて綴《つづ》るに堪えず……むなしく年を過ごして齢《よわい》すでに八十路を超えたり」と始まり、次のように続く。

ヤレヤレ会津の乞食藩士ドモ
下北ニ餓死シテ絶エタルヨト
薩長ノ下郎武士ドモニ笑ワレルゾ
生キヌケ、生キテ残レ
会津ノ国辱雪《そそ》グマデハ生キテアレヨ
ココハマダ戦場ナルゾ

戦争に敗れたうえ、祖先伝来の会津を追われ、極僻の不毛の地に追いやられたばかりでなく、武士はおろか人間の尊厳をも踏みにじった新政府の仕打ちにうちひしがれた男たちを励まし、子供たちを育て上げたのも女たちだった。

参考・引用資料

井深梶之助　「温故会講演」（『会津会雑誌』第四十四号、一九三三）
飯沼一元　「白虎隊の真相を語る」『会津人群像』（歴史春秋出版社、二〇一〇）
稲川明雄　「萱野隊従軍記」（『北越戊辰戦争資料集』新人物往来社、二〇〇一）
今泉みね（他）　『名ごりの夢：蘭医桂川家に生まれて』（復刻版　平凡社　東洋文庫、一九六三）
佐藤利雄編　『二本松少年隊秘話』（霞ヶ関書房、一九四一）
真下菊五郎　『明治戊辰梁田戦蹟史』（梁田戦蹟史編纂後援会、一九二三）
維新戦歿者五十年祭事務所　『維新戦役実歴談』（一九一七）
酒井峰治　「戊辰戦争実歴談」
高木八郎　「会津白虎史・会津藩白虎隊の覚書」『新東北』（一九二六）
史談会　『史談会速記録（復刻）』（原書房、一九七四）
水野好之　『二本松戊辰少年隊記』（一九一七）
中野優子　「子孫が語る幕末維新人物一〇〇」『歴史読本』（新人物往来社、一九七九）
間瀬みつ　「戊辰後雑記」『会津白虎隊』（宮崎十三八訳、歴史春秋出版、一九八七）
坂本守正　『戊辰東北戦争』（新人物往来社、一九八八）
佐久間律堂　『戊辰白河國戦争記』（一九四一。戊辰白河口戦争記復刻刊行会、一九八八）
小檜山六郎　『会津白虎隊のすべて』（新人物往来社、二〇〇二）
久野明子　『鹿鳴館の貴婦人大山捨松』（中央公論社、一九八八）
堤　章　『寄合白虎隊・激闘の七十余日』（会津文化財調査研究会、二〇〇二）
鶴見俊輔　『御一新の嵐』（ちくま学芸文庫、二〇〇七）
富田国衛　『会津戊辰戦争　戸ノ口原の戦い』（おもはん社、二〇〇八）
新人物往来社編　『新選組研究最前線』（新人物往来社、一九九八）
野田雅子　『市村鉄之助』「新選組銘々伝」　新人物往来社、二〇〇三）
林董（他）　『後は昔の記』（復刻版　由井正臣注　平凡社　東洋文庫、一九七〇）
平石弁蔵　『会津戊辰戦争増補・白虎隊・娘子軍・高齢者の健闘』（丸八出版、一九二八）
福米沢悟　『白虎隊考』（新風舎　二〇〇〇）
星亮一　『女たちの会津戦争』（平凡社、　二〇〇六）
星亮一　『平太の戊辰戦争』（角川書店、　一九九八）
星亮一　『白虎隊と二本松少年隊』（三修社、二〇〇七）
松本順　『松本順自伝』復刻版、小川鼎三・酒井シズ校注、平凡社、一九八〇）
高橋教雄　『凌霜隊戦記』『心苦雑記』と郡上の明治維新』（八幡町教育委員会、二〇〇二）
山川健次郎　『會津戊辰戰史』（会津戊辰戦史編纂会、一九三三）
本宮町史編纂委員会　『本宮町史資料双書』（本宮町、一九九八）
古川盛雄　画集『絵で見る二本松少年隊』（国書刊行会、一九八一）

あとがき

戊辰戦争に興味を持ったのは綱淵謙錠氏の短編「少年隊悲し」を読んでからである。わずか十二、三歳の子供たちが国を守るために戦場に出て戦ったことは衝撃的だった。戊辰戦争の悲劇の象徴として白虎隊十九士の飯盛山自刃はよく知られているが、二本松少年隊はほとんど知られていない。少年隊出征の事実は伏せられ、初めて世に知られたときが戊辰後五十年だったこともこの戦争の無惨さを改めて思い起こさせることになった。

その後、『二本松少年隊』（安藤信、昭和十五年）、『二本松少年隊秘話』（佐藤利雄、昭和十六年）、『二本松少年隊人名簿』（二本松史蹟保存会、昭和十六年）を入手し、さらに資料を収集して、これらの資料を基に二本松少年隊を描いた『母成峠』を二〇〇七年四月に刊行した。そのとき郡山在住の歴史作家星亮一先生が主宰する「郡山自由大学」の講演に招いていただいた。ちょうどそのころ先生も『白虎隊と二本松少年隊』を刊行されていたのだが、九州の物書きが出版した一篇に目を留めていただいた先生の慧眼に感嘆した。これがご縁で先生が主宰する「戊辰戦争研究会」に参加させていただくようになった。戊辰戦争研究会で得たことは、それまでの通史の概念を根底から揺るがされたことだった。それまで戊辰戦争も知らなかったわたしは、維新後、皇国史観によって歪められた日本史のあやまちを知った。

東北ではその歪みを正し、正史を貫くために、十年の節目ごとに講演会や研究会、シンポジウムを催して戊辰戦争の風化を防ぐ努力がなされていることを知り、考えさせられた。

戊辰戦争の少年兵を研究していくうちに、戊辰戦争には、列藩同盟軍だけでなく、侵略者の新政府軍側にも多くの少年兵が出征していることがわかってきた。

有名な新選組にもわずか十歳ぐらいの少年隊士がいたことは驚きだった。少年たちはどういう動機で入隊したのだろうか。この本に収録した少年兵の証言は、維新後の史談会や五十回忌に発表されたもので、昭和十六年に発刊された『二本松少年隊秘話』に掲載されたものは、まだ生存していた本人が寄稿したものである。すでに戊辰戦争から七十五年が過ぎているが、その記憶は鮮烈で生々しい。幼くして戦場に立ち、生死を分かった記憶は生涯忘れ去ることができないものなのであろう。

本書脱稿直前新たな史実が判明した。白虎隊の生き残り飯沼貞吉自筆の証言記録が発見されたのである。二〇〇八年のことで、その内容を『会津人群像』二〇一〇年三月号に子孫の飯沼一元さんが発表された。

その内容は本書の推測を裏打ちするものだったが、それにしても新資料の発見で、幕末史が塗り替えられていくことは確実だろう。早速、飯沼貞吉の証言として引用させていただいた。

このように新しい発見は歴史小説を志す者にとって醍醐味であるが、ノンフイクションといえどもあくまで書いた時点までの研究や調査資料であり、真実に迫ることができたかどうかの判断は難しい。近年の相次ぐ発見による古代史に見られるように、歴史は資料や史跡の新しい発見などで、それまで史実とされたものが反転する可能性が絶えず付きまとうからである。今回、増刷にあたって、現代書館の菊地泰博社長の勧めで、新たな少年少女の記録を加えることができた。証言は八月二十三日に絞ったが、それぞれの記録につづられた逃避行や戦後のくらしは言語に絶するものがある。

二本松少年隊をはじめ、取り上げた少年隊の多くはあまり知られていないが、すでに衆知で、そのイメージが出来上がっている歴史上の主人公を扱うのは難しい。

たとえば坂本龍馬は、司馬遼太郎を国民作家に押し上げた名作『竜馬がゆく』以来、その痛快な活躍に魅了され、全国的に「龍馬会」が結成され、熱狂的なファンクラブが多い。

その坂本龍馬は神戸海軍操練所で金の使いこみがばれ、勝海舟が破門し、通史に書かれているような子弟愛などなかったのではと提起しても、なかなか理解されないだろう。

金銭の出入りを細かく残している海舟は金にルーズな者に厳しい。その点もあって、ある時期から龍馬との関係が断たれている。実際、膨大な著作や放談を残した勝海舟の著作には「維新回転のキーマン」とされている坂本龍馬はほとんど取り上げられていないのである。操練所の事務方佐藤与之助が海舟に龍馬の着服を報告した慶応元年六月十日以降、海舟の日記に龍馬は登場しなくなる。（松浦玲『検証龍馬伝説』）

このとき以来、龍馬との関係を断ったらしい。また、龍馬は筆まめで多くの書簡を残しているが、海舟に宛てた書簡は一点も残っていないという。のちに、龍馬は、船中八策を提言し、新政府の想定人事を挙げた「新官制擬定書」の参議候補に海舟を挙げることもなかった。まったく快活であけっぴろげな龍馬のイメージを覆す一件だが、事実であってもすでに歴史上の人物や事件として出来上がったイメージに異論を唱えることには困難があるという一例である。それゆえ戊辰戦争の悲劇の主人公として全国に知られた白虎隊を改めて取り上げることには勇気がいる。白虎隊士中二番隊飯盛山自刃十九士のことは、三カ月後には全国に知られ、その後も繰り返し、その悲劇が語られ、戦前の軍国昭和では稀に見る忠勇の士として称えられていた。今回、飯沼貞吉の新資料発見と飯盛山自刃の総数は何人だったのか未だに不明であるということを知って取り上げた。

この資料をはじめ、原文は漢文だったり、本人が老齢になっての文章なので、そのままではわかりづらく、原文を損なわないように注意しながら出征時の年齢に応じた表現に書き換えたことはご理解いただきたい。また、表紙絵については二本松の画家の故古川盛雄さんが以前新聞連載の挿絵に描かれたものを古川庸子さんからご提供いただき素晴らしい表紙になった。

幕末の歴史といえば、幕府側の勝海舟や新選組。そして西郷隆盛や坂本龍馬などが脚光を浴びているが、その陰で、名もない少年兵たちが無残に戦場の露となったことを忘れないでいただきたいと願うばかりである。

初版のあとがきを書いていた二〇一一年三月十一日午後二時四十六分、東北地方は未曾有の大災害に襲われた。知人からの電話で大地震と大津波の惨状を知り、すぐテレビをつけた。時刻は四時前で、ちょうど津波が海岸から押し寄せ、田植えを待つばかりに美しく耕地された田んぼや、その周囲に点在する家々、そして仙台空港を飲み込み凌辱していくところだった。

海水とは思えないどす黒い津波は液体というよりは、何か映画で見たエイリアンのような異様な生物を思わせた。初めて見た津波の脅威だったが、これはただ事ではないと思った。

画面にくぎ付けになりながら東北の友人知人に携帯で連絡をとったが、全然つながらなかった。

一カ月も過ぎたころにようやくみなさんが無事だったことが分かり安堵したが、時を経るごとにその被害の甚大さが判明し、なぐさめのことばを失った。すぐにも現場を訪れたいと思ったが、腰と背骨を痛めているわたしには混乱している被災地へのハードな旅は無理だった。

昨一二年十月にようやく被災地を訪れることができた。

戊辰戦争研究会の会員で白河在の鈴木邦彦さんの好意で、石巻、北上川河畔の大川小学校、仙台郊外の百合が浜を訪れた。廃墟になった大川小学校ではそのあまりにもの無残さに呆然となって声がなかった。それから福島に入り、南相馬をへて飯館村を訪れた。車の中で放射線測定機の針が揺れると、テレビや新聞で知るしかない九州在のわたしにも被災の状況が臨場感をもって伝わってきた。雑草に覆われた無人の町や村々は、過疎の村でも見られない異常な光景だった。

だが、津波被災地の交通インフラは思ったよりは回復していて、それが救いだったと思う。

これは歴史作家の星亮一先生からお聞きしたことだが、子どもたちの教育の支援が求められているということだった。この書のように百四十年前に東北越は戊辰戦争という未曾有の災難に会った。その廃墟の中から立ち上がるとき、東北越の人たちがまず大事にしたのが次代を担う子どもたちの教育だった。新島八重も夫新島襄とともに新しい教育をになう同志社英学校をつくっている。

産業や交通インフラはその復興が目に見えて分かりやすいが教育の効果は長い時間をかけて現れる。東北の真の復興は教育とその環境の復興にこそある。

二〇一三年四月記す

林　洋海

林　洋海（はやし・ひろみ）
一九四二年福岡県生まれ、久留米商業高校卒業。
トッパンアイデアセンターを経て、P&Cクリエィティブディレクター、AGIOデザイン主宰。
二〇〇七年より戊辰戦争をテーマに歴史小説を書き始める。
福岡アジアデザイン交流協会会長
日本グラフィックデザイナー協会会員
星亮一戊辰戦争研究会相談役
著書
『母成峠：そして少年は戦場に消えた』（文芸社）
『ブリヂストン石橋正二郎伝』（現代書館）
『シリーズ藩物語・久留米藩』（現代書館）
『医傑凌雲』（三修社）

十二歳の戊辰戦争
二〇一一年五月二十五日　第一版第一刷発行
二〇一三年五月二十五日　第一版第二刷発行
著　者　林　洋海
発行者　菊地泰博
発行所　株式会社現代書館
東京都千代田区飯田橋三―二―五
郵便番号　102-0072
電　話　03（3221）1321
FAX　03（3262）5906
振　替　00120-3-83725
組　版　具羅夢
印刷所　平河工業社（本文）
東光印刷所（カバー）
製本所　矢嶋製本
装　幀　伊藤滋章

校正協力・岩田純子
 ISBN978-4-7684-5657-6
定価はカバーに表示してあります。乱丁・落丁本はおとりかえいたします。
http://www.gendaishokan.co.jp/

活字で利用できない方のための
テキストデータ請求券
『十二歳の戊辰戦争』